O escravo nos anúncios de jornais brasileiros do século XIX

Gilberto Freyre

O escravo nos anúncios de jornais brasileiros do século XIX

Tentativa de interpretação antropológica, através de anúncios de jornais brasileiros do século XIX, de característicos de personalidade e de formas de corpo de negros ou mestiços, fugidos ou expostos à venda, como escravos, no Brasil do século passado

4ª edição revista

Apresentação de Alberto da Costa e Silva
Biobibliografia de Edson Nery da Fonseca
Índices elaborados por Gustavo Henrique Tuna

São Paulo
2010

global
EDITORA

1ª Edição, Imprensa Universitária, 1963
2ª Edição, Companhia Editora Nacional;
Instituto Joaquim Nabuco de Pesquisas Sociais, 1979
3ª Edição, Castelo Branco e Associados Propaganda, 1984
4ª Edição, Global Editora, São Paulo 2010

Diretor Editorial
Jefferson L. Alves

Editor Assistente
Gustavo Henrique Tuna

Elaboração de Índices
Gustavo Henrique Tuna

Gerente de Produção
Flávio Samuel

Coordenadora Editorial
Dida Bessana

Assistentes Editoriais
Alessandra Biral
João Reynaldo de Paiva

Revisão
Nair Kayo

Editoração Eletrônica
Antonio Silvio Lopes
Reverson R. Diniz

Capa
Victor Burton

A Global Editora agradece a gentil cessão do material iconográfico pela Fundação Gilberto Freyre e pela Fundação Joaquim Nabuco.

Dados Internacionais de Catalogação na Publicação (CIP)
(Câmara Brasileira do Livro, SP, Brasil)

Freyre, Gilberto, 1900-1987.
O escravo nos anúncios de jornais brasileiros do século XIX: tentativa de interpretação antropológica, através de anúncios de jornais brasileiros do século XIX, de característicos de personalidade e de formas de corpo de negros ou mestiços, fugidos ou expostos à venda, como escravos, no Brasil do século passado / Gilberto Freyre; apresentação de Alberto da Costa e Silva; biobibliografia Edson Nery da Fonseca; índices elaborados por Gustavo Henrique Tuna. – 4. ed. – São Paulo : Global, 2010.

Bibliografia.
ISBN 978-85-260-0134-3

1. Escravidão no Brasil. 2. Negros no Brasil. I. Título.

09-00930 CDD-301.44930981

Índices para catálogo sistemático:

1. Brasil : Escravos : Sociologia 301.44930981

Global Editora e Distribuidora Ltda.

Rua Pirapitingui, 111 – Liberdade
CEP 01508-020 – São Paulo – SP
Tel.: (11) 3277-7999 – Fax: (11) 3277-8141
e-mail: global@globaleditora.com.br
www.globaleditora.com.br

Nº de Catálogo: **2998**

Gilberto Freyre, fotografado por Pierre Verger, 1945.
Acervo da Fundação Gilberto Freyre.

Andrew W. Best e GS (lith.) *Vente de nègres*. S.d. Litografia

Sumário

A escravidão nos anúncios de jornal

Este livro, editado pela primeira vez em 1961, começou a ser escrito logo depois ou um pouco antes do aparecimento, em fins de 1933, de *Casa-grande & senzala*. Teve primeiro a forma de uma conferência, "O escravo nos anúncios de jornal do tempo do Império", feita no Rio de Janeiro, na Sociedade Felipe d'Oliveira, e publicada em número de 1934 da revista *Lanterna verde*. A essa conferência seguiu-se, logo depois, uma comunicação, "Deformação de corpo dos negros fugidos", lida no 1º Congresso Afro-brasileiro do Recife e incluída nos *Novos estudos afro-brasileiros*, livro no qual se recolheram, em 1937, os trabalhos apresentados àquele encontro.

Destaco as datas para ressaltar o caráter pioneiro desses ensaios de Gilberto Freyre. Ainda que Joaquim Nabuco, numa página de *O abolicionismo*, se tivesse servido dos anúncios de escravos nos jornais para atacar o regime escravista, ninguém, no Brasil, havia, até então, sobre eles se debruçado como fonte histórica. Nem no Brasil, nem, de forma persistente e metódica, nos Estados Unidos ou na Europa. Gilberto, ao folhear jornais do século XIX, não demorou em compreender o que hoje nos parece evidente, mas passava despercebido: naqueles anúncios se tinham excelentes esboços de retratos de escravos, nos quais à descrição das aparências físicas, dos temperamentos, das habilidades e das maneiras de vestir se somavam pistas preciosas sobre as violências que sofriam. Ao contrário do que se passava com os artigos de fundo, os sueltos e até mesmo o noticiário, nos quais o escravo era desenhado conforme os interesses, a emoção e o pensamento de abolicionistas ou escravocratas, os anúncios eram quase sempre objetivos e frios. Sobretudo quando se referiam a escravos fugidos. Já os que os ofereciam à venda, troca ou aluguel não podiam deixar de lhes sobressair as qualidades – o que também tem importância, porque ficamos sabendo o que os senhores mais apreciavam.

Entre a conferência na Sociedade Felipe d'Oliveira e a publicação de *O escravo nos anúncios de jornais brasileiros do século XIX*, transcorreram 28 anos. Suspeito que Gilberto Freyre tenha ambicionado aprofundar, numa obra mais ampla, o exame dos anúncios de jornal, dos quais já retirara informações preciosas. Em algum momento, ele desistiu de escrevê-la, até porque utilizou largamente em *Sobrados e mucambos* parte do material que recolhera – e não só os anúncios de escravos, mas também os de casas para venda e aluguel, de procura de empregos e de oferta de tecidos, chapéus, sapatos, móveis, espelhos, porcelanas, louças, pianos, medicamentos, cartas de jogar, doces, bebidas, pentes de marfim, leques de madrepérola e vestidos de noiva – para descrever os comportamentos prevalecentes nos meios urbanos e mostrar como, no Oitocentos, o Rio de Janeiro foi perdendo a sua aparência de cidade talvez mais africana e asiática, e se europeizando à inglesa e à francesa.

O que me parece claro é que Gilberto Freyre não considerava *O escravo nos anúncios de jornais...* um livro acabado: tinha-o por um conjunto de notas, como afirmou várias vezes em suas páginas. Notas interessantíssimas, instigantes e seminais que mereciam ser difundidas entre um público mais amplo. Pois Gilberto Freyre era assim: gostava de semear ideias, de pôr sobre a mesa, ainda em botão, muitas de suas pesquisas, quase a pedir-nos que continuássemos a desenvolvê-las. Tinha pressa em divulgar as suas intuições e os seus achados: não os guardava em segredo. Nas suas obras, muitas vezes um parágrafo ou até uma curta frase nos ilumina e desafia.

Sei disso por experiência própria. Numa das conferências que Gilberto reuniu, em 1940, em *O mundo que o português criou*, refere-se ao trabalho perdido de um pesquisador brasileiro – quero crer que ele próprio –, acompanhado por desenhos de Cícero Dias, no qual se "tentara identificar a predominância de certas culturas africanas no Brasil, através de diferentes estilos de turbantes das mulatas". Desde que li essas palavras há muitos anos, dou especial atenção a tudo que encontro em textos e gravuras antigas sobre o uso de turbantes pelas mulheres na África, principalmente na África Atlântica. Quanto mais material conheço, mais inseguro me sinto sobre o assunto. E não só sobre a origem do costume, mas até mesmo sobre como, no século XIX, a moda do turbante se impôs e deslocou, em algumas regiões do continente africano, os elaborados penteados em tranças. Assumo o risco de dizer, contudo, que a difusão do turbante feminino muito deveu às *nharas*, *nhanhas*, *senoras*, *sinhares* ou *donas* da África Ocidental – aquelas africanas que se uniam a portugueses e a outros europeus, e suas filhas mestiças. Tinham dinheiro e prestígio, até mesmo, em muitos casos, político, e, desde o início do Seiscentos, de turbante e vestidas de modo diferente das demais mulheres da terra, ou seja, de saia rodada e blusa com mangas e decote, nos acenam das portas de suas casas, que se distinguiam das outras habitações locais, porque tinham janelas e eram pintadas de branco.

No seu texto, Gilberto Freyre não falava de turbantes das negras, e, sim, das mulatas – embora as negras também os usassem. Apontava, portanto, penso eu, para a ideia de que o uso do turbante feminino já poderia ter vindo da África para o Brasil, e também para as Caraíbas e o sul dos Estados Unidos – se é que algumas vezes não fez o percurso contrário ou andou de uma praia para outra do oceano –, como um produto da crioulização, do casamento de culturas que se processou, ao longo de quatro séculos nas margens africanas e americanas do Atlântico.

Mais do que com os turbantes, Gilberto Freyre estava, contudo, interessado, e muito, na origem dos africanos trazidos para o Brasil, antecipando-se assim em mais de meio século a uma das prioridades da historiografia brasileira, e também do resto do continente, empenhada, hoje em dia, em identificar as áreas e os povos da África que mais contribuíram para ocupar e desenvolver as diferentes regiões das Américas. O que se quer saber é a que grupos étnicos, por exemplo, pertenciam os homens e as mulheres levados à força de Cacheu para São Luís do Maranhão, e de que povos foram arrancados os cativos que se embarcaram em Luanda e que no Brasil receberam o nome genérico de angolas.

Para Gilberto Freyre, seria possível, por meio dos anúncios de jornal, identificar a região ou o povo de origem de, ao menos, alguns dos escravos que se queriam recuperar ou vender. Havia, para isso, de dar atenção, primeiro que tudo, às marcas ditas tribais existentes no rosto ou na testa dos africanos.

Pensava ele que essas marcas eram gravadas a ferro em brasa, de modo semelhante, portanto, aos carimbos com que, nos portos de embarque no outro lado do Atlântico, se estampavam os ombros ou o colo dos cativos para indicar seus proprietários. Quase sempre, porém, os sinais de nação se faziam, na África, a faca ou com outro instrumento cortante. Eram incisões que podiam ser rasas ou profundas e ter significados diferentes de povo para povo. Aqui, elas identificavam toda uma etnia. Acolá, indicariam a pertença a um estado ou um grupo político. Mais adiante, diferençavam, dentro da mesma sociedade, os nobres dos plebeus ou os homens livres dos escravos. Havia povos com mais de uma escarificação tradicional. Noutros, certas famílias aristocratas, ou somente as de sangue real, tinham direito a incisões especiais. E algumas dessas marcas se repetiam ou eram quase iguais em povos diferentes. Assim, por exemplo, uma das várias marcas dos oiós, conhecida como *pele* – três cortes verticais nas faces, fundos e longos –, nem sempre se distingue das usadas pelos egbas, ijebus e alguns outros povos, ainda que pudesse haver variação na profundidade e no tamanho dos sulcos. Apesar disso, tal como nos indicou Gilberto Freyre, elas constituem, desde que lidas com cuidado e associadas a outros traços, um precioso elemento de identificação grupal dos indivíduos que as possuíam ou possuem. A dificuldade de determinar, a partir dos anúncios de jornal, qual a origem de um escravo, decorria do fato de faltar em quase todos eles a descrição, ainda que imprecisa, dessas marcas. Restringem-se a dizer que o fugitivo tinha cortados no rosto ou na testa "sinais tribais".

Quanto às escarificações corporais das mulheres, sobretudo nas costas, no colo, no punho, no antebraço, em torno do umbigo, nas coxas e na barriga da perna, embora pudessem apresentar desenhos tradicionais ou característicos de determinados grupos, tinham sobretudo objetivos estéticos e eróticos. Seus modelos podiam migrar de uma comunidade para outra e variar com a moda. Sarjada a pele, esfregavam-se sobre as incisões ou os furos determinadas substâncias vegetais para provocar queloides ou cicatrizações protuberantes. Era um modo de enfeitar o corpo e aumentar a atração das mulheres. Os homens apreciavam acariciar esses calombos e ranhuras, que muitas vezes eram tão delicados e elaborados que davam a impressão de renda. Nos anúncios de jornais analisados por Gilberto Freyre, só há referências a escarificações nas costas, talvez porque fossem mais fáceis de ser notadas do que as no ventre ou nas coxas, e sempre em mulheres africanas, o que nos faz supor que estas não submetiam as filhas nascidas no Brasil a esse tipo doloroso de embelezamento.

Outro elemento de identificação de origem era a dentadura dos escravos, pois havia povos que extraíam por motivos rituais ou estéticos dois dos incisivos, e outros que limavam os dentes para torná-los pontudos. Nos anúncios de jornal, havia não só referências à falta de incisivos e a dentes agudos, mas também a bocas desdentadas ou cheias de cáries. Ao que parece, as dores de dentes afligiam não só os crioulos, ou nascidos no Brasil, mas também os africanos, que em sua terra natal praticamente não sabiam o que fossem. Na África, era raro o adulto sem dentadura limpa e perfeita. No Brasil, muitos deles aprenderam a gostar de doces – os doces que não conheciam antes da chegada a este lado do oceano – e o excesso de açúcar fez os seus estragos.

Os anúncios de jornais revelavam a mudança dos hábitos alimentares e a gula dos africanos. E como os escravos se vestiam. E como se comportavam. E os seus defeitos, que algumas vezes só eram defeitos aos olhos do senhor. E as suas habilidades profissionais, como as daquele escravo que era exímio músico – tocava piano e marimba – e também cocheiro e alfaiate. Mais do que qualquer outra cousa, os anúncios mostram, porém, sem o menor disfarce, a crueldade a que estavam sujeitos. Pois, neles, os escravos fugidos eram muitas vezes descritos pelos sinais dos maus-tratos e castigos que sofriam. E também – como acentua Gilberto Freyre – pelas deformações decorrentes de excesso de trabalho, das condições anti-higiênicas de vida e da má alimentação. O dono não tinha pejo em identificar o escravo por marcas de ferro em brasa e por sinais de tortura, como feias cicatrizes de relho, de correntes no pescoço e de ferros nos pés. Este infeliz tinha os "quartos arriados"; este outro se apresentava "rendido", isto é, com hérnia, ou com veias estouradas; aquele com apostemas pelo corpo. Num anúncio, um senhor reclama que lhe escapou "um escravo com o olho vazado"; noutro, o desditoso tinha os artelhos comidos; em outros, faltavam ao fugitivo os dedos da mão, a mão inteira ou um pedaço do braço. A descrição de alguns deles deixa perceber que eram raquíticos e depauperados, como resultado da viagem no navio negreiro, do duríssimo regime de trabalho, da alimentação deficiente e da "dormida no chão, em senzalas úmidas e fechadas". Ou no piso de tijolo das cozinhas. Ou nos vãos das escadas. E Gilberto Freyre conclui: quase todos eram aleijados ou enfermiços não tanto por doenças trazidas da África, mas por "causas nitidamente sociais e brasileiras".

Embora, ao que tudo indica, Gilberto não conhecesse então a *Memória* sobre o tráfico de escravos entre a Costa da África e o Brasil, de Luís Antônio de Oliveira Mendes – só retirada do esquecimento por António Carreira em 1969 –, sabia perfeitamente – e isso deixa claro no último parágrafo de *Casa-grande & senzala* – que muitos africanos já embarcavam doentes nos navios negreiros, desnutridos, maleitosos, atacados pelo verme-da-guiné, sofrendo de maculo ou de ainhum, infectados pela xistossomose ou pela cegueira dos rios. O que, contudo, mais reclamou seu interesse nos anúncios de jornal foram as deformações e as enfermidades causadas pela escravidão.

O que grita nesses anúncios é que os escravos fugiam do trabalho desumano, sem hora e sem pausa, e da crueldade e do sadismo dos senhores. Somando-se os seus textos, o resultado é um pesadelo. Um pesadelo que se opõe à tese gilbertiana de ter sido de certo modo benigna a escravidão no Brasil, quando comparada a outras escravidões. Uma escravidão semelhante ao que ele e outros estudiosos europeus e norte-americanos seus contemporâneos imaginavam que fosse – e só raramente foi – o regime servil entre os muçulmanos. O próprio Gilberto parece reconhecer o desacordo, ao afirmar, no prefácio, de 1978, à segunda edição deste livro, que "a benignidade nas relações dos senhores com escravos, no Brasil patriarcal, não é para ser admitida, é claro, senão em termos relativos", pois "senhor é sempre senhor." E, no longo texto que se segue, mais antigo, a introdução de 1961, refere-se aos escravos como "nem sempre, no Brasil, maltratados", o que faz do maltrato a regra.

Houve, é certo, senhores que se portavam com os escravos com brandura, e não faltaram casos de confiança mútua, companheirismo ou amizade. Entre senhor e escrava, conhecemos histórias de relações amorosas estáveis e duradouras. Mas estamos, creio eu, diante de exceções, e mesmo assim condicionadas por uma violência fundamental: um era propriedade alienável do outro e estava, por isso, sob seu quase absoluto domínio. Desgostado com o escravo e enfastiado da amante escrava, o dono podia afastá-los facilmente de seu convívio e até de sua vista, vendendo-os.

Alguns dos anúncios de escravos postos à venda podiam, aliás, como alerta Gilberto Freyre, esconder dramas domésticos, confianças traídas, amizades fanadas e amores findos. Bem como apontar para a decadência econômica do anunciante, pois o escravo era, em geral, o último bem de que o dono se desfazia, antes do mergulho na pobreza.

Ninguém estranhava que, ao lado de um anúncio de venda, figurasse um outro em que se propunha a troca, por exemplo, de uma escrava modista por uma boa cozinheira. Ou por outro bem de valor igual. E não eram incomuns os anúncios com pedido de empréstimo, oferecendo-se um ou mais escravos como penhor ou hipoteca. O escravo como garantia financeira e, consequentemente, como poupança para ser utilizada nos momentos difíceis ou na velhice, é assunto que ainda não mereceu a atenção dos historiadores, embora levantado, há mais de meio século, por Gilberto Freyre. E neste livro. Num simples parágrafo, mas que desata no leitor a curiosidade por mais.

E assim se dá com outras instigações que dele constam. Como, em duas ou três passagens, a sugestão de que tenham sido trazidos para o Brasil cativos coisãs, uma vez que em vários anúncios se des -

crevem mulheres baixas, com esteatopigia – nádegas grandes, gordas e "empinadas para trás". O tema continua a pedir estudo, não sendo improvável que tenham sido postos nos navios negreiros em Benguela alguns poucos bosquímanos capturados no extremo sul de Angola, onde viviam em bolsões entre povos de línguas bantas.

Envolvido por tantas novas ideias que mais parecem convites para que se aprofundem as investigações, ao leitor não escapará, no entanto, que os retratos desenhados pelos anúncios de jornal são quase todos de escravos urbanos, na maioria domésticos, embora alguns poucos pudessem trabalhar em chácaras ou roças nas fímbrias das cidades. Desses anúncios estão praticamente ausentes os escravos que escapavam dos engenhos de açúcar, das plantações de café e do sol forte do eito e ganhavam o mato, onde não havia leitores de jornal. E forçoso é não esquecer que era de escravos rurais a grande maioria da massa cativa.

Uma das tentações que me tomaram, quando li pela primeira vez este livro, foi a de voltar às coleções de jornais compulsadas por Gilberto Freyre e dispor os anúncios em ordem cronológica, a fim de verificar nos seus textos, no correr do século, as mudanças no tom de linguagem, nas ênfases e nas recompensas. Confesso que esperaria, por exemplo, que, à medida que avançassem as datas e se distanciassem de 1830, quando o tráfico negreiro foi proibido no país (ainda que só para inglês ver), se tornassem cada vez menos frequentes os cortes no rosto entre os sinais que podiam identificar um escravo fugido, pois, ao indicar a condição de africano, levantaria a suspeita de que tivesse sido importado ilegalmente e tivesse, por isso, direito à liberdade.

A repressão ao tráfico, primeiro pelos britânicos, desde a segunda década do século XIX, e, a partir de 1850, também pelo Governo brasileiro, tornou cada vez mais cara a reposição de um escravo que se perdera por alforria, morte ou fuga. A cada ano, como o preço dos escravos subia aos saltos, o prejuízo era maior, o que talvez se reflita não só na redação, mas também no tamanho dos anúncios. É possível, ademais, que esses se tenham tornado menos frequentes no último terço do século, com o avanço do movimento abolicionista. Alguns jornais engajados na luta contra a escravidão se recusavam a publicá-los, e outros devem ter evitado fazê-lo, para não enfrentar a mudança da opinião pública, crescentemente contrária ao regime escravocrata.

A lição que nos veio de Apicucos ficou conosco. Para melhor entender a época em que foram escritos, lemos e relemos os anúncios de jornais, e os livros de receitas de nossas bisavós, e as dedicatórias nas fotografias antigas, e as inscrições nas velhas sepulturas, com o mesmo interesse e cuidado com que nos debruçamos sobre os livros de época e a documentação que se guarda nos arquivos públicos e nas igrejas. Com Gilberto Freyre aprendemos que só atentos ao que pode parecer trivial e pequenino poderemos tentar adivinhar e repetir na imaginação o dia a dia de uma casa com escravos e, nela, como era a vida de uma jovem Joana, nascida ijexá ou ganguela.

Alberto da Costa e Silva

Diplomata de carreira, foi embaixador na Nigéria, no Benim, em Portugal, na Colômbia e no Paraguai. É membro da Academia Brasileira de Letras. Poeta e historiador, escreveu *A enxada e a lança:* a África antes dos portugueses (1992), *A manilha e o libambo:* a África e a escravidão, de 1500 a 1700 (2002), *Um rio chamado Atlântico:* a África no Brasil e o Brasil na África (2003), *Francisco Félix de Souza, mercador de escravos* (2004), *Das mãos do oleiro* (2005) e *Castro Alves,* um poeta sempre jovem (2007). Os *Melhores poemas Alberto da Costa e Silva*, escolhidos por André Seffrin, foram publicados pela Global em 2007.

Anunciologia: um brasileirismo

Quando o grande Oliveira Lima – tão meu mestre, desde meus dias de adolescente – referiu-se ao primeiro jornal aparecido no Brasil ainda Reino – dos dias do Príncipe Regente, portanto – como publicação quase sem valor, por ser jornal só de anúncios, ousei divergir da opinião magistral. A pioneira gazeta era só de anúncios – sustentei – mas, através desses anúncios, o historiador social podia reconstituir todo um começo de sociedade pré-brasileiramente nacional. Seus novos móveis. Seus novos veículos. Sua nova porcelana. Seus novos cristais.

Orgulho-me de, ainda muito jovem, ter-me antecipado nessa valorização de anúncios de jornal: começo, no Brasil, de uma anunciologia. O anúncio, desde o seu aparecimento em jornal, começou a ser história social e, até, antropologia cultural, da mais exata, da mais idônea, da mais confiável.

De onde poder quase desprezar-se o que, nos primeiros jornais brasileiros, tornou-se retórica política, doutrina partidária, elogio de homens públicos, para salvar-se, desses jornais, os informes de interesse social constituídos por anúncios, através dos quais particulares anunciavam novos tipos de veículos recebidos da Inglaterra, novos tipos de vinhos importados da França, queijos, óculos, sapatos, porcelana, talheres, vindos da Europa para um Brasil a adquirir maior abrangência e maior requintes nos seus usos e hábitos de nação civilizada.

À utilização de anúncios para reconstituições e avaliações sociais, no Brasil, continuei a aplicá-la a sucessivas fases do desenvolvimento quer social, quer cultural, do nosso País, com resultados dos quais pode-se dizer terem constituído a invenção, por brasileiro, de uma Anunciologia nada insignificante. Ao contrário: afirmação de um novo tipo de documentação social já cientificamente antropocultural ou sociológico. E, no setor da cultura, um dos brasileirismos mais valiosamente úteis a estudos de impactos de inovações ou importações de várias espécies – vestuário, sapato, penteado, móvel, transporte, higiene, livro, arte – sobre uma sociedade do tipo da brasileira: em grande parte situada em espaço tropical sem pretender, por essa sua situação, deseuropeizar-se nos seus estilos civilizados de vida. Procurando, quanto possível, harmonizar sua tropicalidade com a civilidade representada por usos e requintes que a conservassem presa a origens e a atualidades europeias.

De modo que, através de já seculares e sucessivos anúncios de jornais, pode-se avaliar sucessivas transformações sociais no Brasil causadas por importações de artigos de várias espécies, modificadores de rotinas tradicionais: o transporte só pela vagarosa rede conduzida por escravos, substituído por veículos ingleses, puxados a cavalos, ágeis e elegantes, por exemplo; um maior uso do pão de trigo; um maior uso de metais sofisticados na cozinha e na mesa; a substituição, nas casas de residência, dos abalcoados de origem árabe por janelas de vidro.

É possível que, em alguns casos, a influência dos anúncios de jornais tenha acusado precipitações, na substituição de usos saudavelmente tradicionais por novidades europeias. Mas é evidente que, de maneira geral, a essa substituição corresponderam generalizações de conforto, de bem-estar, de asseio, para as quais persuasivos anúncios de jornais contribuíram como que didaticamente. Ensinando. Instruindo. Demonstrando vantagens. Vantagens de máquinas recentemente inventadas para a substituição, por elas, de não poucos trabalhos executados por escravos. Uma ação abolicionista.

Quando continuo a deter-me no exame de anúncios de jornais, como introdutores de modificações de usos sociais brasileiros, no sentido de maior higiene, maior rapidez, maior segurança – toda a revolução causada, em anos recentes, pela máquina de ferro e por utensílios de metal em hábitos da nossa gente –, é que tal fonte de informação e de transformação social me parece continuar a agir favoravelmente, no Brasil, sobre desenvolvimentos e aperfeiçoamentos de vida, de vivência e de convivência.

Ainda há pouco inteirei-me, através de anúncio exemplarmente educativo, de ações químicas e farmacêuticas, no sentido de superar-se a poluição de praias e rios tropicalmente brasileiros. Daí já haver, nesse sentido, em uso, no Brasil, moderno processo de tratamento biológico de efluentes industriais de que anúncio de jornal dá notícia que, sendo comercial – como é próprio de anúncios – é também de interesse público.

Anúncios de jornal continuam não só a informar sobre produtos de iniciativas privadas úteis ao bem-estar coletivo como a instruir idoneamente leitores sobre aperfeiçoamentos que, em vários setores, continuam a ocorrer no nosso País, habilitando-o a uma maior harmonização de progressos com ecologias nacionais.

Gilberto Freyre

Prefácio à 2ª edição

"Anúncios de compra, venda e aluguel de escravos, em que sempre figuram as palavras mucama, moleque, bonita peça, rapaz pardinho, rapariga de casa de família (as mulheres livres anunciavam-se como senhoras a fim de melhor se diferenciarem das escravas)... anúncios de negros fugidos acompanhados em muitos jornais da conhecida vinheta do negro descalço com a trouxa ao ombro, nos quais os escravos são descritos muitas vezes pelos sinais de castigos que sofrem... realmente não há documento antigo, preservado nos papiros egípcios ou, em caracteres góticos, nos pergaminhos da Idade Média, em que se revele uma ordem social mais afastada da civilização moderna..."

Assim se refere Joaquim Nabuco, no seu O *abolicionismo*, àqueles anúncios sobre escravos em jornais brasileiros, alguns dos quais deve ter lido com olhos ainda de menino que estivesse aprendendo a ler na casa-grande de Massangana.

Há evidente exagero do quase sociólogo que foi Joaquim Nabuco em considerar tais anúncios revelação da "ordem social mais afastada da civilização moderna"; e essa ordem, a patriarcalmente brasileira, da qual ele próprio, Nabuco, naquela casa-grande e, porventura, noutras, das relações de sua madrinha, conheceu, além das crueldades, o lado benigno. Notavelmente benigno, até; e surpreendido por estrangeiros predispostos a só encontrar no Brasil escravocrático o regime de trabalho escravo por eles conhecido em outras partes do mundo.

O próprio Joaquim Nabuco, em *Minha formação*, destacando o lado benigno da escravidão no Brasil, recordaria crueldades da parte de senhores para com escravos. Crueldades que explicariam fugas de escravos menos à procura, em vários casos, de uma abstrata liberdade que de um bem-estar que, entretanto, estavam certos de encontrar em senhores diferentes dos seus. Exemplo: o próprio escravo jovem que Nabuco ainda menino viu chegar à casa-grande de sua madrinha – em Massangana – fugido de senhor cruel e buscando o amparo de dona Ana Rosa: querendo ser seu escravo.

Explica-se, assim, ter eu estreado em quase livro, escrito e publicado em língua inglesa como tese de mestrado na então insigne Universidade de Columbia – A Columbia dos Boas, dos Giddings, dos Seligmans, dos John Bassett Moore, dos Carlton Hayes, como mestres efetivos, e dos *Sir* Alfred Zimmern, de Oxford, e Haring, de Harvard, como *visiting professors* –, na qual, contra a lenda de uma escravidão do africano, no Brasil, sempre infernalmente cruel, opus toda uma série de testemunhos de estrangeiros idôneos no sentido de reconhecer-se aquela benignidade. Alguns até repudiando excessos de benignidade que testemunharam. Um deles registrando casos de escravos ociosos por serem tantos, em certas casas, que os se nhores ou as senhoras não tinham o que lhes dar a fazer.

A verdade, porém, é que dos anúncios de escravos à venda ou que pudessem ser comprados ou alugados, em jornais brasileiros do século XIX, há uns tantos que revelam o que, na verdade, houve de cruel, em contraste com aquelas evidências de benignidade nas relações de não poucos senhores com seus escravos. A benignidade nas relações de senhores com escravos, no Brasil patriarcal, não é para ser admitida, é claro, senão em termos relativos. Senhor é sempre senhor.

Assim como estreei, na década de 1920, com aquela tese – a de ter havido no Brasil escravocrático uma benignidade, da parte de senhores talvez mais caracteristicamente brasileiros que os cruéis, para com seus negros: benignidade por observadores estrangeiros não encontrada noutros países de senhores e escravos em plantações tropicais –, não tardei, na década seguinte, em aprofundar-me na análise de anúncios sobre os mesmos negros, escravos de senhores brasileiros. O que fiz dentro de um abrangente e mesmo panorâmico critério de estudo, através de anúncios de jornais, de aspectos os mais íntimos da ordem social brasileira nos dias patriarcais, e que me levou a considerar não só atitudes das classes dominantes para com pessoas de várias situações socioeconômicas e culturais e de várias origens ou condições étnicas, como também para com animais, plantas, coisas: vacas, cabras-bichos, móveis, alimentos, trajos, bebidas, brinquedos, chapéus, guarda-chuvas, sapatos, livros, pianos, veículos, palavras, imagens e símbolos religiosos.

Esse estudo se espalharia em livros como *Casa-grande & senzala*, *Sobrados e mucambos*, *Um engenheiro francês no Brasil*, *Ingleses no Brasil*, *Nós e a Europa germânica*, num desdobramento, através de interpretações das análises, de uma quase ciência nova que se pudesse denominar Anunciologia. Dentro dela, meu esforço mais especializado, além de sistemático, creio ter sido *O escravo nos anúncios de jornais brasileiros do século XIX*, precedido por uma conferência proferida no Rio, em 1934, na Escola de Belas-Artes, e no qual a perspectiva seria porventura mais ampla do que a de Nabuco naquela sua observação um tanto superficial no seu aliás excelente *O abolicionismo*.

A primeira edição do livro que agora reaparece publicou-a a Universidade Federal de Pernambuco, tendo sido acolhida pela crítica mais idônea como nova perspectiva do assunto – o escravo no Brasil patriarcal como um negro situado. Crítica mais idônea constituída por antropólogos, sociólogos, psicólogos, economistas, linguistas, historiadores. E também por críticos não-especializados, dado que o livro não é escrito em nenhum jargão cientificoide: nem antropologês, nem sociologês, nem psicologês. Nenhum.

Entretanto, os anúncios apresentados considerei-os, de início – desde que empreendi as primeiras pesquisas que resultariam no meu constante uso, em livros e ensaios –, não só desde o começo da década de 1930, como desde os estudos realizados na década anterior, de considerável importância do ponto de vista linguístico: inclusive do ponto de vista do desenvolvimento, no nosso País, de uma língua literária a que não faltasse oralidade, e esta vinha da boca dos iletrados. Inclusive dos brasileiros de todo inacadêmicos que, desde o aparecimento, no Brasil, dos primeiros jornais – no Rio, na Bahia, em Pernambuco –, passaram a redigir, eles próprios, com toda a espontaneidade, anúncios relativos a vários objetos ou a vários sujeitos. Inclusive os relativos a escravos.

Pois entre os anúncios relativos a sujeitos, por vezes vistos como simples objetos, os que, desde os começos do século XIX, foram anunciando escravos à venda, escravos de aluguel, escravos fugidos, chegariam a avultar nos jornais do Império. Talvez mais do que outros anúncios relativos a pessoas, a animais e a coisas, deles foram transbordando verdadeiros "à-vontades" de linguagem oral, popular e até folclórica: aquela "língua errada do povo, língua certa do povo", de que falaria Manuel Bandeira.

São muitos os anúncios relativos a escravos africanos ou de origem africana, em jornais brasileiros do século XIX, dos quais surgem expressivos africanismos. Dentre esses, mucama, banzo, cangulo, banguelo. Registre-se aqui que através desses anúncios me foi possível, com o valioso auxílio do então ainda estudante e já pesquisador como que nato, o hoje mestre José Antônio Gonsalves de Mello, realizar um dos meus sonhos: identificar origens tribais ou geográficas de escravos africanos introduzidos no Brasil. Sabe-se que pouco de exato se conhece dessas origens. A análise de anúncios de jornais relativos a escravos veio trazer preciosa contribuição para o esclarecimento de parte tão obscura da história desse aspecto das relações do Brasil com a África negra.

Mais do que isso: a análise sistemática de anúncios relativos a escravos nos jornais brasileiros do século passado veio permitir chegar-se a importantes conclusões ou interpretações de caráter antropológico quer psicossomático, quer de todo cultural, à base das descrições oferecidas das figuras, falas e gestos de negros – ou mestiços – à venda e, sobretudo, fugidos: altura, formas de corpo, pés, mãos, cabeças, dentes, modos de falar, gesticulação, doenças. Entre estas, me foi possível identificar a presença, em escravos introduzidos no Brasil, não só vítimas de ainhum, como do próprio raquitismo. Devo dizer que, além de J. A. Gonsalves de Mello, colaboraram comigo, em pesquisas sobre matéria tão complexa, outros também então estudantes e depois brasileiros notáveis em várias profissões ou especialidades, futuros médicos ilustres como Rui Coutinho, Luís Robalinho Cavalcanti, Clarival Valadares; futuros antropólogos como

Manuel Diégues Júnior, Diogo Melo de Meneses, Ivan Seixas; futuros historiadores, como José Honório Rodrigues; e mais: o escritor, historiador e acadêmico Francisco de Assis Barbosa, e, ainda, o *scholar* exemplar: Edson Nery da Fonseca. O primeiro – Rui Coutinho – confirmaria, com seu saber especializado, esta minha sugestão: a de ter havido raquíticos entre escravos vítimas de condições anti-higiênicas nos navios de transporte da África para o Brasil. O também médico Luís Robalinho confirmaria a presença, entre escravos, nas senzalas, de ainhum. Duas confirmações importantes.

Do livro *O escravo nos anúncios de jornais brasileiros do século XIX* seria necessário que se fizesse a nova edição, agora empreendida pela Companhia Editora Nacional. É um livro que, no setor da Africanologia, toca em raízes. Descobre-as. Revela particularidades essenciais da presença africana no Brasil. Abre perspectivas inesperadas. Sugere novas abordagens de assuntos que se ligam à própria atualidade antropossocial e cultural brasileira. Oferece bases ou apoios para interpretações em profundidade que vão além das já empreendidas. Por exemplo: com relação aos tipos constitucionais de homem mais presentes entre anúncios de escravos. Os longilíneos suscetíveis de serem confrontados com os brevilíneos. Os muitos de dentes bons. Os "políticos no falar" suscetíveis de serem confrontados com os gagos, seus opostos. Os vários tipos de cabelo. As marcas tribais. Os sinais de castigos da parte daqueles senhores por vezes sádicos, dos quais não poucos escravos fugiam, não à procura de liberdade absoluta – repita-se – mas em busca de, para eles, bons senhores. As cabeças deformadas por excesso de carregar peso. Os trajados como se fossem quase fidalgos. Os contentes da vida. Os de gestos alegres. As mulheres de "bonita figura". As misteriosas. As que fugiam vestidas com as sedas e rendas de suas sinhás: aventura e vaidade misturadas.

Não é uma multidão, essa de escravos fugidos, quer à venda quer de aluguel, que desfila pelos anúncios de jornais brasileiros do século XIX, de gente toda triste; ou parecendo toda mártir; ou toda sofredora ou maltratada. Muitos, na verdade, dentre eles, escravos como aquele que se lançou aos pés de Nabuco ainda menino de Massangana pedindo ao sinhozinho que fizesse sua madrinha comprá-lo de senhores maus. Mas também se apresentam os extrovertidos. Os risonhos, como se lhes fossem dadas, por vezes, até regalias. Ou direitos de afirmação e de expressão de sua religiosidade através de ritos católicos aos quais juntassem os seus em danças e cantos. Alguns desses cantos mais de alegria do que daquela revolta e, na verdade, daquela melancolia que caracteriza os *blues* e os próprios *spirituals* dos escravos nos Estados Unidos.

Seriam esses extrovertidos, porventura nascidos e criados em casas de senhores benignos – e, por morte destes, vítimas de herdeiros menos abastados ou cruéis, dos quais vieram a fugir – talvez mais felizes no Brasil patriarcal do que, quando na África negra, oprimidos por sobas e, sobretudo, maltratados nas próprias tribos: vítimas, por vezes, de tirânicas opressões tribais sob o aspecto de ritos compressores. Observando-se a mesma multidão de escravos dos quais, nos anúncios de jornais brasileiros do século XIX, aparecem perfis antropológicos, esboços de biografias, umas como fichas de identificação psicossomática, conclui-se desses anúncios que, no Brasil, se anteciparam em fazer antropologia, como Mr. Jourdain fazia prosa: sem o saber. Esse material de tão grande interesse humano, de tão grande importância para aquela interpretação do caráter, do *ethos*, da formação do brasileiro, do seu passado projetado sobre o futuro em que nos encontramos, não exageraria quem dissesse que foi o livro de que agora se lança nova edição que primeiro o descobriu como matéria de valor científico e de significado cultural, o apresentou de forma sistemática; que iniciou sua interpretação; que fez dele parte de toda uma – repita-se o neologismo – Anunciologia. Inovação – pode-se sugerir – em sua forma sistematicamente antropossociológica, brasileira; e não, como vêm supondo alguns, adaptação por brasileiro de técnica ou de método já de todo estabelecido no estrangeiro e aqui apenas introduzido. Havia já, aqui e no estrangeiro, é certo, utilizações parciais ou fragmentárias de informes ou de particulares oferecidos por essa riquíssima massa multidimensionalmente informática. Particulares históricos, por exemplo. Ou linguísticos. Ou folclóricos. Utilização de seus pitorescos. Mas tudo isso longe de uma sistemática antropológica e esta global.

Sua utilização global – antropossociológica – realizou-se através da concepção de sua importância que resultaria neste livro, precedida pelo que madrugara em utilizações pioneiras desde o ensaio do autor – ensaio, tese universitária – já referido: sua tese de mestrado na Universidade de Columbia intitulada *Social life in Brazil in the middle of the 19th century* (Baltimore, 1922), anos depois traduzida para o português pelo antropólogo Waldemar Valente e publicada, com ilustrações, pelo Instituto Joaquim Nabuco de Pesquisas Sociais, por iniciativa do geógrafo Mauro Mota, então seu diretor. E agora em segunda edição em língua portuguesa da Editora Artenova.

Trata-se – no caso de *O escravo nos anúncios de jornais brasileiros do século XIX* – de antecipação brasileira no setor das Ciências do Homem que não deve ser esquecida: a de uma como que Anunciologia no caso especializada na análise e na interpretação de material antropossociológico relativo ao africano vindo de várias tribos para o trabalho, quer agrário, em plantações, quer doméstico, em residências. Um homem situado: situado como escravo. Situado num trópico brasileiro afim, mas não de todo semelhante, do trópico africano de sua origem que, de indistintamente africana, as evidências contidas em anúncios permitiriam fosse discriminada ou especificada. Especificação reveladora ou confirmadora de ter sido a política portuguesa de importação de africanos para o trabalho escravo – principalmente agrário – no Brasil a de trazê-los de diferentes origens para que o entendimento entre eles se fizesse principalmente – é de supor – através de uma língua portuguesa aculturativa, abrasileirante, destribalizante, nacionalizante como meio de comunicação capaz de resolver o problema da confusão de dialetos afronegros. A importação de africanos de uma só procedência ou área e de um só dialeto facilitaria, entre eles, um entendimento que poderia levar a uma sobrevivência compacta, no Brasil, de todo um conjunto de costumes e de ritos peculiares de uma só área africana de cultura; e essa sobrevivência, um obstáculo àquele abrasileiramento através da língua portuguesa e da religião católica a cuja força unificadora – tanto a da língua como a da religião – não resistiriam subculturas, dentre as importadas, antagônicas ou dialetos incompreensíveis fora de suas tribos. Este um aspecto apenas de quanto vêm sendo significativas, para estudos brasileiros, as revelações contidas em anúncios relativos a escravos, em jornais brasileiros do século XIX. Principalmente naqueles diários que vêm acompanhando esse século desde a segunda década do mesmo século: o *Diário de Pernambuco* (Recife) e o *Jornal do Commercio* (Rio de Janeiro).

Conta o insigne Gilberto Amado nas suas memórias – aquelas que vieram decisivamente situá-lo como um dos maiores ensaístas da língua portuguesa – que ao ler *Um estadista do Império*, de Joaquim Na buco, deparou com livro admirável como "documento histórico, mérito literário, poderes de estilo"; mas revelador de "incrível inobjetividade das nossas elites, da cegueira dos grupos dirigentes do país, para os quais, em pleno dinamismo do século dezenove, os problemas da terra e do homem não existem". Os três volumes de *Um estadista do Império* pareciam-lhe gritar não existir uma nação brasileira.

Daí ter decidido "elaborar um livro" que "circunstâncias inesperadas o impediram de concluir"; e que, tendo por título *Psicologia da civilização brasileira*, consideraria, "pela primeira vez no Brasil, o problema da nossa formação [...] a uma luz de todo em todo diferente da dos escritores que me antecederam". Isso é "falar sobre o Brasil, não pela história externa das instituições, mas pelo estudo das condições do meio, raça, costumes, inter-relações dos fenômenos raciais entre si por método indutivo". Acentuando: "Do estudo dos fatos é que se procuraria chegar ao conhecimento das normas políticas, formas de governo, leis e disciplinas que regulam a coexistência dos povos". Livro que o ensaísta não chegou a escrever, embora acreditando o ter precedido de "fragmentos ao apelo das oportunidades".

É evidente o exagero de Gilberto Amado quanto a ter faltado organização nacional ao Brasil-Império por falta absoluta de objetividade para trato das coisas públicas. Injustiças à ação de José Bonifácio: intelectual ao mesmo tempo que homem de ação. Pesquisador científico que do estudo da natureza passou ao dos homens. Ao das coisas sociais. Tampouco faltariam de todo ao Império homens públicos que à capacidade política associassem saberes objetivos: o caso de Teixeira de Freitas, de Clóvis Bevilacqua, de Martins Júnior, de Artur Orlando. Ou homens públicos que estimulassem tais estudos. Não faltaram estímulos a Gonçalves Dias, da parte do Governo Imperial, para pesquisas antropológicas no campo. Nem devem ser esquecidas as pesquisas, nesse setor, de Couto de Magalhes. Nem as geográficas de Joaquim Caetano. Anos depois viriam os estudos de campo de Nina Rodrigues. Os do Museu Nacional, fundado no tempo do Império. Os do Museu Goeldi. Os de Capistrano de Abreu. Os de Teodoro Sampaio. Os do barão do Rio Branco, Joaquim Nabuco, Euclides da Cunha sobre geografia histórica. Os de Sílvio Romero sobre folclore. Os de João Ribeiro sobre linguística.

É certo que da geração, aliás brilhante, de Gilberto Amado, nenhum – exceção, talvez, de Pandiá Calógeras – se destacou de todo pelo gosto por pesquisas de campo em torno do homem brasileiro. Ou a respeito da ordem social do Brasil considerada nas suas bases. Ou investigada nas suas fontes. Apenas se destacaram Roquette-Pinto e Froes da Fonseca, como antropólogos idôneos, aos quais, entretanto, faltou ânimo para obras que fossem além de lúcidos começos. Lúcidos começos, porém fragmentos. Fragmentos iguais aos deixados pelo admirável Gilberto Amado.

O que Gilberto Amado projetou realizar e não realizou – e que pode ter sido igualmente projeto de um, ao contrário de Amado, mais cientista do que beletrista, Roquette-Pinto ou de outro dos brilhantes companheiros de geração do insigne autor de *Grão de areia* – viria a ser, em grande parte, se não de todo, obra de brasileiros de gerações posteriores. O conhecimento dos antecedentes europeus e não europeus ou das raízes do Brasil, a descoberta de algumas das mais obscuras dessas raízes, a identificação de valores e de fatores pressentidos, porém só impossíveis de ser encontrados por homens de estudos empenhados em maiores esforços que os de intelectuais apenas de gabinete, dos mais talentosos, não há dúvida de que vêm, nos últimos decênios, ganhando profundidade e abrangência. Lembre-se Sérgio Buarque de Holanda. Recorde-se Raymundo Faoro. Destaque-se um Viana Moog. Também um Artur Reis. Ou um Diégues Júnior. E, dentre os pré-brasilianistas, um Roy Nash ao lado do francês Roger Bastide. Inclusive alguns desses analistas valorizando ou revalorizando elementos na formação da gente e da cultura brasileiras até há pouco tempo tratadas um tanto de resto, isto é, sem se reconhecer neles sua germinal importância.

Para Blaise Cendrars, essa revalorização, por pensadores e analistas brasileiros, de tais elementos na formação pré-nacional e nacional de sua gente e de sua cultura – foi o que ele próprio me disse em Paris e o que está de todo claro em seus trabalhos póstumos – constitui nova e criativa perspectiva em estudos desse gênero, em qualquer parte do mundo, dando-se inclusive, ao escravo afronegro, valor equivalente ao do senhor europeu e reinterpretando-se, à base dessa equivalência de atuação e de valores, o mestiço no plano biológico, e a interpenetração de culturas no antropocultural ou sociológico. Cendrars atribuía o início dessa reorientação nas interpretações do brasileiro do seu próprio ser nacional principalmente ao que se considera a relação senhor-escravo no livro *Casa-grande & senzala*. Poderia atribuí-lo a outras obras brasileiras da década de 1930, ele, Cendrars, pessoalmente, considerando precursora dessa reorientação a obra – os ensaios – do seu ilustre amigo paulista Paulo Prado. Entretanto, terão sido, os ensaios de Paulo Prado como os de Gilberto Amado, os de Roquette-Pinto, os de Pontes de Miranda, os do perspicaz escritor marxista Astrojildo Pereira – um Astrojildo Pereira, um Caio Prado Júnior, um Oliveira Viana, um Florestan Fernandes, um Darcy Ribeiro e um Fernando Henrique Cardoso, estes últimos já de outra geração – fragmentários, embora em algumas de suas páginas mais perceptivas esses autores se mostrassem já próximos de uma abordagem menos eruditamente subeuropeia e mais teluricamente, empaticamente, criativamente brasileira com relação a fundamentos de uma metarraça e de uma cultura próprias do Brasil. Metaeuropeias. Revalorizando-se nesses fundamentos, de modo incisivo, a presença afronegra. Inclusive essa presença do afronegro quando escravo: um escravo a quem, entretanto, não faltou oportunidade de exprimir-se, mesmo assim limitado, conviventemente e criativamente, primeiro como pré-brasileiro, depois como já brasileiro. Em alguns aspectos, como alforriado. As alforrias, no Brasil patriarcal e escravocrático, tendo sido numerosas – como comemorações, em família, várias delas, de nascimentos, batizados, casamentos, sucessos patriarcais dessa espécie –, contam como aberturas a uma ascensão socioeconômica de afro-negros que, em conjunto, pode-se dizer terem constituído antecipações nada insignificantes ao Treze de Maio. Com esse significado e com esse efeito, merecem a maior atenção de quem analise o que foi o processo abolicionista no Brasil, que precedeu, quase sem ruído, ao festivo Treze de Maio. Que o precedeu. Que o antecipou. Que, em datas menos celebradas que a de 1888, começou a dar oportunidade a escravos brasileiros, ao se tornarem livres, a iniciarem um novo tipo de vida e de atividade, favorecidos, por vezes, pelas famílias patriarcais a que haviam pertencido.

Feliz do país que, como o Brasil, pode encontrar nos seus anúncios de jornais relativos a escravos – antepassados de tantos brasileiros de hoje – tão puras evidências de tantos deles terem sido mulheres e homens eugênicos e até belos. Pois o fato de terem sido escravos não degrada, à distância de mais de um século, o que neles foi eugênico ou o que nas suas formas de corpo, nos seus característicos psicossomáticos anotados nos mesmos anúncios, nos seus olhos, nas suas aparências, foi, além de estético, expressivo. Expressivo de inteligência. Expressivo de personalidade. Expressivo da própria capacidade de resistência a opressões.

São escravos muitos dos que parecem se oferecer, através de anúncios de jornais do século XIX, ao exame atento, à observação arguta, ao apalpar por dedos idôneos, não de compradores, mas de analistas desses seus característicos, de suas figuras, que nos esclarecem quanto ao que, da parte deles, africanos e descendentes de africanos, foi contribuição antropossociológica para a formação, em vários casos, eugênica, estética, de um tipo nacional de homem. Um tipo nacional de homem cada dia mais inconfundivelmente metarracial no que apresenta, não de repúdio, mas de superação a qualquer origem étnica ou racial assimilada pelo Brasil ou integrada nele, de traços étnicos e culturais característicos do Brasil; e projetados sobre a gente brasileira através de uma aliança de um processo biofísico com o cultural. Processos de cujos resultados no século XIX os anúncios de jornais relativos a escravos são, vários deles, os que indicam nesses escravos ou miscigenação ou aculturação. Uma e outra significativas de sua integração na vivência e convivência brasileira. Testemunhos antropossociológicos nada insignificantes, os dos anúncios de jornais brasileiros do século XIX, sobre os começos dessa integração através de formas de relacionamento senhor-escravo.

Começos de uma integração ainda incompleta. E isso, principalmente, por ter sido o Treze de Maio uma lei a que não se seguiu um imediato esforço sistemático para essa integração através de uma objetiva preparação do negro livre para esse novo *status*. Para o *status* de brasileiro livre. Grande número de escravos de repente livres que vieram para as cidades, de áreas rurais, sem ofícios que os equipassem para se formarem social e economicamente em meios urbanos. Sem instrução. Desprezados por particulares, pelo Estado, pela Igreja. Párias. Párias dos quais foram descendendo, quase, sempre, outros párias, sem oportunidades para sua ascensão econômica, social, política, cultural. A falta, no Brasil, daqueles realistas que completassem o lírico, festivo, retórico de 1888. A falta daquela valorização do trabalhador livre, hábil, preparado para ser criativo, ao desejo do transabolicionista que foi Joaquim Nabuco. Um transabolicionista frustrado nos seus empenhos de reforma social, por uma República quase de todo indiferente, com seus Ruis Barbosas e seus positivistas – portanto sociais, a tais empenhos.

Explica-se, assim, que para esses párias fossem, paradoxalmente, menores essas oportunidades do que haviam sido, em não poucos casos, para escravos dos dias da escravidão. Para supradotados, filhos de escravos, como Teodoro Sampaio, que alcançaram altas posições, de todo equivalentes às dos brancos, na sociedade brasileira: como pessoas, como intelectuais, como bispos, como políticos. Vários assim supradotados aos quais faltaram, sendo seus pais livres, porém, desamparados, oportunidades para atingirem as posições a que tinham direito pela inteligência e pelas oportunidades. Vítimas, por falta dessas oportunidades ou dessa valorização, de preconceitos que, parecendo, por vezes, de cor ou de raça, terão sido principalmente de classe ou de cultura: a discriminação contra descendentes de escravos e a discriminação contra analfabetos ou quase analfabetos ou expressões de uma subcultura considerada desprezível.

Discriminação que se prolongaria até os nossos dias. Que em parte explica tanta e tão lamentável ausência de descendentes mais ostensivos de negros e de escravos, em altas posições administrativas, políticas, eclesiásticas, militares, intelectuais, no Brasil atual, dando motivos a que estrangeiros, sobretudo anglo-americanos, acusem os brasileiros de origens mais acentuadamente caucásicas ou europeias de nutrirem preconceitos de raça contra os de origens mais acentuadamente negroides. O que não parece corresponder a uma exata realidade.

Mesmo assim, destaque-se o fato de, por confusão de raça com classe, de cultura com subcultura, não se verificar, atualmente, maior aproveitamento, no Brasil, naquelas altas posições, de descendentes mais antropologicamente evidentes de negros e de escravos. Sua ainda rara presença em ministérios, em embaixadas, em chefias militares, em altas posições eclesiásticas. Como não haver, no Brasil atual, um cardeal descendente de negro e de escravo? Ou um ministro de Estado? Ou um almirante? Ou um embaixador?

Procurados, haveria entre brasileiros desses, do ponto de vista antropológico, de origens nada desonrosas, nada inferiores, nada desprezíveis, indivíduos aptos a exercerem essas altas lideranças e a assumirem essas decisivas responsabilidades. Carlos Lacerda foi o primeiro a lembrar Edson Arantes do Nascimento (Pelé) para embaixador do Brasil em Paris: sugestão logo aplaudida por vários outros brasileiros, entre os quais logo me incluí. Jovem, mas já brilhante economista pernambucano, Cláudio França estaria, atualmente, tão em situação como um Roberto Campos ou um Celso Furtado ou um Delfim Netto ou um Reis Veloso de ser Ministro da Fazenda ou do Planejamento do Presidente João Batista de Figueiredo. Raimundo Sousa Dantas está apto a voltar a representar o Brasil em posto diplomático ou a ser membro do Conselho de Educação do seu Estado. Na Marinha – como no Exército e na Aeronáutica – do Brasil já existem descendentes ilustres de negros e escravos, também potencialmente valorosos, entre oficiais dos mais capazes: talvez já algum em situação de ser cogitado para ministro, para chefe de Estado-Maior ou para adido naval em Londres ou em Bonn ou em Washington. Ou – é possível – para ministro de Estado na área militar.

Quando no Recife, discursando em faculdade de ensino superior, Robert Kennedy demagogicamente estranhou não ver entre os estudantes nenhum negro. Havia – eu estava presente – três. Mas havia, entre os talvez 500 jovens universitários ali reunidos, cerca de 300 – talvez mais – com algum sangue negro: percentagem proporcional entre jovens elites do seu país, também de descendentes de negros e de escravos. Para o que chamei a atenção de Kennedy, ao mesmo tempo que lhe recordei o fato de negros de todo pretos, como nos Estados Unidos, terem-se tornado, em certas regiões brasileiras, raros, tais os avanços da miscigenação. Tal particularidade não lhe fora explicada pelos assessores que lhe haviam fornecido informações para aquele seu só aparente improviso de demagogo itinerante.

Registre-se, entretanto, como aspecto da deficiência, no Brasil tornado República imitadora dos Estados Unidos, a falta de um transabolicionismo que facilitasse, como a família patriarcal-escravocrática chegara, em não de todo raros casos, a facilitar a instrução, até os estudos superiores, de filhos supradotados de mães ou de pais escravos: o que aconteceu a não poucos Teodoros Sampaios. Surpreendente não ter ocorrido nem a Ruis Barbosas, liberais avançados, nem a Benjamins Constants, positivistas comtianos dos que se diziam empenhados em integrar proletariados em sociedades burguesas, nem a bispos ou a abades de uma Igreja já separada do Estado, continuarem, de modo mais amplo e mais sistemático, aquela obra social realizada até certo ponto pela família patriarcal-escravocrática: a de facilitar a instrução de filhos supradotados de escravos. Obra que teria importado no mais socialmente construtivo transabolicionismo. Obra em que talvez se tivesse empenhado Joaquim Nabuco se o seu empenho de esclarecido reformador social não tivesse sido interrompido de todo pela implantação da República, conservando-se ele infiel ao regime monárquico. Obra que teria impedido a degradação de tão grande parte da população de origem afronegra do Brasil: um Brasil tornado abstratamente, retoricamente, livre pelo Treze de Maio. A esse Treze de Maio faltou uma política inteligentemente social, integrativa, que o completasse: inclusive através de uma ampla e, de algum modo, difícil valorização de supradotados, filhos de ex-escravos. Valorização que dentro de suas possibilidades, de instituições não estatais, vinha sendo, de algum modo, efetivada com relação a tais filhos de escravos, quer pela referida família patriarcal, quer por conventos, como o dos frades de Igaraçu, que, descobrindo em Antônios Pedros de Figueiredo, de origem afronegra, supradotados, tudo fizeram pela valorização de suas inteligências superiores, tornando possível – no caso específico daquele chamado "Cousin Fusco" – sua brilhante ascensão intelectual. Uma ascensão que o tornou, antes de Tobias Barreto, uma das grandes expressões, no Brasil, de inteligência predominantemente afronegra, no mais alto dos setores de saber: o filosófico desdobrado em crítico social, objetivo, nada demagógico, ainda hoje válido, tais as antecipações do chamado "Cousin Fusco".

* * *

Procura-se, atualmente, no Brasil, através de publicações menos cientificamente marxistas – nisto, diferentes daqueles estudos magistrais de um Fernando Henrique Cardoso ou de um Darcy Ribeiro ou de um Nelson Werneck Sodré – aplicar generalizações marxistas a particulares brasileiros. Ao contrário dos escritos desses autores, esses outros marxizantes se mostram ideologicamente sectários. Pronunciamentos assim sectários com relação a situações particularmente brasileiras vêm sendo, nos Estados Unidos, os de brasilianistas discípulos do professor Marvin Harris. Procuram tais brasilianistas criar uma imagem, em grande parte falsa, do que foi a situação mais característica do escravo no Brasil patriarcal, pondo em relevo aspectos negativos dessa situação e omitindo os positivos. Nos Estados Unidos, ou em outro país de língua inglesa, esse desonesto harrismo foi reduzido à sua insignificância, como expressão sociológica ou revisão histórica, pelo mais lúcido e autorizado dos atuais marxistas daquele país: Eugene Genovese, em *The world the slave holders made* e noutros livros idôneos. É autor, o professor Genovese, a quem não falta o conhecimento de obras de autores brasileiros nas quais se vem apresentando, à base de evidências irrecusáveis, uma imagem da situação do negro escravo no Brasil patriarcal sob vários aspectos diferente, pelo que nela foi, se não mais humano, menos inumano que em situações equivalentes do escravo na América inglesa, na francesa e mesmo na espanhola. Ou a do trabalhador na Europa recém-industrializada dos começos e dos meados do século XIX.

Exemplos de sub-harrismo no Brasil atual não faltam. Um deles, *O negro e a violência do branco*, do sergipano Ariosvaldo Figueiredo, que, entretanto, cita de *A Voz do Povo*, de Aracaju, de 24 de janeiro de 1885: "O escravo em nosso país tem outras garantias que não tem a maior parte dos trabalhadores europeus".

O honesto testemunho de jornal de província do Brasil patriarcal-escravocrático – jornal, aliás, progressista – a comprometer a futura eloquência de um retórico desvairado na sua ideologia sectária e arbitrariamente aplicada à história do seu Estado e do seu país.

Santo Antônio de Apipucos, dezembro de 1978

G. F.

Introdução à 2ª edição

O Recife acolheu, por alguns dias, mestres dentre os mais ilustres, brasileiros e estrangeiros, de estudos socioantropológicos: pois foi onde se reuniu, em 1978, a Associação Brasileira de Antropologia. Cumpriu o Recife, mais uma vez, uma de suas vocações intelectuais: a de vir sendo uma recorrente presença nesses estudos. Que o diga a notável obra, relativa a assuntos afro-brasileiros, do atual presidente da Associação Brasileira de Antropologia, mestre René Ribeiro, à qual se juntam contribuições, também valiosas, de Ulysses Pernambucano de Mello, de Álvaro Ferraz, de Waldemar Valente, de Gonçalves Fernandes e, em dias recentes, e de modo brilhante, de Roberto Mota. São contribuições, todas essas, que, sucessivamente, vêm fazendo desta velha cidade continuadora dos estudos sobre o assunto iniciados na Bahia pelo sábio Nina Rodrigues. Continuadora e, de tal modo, retificadora de orientações desse insigne mestre maranhense, que, aqui, os estudos afro-brasileiros de Antropologia e de Sociologia vêm passando a adquirir, em alguns dos seus aspectos, talvez mais que noutras partes do Brasil, perspectivas adequadas a realidades e destinos sociais brasileiros que, segundo alguns, lhe vinham faltando sob a orientação de Nina Rodrigues e dos seus, aliás, ilustres discípulos imediatos.

O que, nos últimos anos, vem-se afirmando sob estímulos a tais estudos vindos da Universidade Federal que tem aqui a sua sede e, atualmente, orientada por um reitor a quem não falta, no exercício de suas funções, visão de *scholar* ou de humanista científico: o felizmente mais-que-jurista Paulo Maciel.

O destaque que há anos vem sendo dado no Recife à correlação Antropologia-Ecologia coincide com aquela recentíssima ênfase entre *scholars* dos Estados Unidos e da Europa, no sentido da mesma correlação. Ênfase que consta do notável ensaio "Process, system and symbol: a new anthropological synthesis", do prof. Victor Turner, aparecido no último número de *Daedalus*, revista da Academia Americana de Artes e Ciências. Já há, nos Estados Unidos, uma Antropologia que se intitula Ecológica, ao lado das que se apresentam como principalmente Biológicas, Estruturais, Semióticas, Simbólicas, Aplicadas, a excessos de segregações ou de especializações que esse pluralismo antropológico sugere, opondo-se, entretanto, tendências para maiores inter-relações no estudo do Homem, quer dentro das Antropologias, quer no tocante às suas relações, quer com outras ciências, quer com as chamadas Humanidades. Inclusive com a Literatura e com as Artes, explicando-se que no referido número mais recente de *Daedalus* – o de setembro de 1977 – dê-se ao conceito de *scholarship* como perspectiva do estudo do Homem uma abrangência além da de estudo científico. Outra coincidência, além da que se refere a uma Antropologia Ecológica, com o que se pode considerar antecipação recifense nesse estudo. Recifense no sentido de brasileira.

Outra vez se diga que outra não vem sendo a tendência de *scholars* do Recife, nas últimas cinco décadas, em suas abordagens diversificadas, quanto a métodos e objetivos, mas sempre coincidentes nas suas combinações de humanismo com ciência, de temas que, relacionando-se com a condição do Homem brasileiro, em particular, se estendam à consideração do Homem situado no Trópico, de modo mais geral, mas ainda ecológico, e, daí, à do Homem na sua condição mais ampla de Homem, o mais possível desadjetivado. Dessas abordagens podem ser salientadas, como exemplos, nova perspectiva além de literária, social, do romance brasileiro, por Olívio Montenegro; reinterpretações de figuras representativas da cultura brasileira como Farias Brito, Sílvio Romero e Euclides da Cunha, por Sylvio Rabelo; nova perspectiva da presença holandesa no Brasil do século XVII, por J. A. Gonsalves de Mello, além de trabalhos de notável interesse antropoecológico de Osvaldo Gonçalves Lima, Nelson Chaves, Maria do Carmo Tavares de Miranda, Aluísio Bezerra Coutinho, Ruy Marques, Mauro Mota, Barbosa Lima Sobrinho, Amaro Quintas, Renato Campos, Roberto Mota, Cruz Gouveia, Nelson Saldanha, Vamireh Chacon, Marco Aurélio de Alcântara. Vários outros, incluídos os deste conferencista com seus conceitos considerados válidos por vários, dentre antropólogos e sociólogos modernos, de homem situado no trópico, tempo tríbio, autocolonização, colonização, metarraça, morenidade, patriarcalismo brasileiro e suas renovações de metodologia como a interdisciplinar aplicada à reinterpretação da formação social brasileira, a da valorização antropossociocultural dos anúncios de jornais, a de hispano e *lusotropicalismo*, a de um esforço brasileiro de contribuição conjunta para o desenvolvimento de uma Tropicologia, e, ainda, a de um maior interesse pelo que em culinárias ecológicas, como as do Brasil, é expressão psicocultural, a tentativa de conciliar, em seminovelas, tanto quanto em biografias sociológicas, o novelesco unamuniano com o ânimo cientificamente social de evocação por empatia, de passados imaginativa ou realmente pessoais em suas ligações com fenômenos ou situações coletivas. Está assim o Recife entre os atuais centros de estudos antropossociais, sociológicos, histórico-sociais, que concorrem de alguma maneira para que, no nosso país, esses estudos se mantenham atuais e, sob alguns aspectos, criativos.

Não deve ficar sem destaque, em conexão com a presença do Recife nos estudos brasileiros de Antropologia, o pioneirismo de Ulysses Pernambucano, como fundador de uma escola brasileira de Psiquiatria Social, de valor destacado pela Sorbonne ao doutorar um seu colaborador em iniciativa tão altamente honrosa para a ciência brasileira: iniciativa a que estiveram também ligados os, além de psiquiatras, antropólogos René Ribeiro e Gonçalves Fernandes, o africanologista Waldemar Valente. Nem se deixe de recordar o trabalho realizado, também pioneiramente, no Recife, no setor da Biotipologia, pelos médicos Álvaro Ferraz e Andrade Lima, tendo o primeiro continuado seus estudos biotipológicos entre escolares da capital de Pernambuco, em ligação com o Instituto Joaquim Nabuco de Pesquisas Sociais. Nem o de Estêvão Pinto sobre os fulniô, de Águas Belas.

Registre-se de Ulysses Pernambucano de Mello que realiza, atualmente, pesquisas em achados em barco afundado no século XVII na costa da Bahia, tendo já identificado relíquias holandesas do mesmo século na área de Suape, no litoral de Pernambuco. Lembre-se, mais, a pioneiríssima pesquisa em torno de tipos socioantropológicos de personagens de romances, por grupo de estudantes da Universidade Federal de Pernambuco junto a auxiliares de pesquisa do Instituto Joaquim Nabuco de Pesquisas Sociais, sob a direção do coordenador de outro órgão universitário do Recife, ligado a estudos de Antopologia e já de renome no estrangeiro: o Seminário de Tropicologia da mesma Universidade Federal de Pemambuco. Órgão através do qual se está processando uma nada insignificante contribuição brasileira para a fundação de possível nova ciência, tanto antropológica como ecológica. Esse esforço brasileiro que despertou grande interesse da parte do historiador inglês Arnold Toynbee, quando esteve no Recife: tanto que se comprometeu a, de volta ao Brasil, proferir no Seminário conferência sobre "o futuro do trópico visto por um historiador".

Reuniram-se os antropólogos brasileiros e seus convidados estrangeiros, à sombra amiga de uma universidade – a Federal de Pernambuco – que, entre seus órgãos de estudos mais altos, conta com um seminário interdisciplinar, permanentemente dedicado ao esforço de reunir contribuições brasileiras idôneas ou válidas, para importante ciência ainda em formação: a Tropicologia. Ciência que, sendo ecológica, é também antropológica nas suas perspectivas e nas suas abordagens.

Mas três outras instituições brasileiras situadas na capital de Pernambuco como que se uniram à Universidade Federal de Pernambuco para receber, em maio de 1978, antropólogos, dentre os mais ilustres do país, e alguns, seus convidados, da América e da Europa. São instituições, as três, com afinidades de preocupações científicas, ou paracientíficas, com os eminentes mestres que o Recife acaba de hospedar. São elas o Instituto Joaquim Nabuco de Pesquisas Sociais: um Instituto Joaquim Nabuco de Pesquisas Sociais, a que não falta atuante Departamento de Antropologia e um Museu de Antropologia, que se situa entre os mais avançados centros de estudos antropológicos no Brasil de hoje. Um museu com originalidades que lhe dão singular relevo: entre elas, a sua coleção de ex-votos na qual aos relativos a partes do corpo humano se juntam os de reconhecimento por outras graças recebidas dos santos: casas próprias, por exemplo; moendas ou máquinas recuperadas; cascos de animais úteis salvos de doenças fatais; espigas de milho simbólicas de safras bem-sucedidas. Onde, ex-votos dessa espécie? Coleção a que se junta a de coleções de cigarros dos fabricados no Brasil no decorrer do século XIX, com nomes como o de Pedro II, o de Joaquim Nabuco, o de Dom Vital; a de madeiras, tijolos, telhas e azulejos empregados em casas tipicamente regionais desde a era colonial; a de luminárias populares.

Outro instituto: o Instituto Arqueológico, Histórico e Geográfico Pernambucano. Este, tendo surgido há 150 anos, vem juntando, a objetivos de estudos de Geografia e de História, pioneira atenção, que a alguns pareceu a princípio descabida, pela Arqueologia: ramo da Antropologia. Por que Arqueologia – continua a haver quem pergunte – quando no Brasil não se encontram sobrevivências nem maias, nem astecas, nem incas? Nenhuma dessas grandezas pré-históricas?

Todos sabemos, entretanto, que as sobrevivências arqueológicas de interesse antropológico não são apenas as grandiosas. As requintadamente estéticas. As semelhantes às egípcias. Os fundadores do Instituto Arqueológico Pernambucano acertaram denominando-o Arqueológico tanto quanto Geográfico e Histórico. Pode haver Arqueologia sem grandiosidade. Sem ser na América, a dos maias ou a dos astecas.

Ainda outra instituição recifense se apresenta em condição de interessar antropólogos e sociólogos, além de historiadores. Esta outra instituição surpreendente, um jornal: o sesquicentenário *Diário de Pernambuco*.

Por que sugerir-se de um jornal, mesmo provecto, ligações com estudos antropológicos? Por que dizer-se que também ele, jornal, marca uma presença de interesse antropológico nesta parte do Brasil? A muitos parecerá de todo esdrúxula a ligação que aqui se sugere: entre um jornal brasileiro, mesmo provectamente antigo, como é o caso, e a Antropologia.

A ligação, entretanto, existe. Existe porque esse jornal do Recife, fundado em 1825, durante anos e anos publicou anúncios e mais anúncios de escravos à venda ou para alugar ou fugidos que já foram identificados por antropólogo como matéria ideal para estudos de Antropologia, quer física, quer sociocultural.

Merece ser assinalado a esse propósito o seguinte: que acaba de ser como que descoberta uma inesperada intuição de Machado de Assis: a de que anúncios em geral – seu ponto de partida foram os de medicamentos ou de curandeiros em particular – poderiam servir a cientistas modernos, que se tornassem equivalentes de egiptólogos antigos, para reconstituições de passados desfeitos ou de civilizações extintas. Surpreendente intuição, a de Machado, com a qual em parte coincidiria – coincidência pura – o esforço, há anos partido do Recife, no sentido do aproveitamento antropológico de anúncios não só referentes a pessoas – não apenas escravos à venda, para aluguel ou fugidos, mas europeus recém-chegados ou já estabelecidos, no Brasil, como artesões, artistas, profissionais de várias espécies, sacerdotes, educadores, cozinheiros, cabeleireiros –, como também a máquinas importadas da Europa ou dos Estados Unidos para a substituição do trabalho escravo ou do trabalho animal, eles próprios, animais, casas, móveis, livros, trajos, alimentos, bebidas, chapéus, sapatos, charutos, cigarros, rapés, pianos, talheres, gravuras, relógios, músicas, sanguessugas, remédios, imagens de santos, óculos, adornos. Valores que, aparecendo em jornais sob a forma de anúncios, nos permitem, a consideráveis distâncias no tempo, avaliar sua maior ou menor importância para a cultura, a economia, o cotidiano, o lazer, a recreação, a mística de gerações que se sucederam, com diferentes gostos, diferentes preferências, diferentes apetites, dentro de constantes a contrabalançarem tais diferenças. Matéria antropológica contida em sucessivos anúncios de jornal, ou dos mesmos ou de novos artigos, de uso ou de regalo ou referentes a pessoas ou animais. Matéria antropológica da qual se pode dizer que já começou a tomar, no Brasil, pioneiramente, como especialização de estudo ou de indagação antropológica ou sociológica, o caráter de uma possível Anunciologia. E esta, criação, assim sistemática ou assim científica, brasileira.

Essa microantropologia ou microssociologia principiaria por interessar ao antropólogo ou sociólogo especificamente linguista. Pois há por onde sugerir-se, de matéria tão ligada a palavras como inspiradora de imagens, quer descritivas, quer simbólicas, como são os anúncios de jornal, que mereceria a especialíssima atenção de um discípulo de Kenneth Burke que fosse também um adepto de McLuhan: um McLuhan a quem, em recente contato em Paris, aludi ao assunto, tendo-se ele interessado pelos estudos brasileiros a esse respeito. Mas seria um discípulo do prof. Burke que, de modo mais específico, poderia, à margem da matéria contida em sucessivos anúncios de jornal num mesmo diário – o *Diário de Pernambuco* – através de mais de meio século de matéria referente a escravos de origem africana ligados ao sistema patriarcal brasileiro de economia, de sociedade e de cultura – à venda, de aluguel e fugidos – elaborar um estudo de evidente interesse científico-social sobre a retórica – isto mesmo: a retórica – característica dessa espécie de anúncios.

Retórica, nuns casos, apenas descritiva e, através da descrição, identificadora de figuras humanas pelos seus traços somáticos e, também, pelos psíquicos; de formas de tórax, de cabeça, de mãos, de pés, de nádegas, de olhos, de narizes, de lábios; e também identificadora de trajos; de adornos, de joias; de tatuagens ou sinais ou cicatrizes relativas a origens tribais ou de caráter místico ou erótico; de cortes de cabelo; de formas de barba; de assimilações por gente servil de característicos culturais – trajo, decoração, objetos de culto religioso ou técnicos, como relógios – de gente senhoril. Retórica, em alguns casos, afetiva, como a das palavras de senhores em anúncios de escravos fugidos, referentes a escravos ou escravas da particular afeição, sexual ou sentimental, da parte de seus senhores. Retórica, em anúncios de escravos à venda ou para aluguel, de persuasão do tipo comercial, com ênfases em virtudes capazes de justificar preços altos solicitados dos compradores. Retórica, por vezes, em que transparece o ressentimento econômico do senhor do escravo desaparecido ante a perda, menos do ente humano, porventura estimado, que do animal de trabalho difícil de ser substituído. Equivalente de animal ou equivalente de máquina.

A análise dessas retóricas diversas, em anúncios relativos a escravos, dos que, em grande número, se encontram nas coleções do *Diário de Pernambuco* – como, aliás, na do *Jornal do Commercio*, do Rio de Janeiro – seria trabalho para linguista a quem não faltasse iniciação noutros aspectos de saber antropológico. É análise das que têm, por vezes, de lidar com sutilezas psicológicas ou com conhecimentos antropológicos, quer quanto a formas de corpo, diferentemente negras ou diversamente africanas, quer quanto a assimilações, por escravos de origem africana, fixados no Brasil, de traços culturais senhoris valorizadores de gente servil. De onde os anúncios relativos a escravos em jornais brasileiros como o *Diário de Pernambuco* em que surgem, desses africanos, vários trajados à maneira senhoril, penteados a essa maneira, calçados segundo ela, expressando-se em bom português, um deles, por exemplo, caracterizado como "muito político no falar", outro, como "muito ladino" nas maneiras. Grande número, aliás, o de já "ladinos", isto é, integrados na vivência brasileira, em contraste com os chamados "boçais", ainda ignorantes da língua portuguesa e estranhos a estilos brasileiros de vida e a formas já afro-eurobrasileiras de cultura.

Precisamente as formas de cultura e os estilos de vida coloridos pela presença africana que motivaram a pioneiríssima iniciativa recifense de um Congresso, reunido no Recife em 1934, de Estudos Afro-brasileiros. Congresso que marcou o início de toda uma revolução mais que intelectual na atitude do brasileiro para com a presença negro-africana na sua formação social; na sua cultura; no seu *ethos*; nas raízes do que seria uma hoje denominada metarraça; nos motivos que antropologicamente vêm justificando o que se desenvolvia cada vez mais numa consciência brasileira de valor além de estético e eugênico, social e nacional, da morenidade; no valor biossocial oposto à ideia do perigo biológico, da miscigenação. O que, em recente filme de autoria de cineasta empenhado em glorificar propagandisticamente a terra de sua estima – a baiana –, se atribui a um só depois de morto descoberto pensador mestiço, e este baiano: figura fictícia ou romanesca. Partiu, entretanto, e historicamente, concretamente, realmente, essa antecipação antropossocial, do Recife: dos pensadores, cientistas, artistas, reunidos naquele Congresso, repita-se que pioneiríssimo. É que, tendo sido iniciativa recifense, atraiu solidariedades de alguns dos maiores antropólogos da época, do Brasil e de várias partes do mundo: Roquette-Pinto, Froes da Fonseca, Franz Boas, Melville Herskovits, Nancy Ceinard, Artur Ramos, Rodrigues de Carvalho. O babalorixá Adão, do Recife, e o babalorixá Martiniano do Bonfim, da Bahia. Homens de várias cores, vários saberes, várias gerações.

Recorde-se que já nesse Congresso, hoje histórico, considerou-se a importância dos anúncios de jornais para o estudo da presença negro-africana no Brasil. Destacou-se o que neles são sugestões para estudos antropológicos e sociológicos não só de superfície como em profundidade. Uma matéria – a contida nesses anúncios – que, tendo sido por algum tempo desprezada, é suscetível de múltiplas utilizações além das já realizadas.

Autor de livro intitulado *O escravo nos anúncios de jornais brasileiros do século XIX*, publicado pela Universidade Federal de Pernambuco, com introdução do antropólogo Froes da Fonseca – obra de todo esgotada na sua primeira edição –, ouso sugerir ter o Recife dado início, naquele Congresso em ano já remoto, e através desse livro, ao que se tornaria toda uma série de estudos em torno de diversos aspectos de uma situação antropossocial – a brasileira – reconsiderada, reinterpretada nas suas projeções sobre o futuro nacional. Inclusive quanto ao que se poderia mais intimamente esperar de afirmação, nesse futuro, de uma crescente miscigenação, entre os brasileiros, ao lado de uma também crescente interpenetração de culturas, os dois processos – o biossocial e o sociocultural – concorrendo para a expressão, pelo Brasil, de novo tipo de sociedade – e esta metarracial – e de cultura: uma cultura enriquecida por contribuições de várias origens a se ajustarem nacionalmente, brasileiramente, ecologicamente. Processo ecológico também presente nos característicos metarraciais a se fazerem notar na população tanto nos seus modos, crescentemente comuns a quase todos os componentes dessa população crescentemente desvinculada de consciências raciais, de andar, de sorrir, de amar, de cantar, de dançar, de ser religiosa, quanto nas suas também comuns preferências gerais por alimentos, por crenças, por formas de lazer, por músicas, por artes, por divertimentos, embora admitindo-se, dentro dessas preferências gerais, variantes particularmente regionais. Característicos, acentue-se, antropossociais com apenas vestígios daqueles outros, antroporraciais, tão presentes nas figuras humanas apresentadas e descritas pelos anúncios de jornais relativos a escravos da era patriarcal. A homens, mulheres, crianças de origem africana, ainda do século XIX.

Nas descrições de tipos antroporraciais que constam dos anúncios de jornais relativos à era patriarcal já se encontram, porém, em não poucos casos, antecipações do que viria a ser, no Brasil, entre a parte da população procedente da África negra, a substituição de característicos antroporraciais por característicos principalmente antropossociais. Várias das figuras humanas de futuros brasileiros descritas nesses anúncios parecem já desprendidas de suas origens antroporraciais puras e tocadas por começos significativos de substituição de traços fisicamente antropológicos de origem africana pelos sugestivos de seu começo de abrasileiramento através da mestiçagem e da aculturação ao contato da situação, da ecologia, do meio, do ambiente brasileiros.

Aqui, uma interrupção para que se recorde a concepção sugerida por Kenneth Burke de um método de interpretação de relações inter-humanas que incluam agência, agentes e contra-agentes reunidos em termos dos por ele considerados dramáticos. No caso que estamos considerando, através de uma retórica ligada a anúncios de escravos no Brasil patriarcal do século XIX, esses anúncios seriam a agência: os agentes seriam, de um lado, o senhor de escravos, de outro, o próprio escravo a quem poderia ser por vezes atribuída, nas relações dramáticas de que participava, a condição simbólica ou mítica – sorelianamente mítica de herói. A linguagem dos anúncios seria expressão do que Burke chama "modos de ação" e esta, simbólica: e até sorelianamente mítica – tanto a exprimirem motivos, da parte do agente senhoril, de estimar os entes humanos de sua propriedade – propriedade ativa quanto a manifestarem motivos do escravo, objeto de anúncios de jornais, quer para se resignar passiva e, por vezes, afetivamente a essa condição – quando apenas expostos à venda ou posto em aluguel – quer para reagir ativamente contra ela pela fuga: uma forma de insubmissão ou de revolta. Ato transimbólico: efetivo.

Essas relações senhor-escravo, ativo e passivo, refletidas de modo ora oblíquo, ora direto nesses espelhos antropológicos que são os anúncios sobre matéria tão dramática – os relativos a escravos em jornais brasileiros – constituem exemplos sociologicamente ideais do que Burke lança nos seus *A grammar of motives* e *A rhetoric of motives* como "dramatismo": o dramatismo por ele apresentado como método, mas que talvez pudesse ser mais bem classificado como perspectiva e esta, antropológica. Uma perspectiva antropologicamente dramatística. Burke, em página alguma de qualquer de suas duas obras já clássicas, se refere especificamente às relações senhor-escravo refletidas em anúncios de jornais como exemplo de "dramatismo". Essa associação é aqui sugerida e ligada ao seu "dramatismo" à sua revelia. Admitida como válida antropologicamente, justificaria a crítica já esboçada de omissão, na obra do maior filósofo moderno, de uma filosofia antropológica de linguagem, ou de uma retórica de anúncios de jornais, em particular, ou de anúncios, em geral, ao lado de várias outras retóricas como, dentro das teorias de Burke, as já estabelecidas e aceitas por linguistas, a seu modo antropólogos. Retóricas relativas tanto à ação política como à religiosa, tanto à lúdica como à literária, tanto à comercial como à metafísica, tanto à artística como à filosófica. Todas essas parecem, com efeito, necessitar, para se afirmar, de se anunciar através de palavras ou imagens persuasivas, atraentes, sugestivas. Através de artes ostensivas ou dissimuladas de comunicação empenhada em contagiar indivíduos, grupos, públicos com seus valores ou seus motivos ou a favor dos seus interesses; ou em recuperar ligações perdidas, humanas ou culturais, com outras áreas de expressão. O que, sendo exato, justificaria uma Anunciologia que se especializaria na análise e na interpretação de um fenômeno complexo demais para ser considerado apenas como publicitário; ou como aquela pura técnica de, através do anúncio, conseguir-se maior venda de tal ou qual produto ou maior valorização pública de tal ou qual inovação mecânica ou eletrônica ou química. Ou de se obterem alterações nada insignificantes, porém, além de simbólicas, sociológica ou sorelianamente míticas, em modas de trajo, de penteado, de calçado e em hábitos de higiene e de alimentação.

São exemplos, os dessa espécie de atuação simbolicamente sociológica, de palavras ou de imagens, através, pode-se sugerir, de uma retórica toda especial, em sua essência, antropológica social ou antropológica cultural, que se projeta em anúncios impressos, falados, cantados, cinematográficos, televisionados, irradiados, pintados, desenhados. Em vasto material ilustrativo de várias ênfases, todas significativas para a interpretação do que seja ou possa ser seu relacionamento com vários tipos de público e, também, com vários tipos de tempo social. Dentro desse critério e dessa abrangência é que a análise e a interpretação de anúncios como os que, na coleção do *Diário de Pernambuco*, se referem, em tempos sociais sucessivos, a escravos de origem africana a serviço do sistema patriarcalmente brasileiro de família, de sociedade, de economia, de cultura, de relações intersociais e interculturais, se apresentam, como de início se sugeriu, de considerável importância antropológica. Uma importância que, incluindo sua linguagem ou sua retórica, inclui tantos outros aspectos de um contexto antropológico: somático, psicossomático e antropossocial ou antropocultural.

Pode-se estranhar, a propósito da intenção de proceder-se à crescente análise de material tão significativo sob orientação principalmente de antropólogo, a inclusão, entre os critérios para estender-se tal análise, do "dramatismo" do prof. Kenneth Burke. Isso por não se poder classificar rigorosamente esse inovador como antropólogo. Na verdade, como classificar Burke? Linguista? Semanticista? Filósofo? Sociólogo? Parece exato dizer-se que todas essas abordagens da condição humana estão presentes na sua obra múltipla, complexa, vária. Mas sem que deixe de lhe caber essa qualificação em sentido lato – a de antropólogo –, embora um dos seus intérpretes mais lúcidos, Stanley Edgar Hymann, observe que a única classificação justa que lhe cabe é a de criador, à margem das Ciências do Homem, de uma Burkelogia. Mas essa Burkelogia suscetível de ser, em grande parte, incorporada, pelo que o próprio Burke considerava sua "gramática" ou seus "motivos" ou sua "retórica", à Antropologia, além de científica, filosófica ou humanística ou mesmo – tratando-se de irredutível escritor literário – literária.

Recorde-se, ainda, que através de anúncios de jornais brasileiros do século XIX me foi possível, com a valiosa colaboração do então ainda estudante de Direito e hoje historiador provecto José Antônio Gonsalves de Mello, identificar numerosas origens tribais de escravos trazidos da África para o Brasil: assunto até então virgem de exatos esclarecimentos históricos ou antropológicos e, entretanto, de máxima importância do ponto de vista antropológico, além do histórico-social. Os anúncios de jornais registram, em vários casos, em corpos de escravos, marcas das chamadas de "nação", isto é, de tribo e, por conseguinte, identificadoras de predominâncias de característicos psicossomáticos e de situações culturais; de outros, informam suas línguas também tribais; ainda de outros, fixam modas das mulheres usarem turbantes ou os chamados panos-da-costa, cada um desses modos – sabia eu, como discípulo de Antropologia de Franz Boas – correspondendo tanto a usos ou ritos tribais como a formas de penteado, tatuagens, dentes serrados (como os dos benguelas). Essa contribuição recifense nada insignificante para o conhecimento antropológico dos africanos de várias procedências, trazidos para o Brasil como escravos, sem que dos seus registros constem suas exatas procedências tribais – procedências envolvendo várias áreas do continente negro: áreas somáticas e áreas culturais –, marca, talvez, o primeiro informe antropológico conseguido, no Brasil, da leitura analítica e idoneamente antropológica de anúncios de jornais. Data de 1933. Aparece no livro publicado em dezembro daquele ano, no Rio de Janeiro, intitulado *Casa-grande & senzala*, que, pioneiramente interdisciplinar em qualquer país – e, como tal, um escândalo para os ortodoxos de purismo ou exclusivismos antropológicos –, pode ser considerado como ainda mais que geneticamente sociológico ou socialmente histórico, somático, psíquico e socialmente antropológico. Mas utilizando-se da Antropologia científica por vezes com audácias da humanística, da filosófica e até da artística. Empatia junto à objetividade.

Essas procedências tribais exatas, de escravos trazidos de várias Áfricas negras para o Brasil, vinham sendo ignoradas, até o aparecimento de tal livro, quer por historiadores oficiais, incapazes de se aperceberem do valor de anúncios de jornal como fonte de informação histórica, quer por sociólogos, economistas e antropólogos brasileiros, durante certo tempo demasiadamente dependentes de fontes estrangeiras de informação sobre o próprio Brasil em assuntos de suas especialidades. É oportuno, embora já começasse a tardar, que se faça justiça a este pioneirismo brasileiro: a utilização sistemática de anúncios de jornais em estudos quer simplesmente históricos, quer complexamente antropológicos ou sociológicos. Inclusive com relação a origens tribais de não poucos dos africanos importados pelo Brasil.

Que se faça justiça aos brasileiros que vêm desenvolvendo tal sistemática, na pesquisa de origens sociais e culturais do Brasil: sistemática de valor porventura entrevisto, no Brasil, por Machado de Assis e, em Portugal, pelo Visconde de Santo Tirso. E que, na justiça que consagre o valor desse pioneirismo científico, se reconheça o que a cultura brasileira deve à parte considerada secundária e, por alguns, até vil e desprezível, da imprensa: os anúncios. Anúncios considerados insignificantes até por um historiador da perspicácia de Oliveira Lima. É uma matéria, essa, que parece ter ficado à espera de ser utilizada idoneamente como material quer antroporracial, quer antropossocial ou antropocultural, quer, ainda, como elemento de transição entre os dois. Transição que para ser surpreendida nos seus flagrantes mais expressivos precisa ser considerada por quem, à perspectiva antroporracial, junte a antropossocial ou antropocultural. O que exige do analista ou do intérprete aquela formação antropológica de que Franz Boas deixou o exemplo máximo: a do antropólogo duplo na sua maneira de ser antropólogo. Capaz de enxergar no objeto antroporracial de estudo o seu possível desdobramento em antropossocial. É sob essa dupla perspectiva que a análise e a interpretação do material antropológico contido nos anúncios de jornais podem ser mais bem desenvolvidas. Pelo que é oportuno voltarmos a considerar esse material especificamente.

O *Diário de Pernambuco* apareceu em 1825 como publicação destinada principalmente a acolher anúncios comerciais. Crescentemente noticioso se tornaria esse *Diário* fundado por Antonino José de Miranda Falcão, sem deixar de dar relevo a anúncios. E às notícias acrescentaria opiniões e comentários a acontecimentos e a figuras notáveis, até tornar-se um dos maiores orientadores do público brasileiro no Império durante o reinado de Pedro II, com projeções sobre as repúblicas que se sucederiam ao regime monárquico.

Na publicação de anúncios de compra e venda de coisas e de animais, inclusive de escravos – acentue-se que nem sempre, no Brasil, maltratados –, de serviços e de casas, de chegadas e de saídas de navios, de leilões – outra vez, inclusive de escravos –, o jornal do bom Antonino José de Miranda Falcão se tornaria um dos mais importantes de todo o país, explicando-se assim que, principalmente sobre o exame e sobre a interpretação, por homem de estudo brasileiro, de tais anúncios, viesse a se constituir e a se definir significativa contribuição do Brasil para os modernos estudos antropossociológicos: toda uma – repita-se – Anunciologia. Toda uma quase nova ciência nascida das próprias coleções do *Diário de Pernambuco* às quais se juntariam as do *Jornal do Commercio*, do Rio de Janeiro, desde

1827. Inspirada por elas, coleções de jornais. Nutrida delas. Brasileira na sua origem e brasileira na sua sistematização em quase ciência.

Destaque-se, em conclusão, não ser desonroso para brasileiro nenhum de hoje contar, entre seus antepassados de origem africana, escravos dos que desfilam, caracterizados antropologicamente, pelos anúncios de escravos do *Diário de Pernambuco* do Recife, ou do *Jornal do Commercio*, do Rio de Janeiro. Homens e mulheres tantos deles, acentue-se, de figuras eugênica e esteticamente válidas e até superiores. Indivíduos nos quais a essas qualidades é de supor que correspondessem, em vários casos, talentos, aptidões, virtudes também superiores. O que não significa não aparecerem, entre eles, tipos cacogênicos ou indivíduos de formas de corpo desprestigiadas por excessos de trabalho – quando de senhores menos abastados – ou marcados de cicatrizes de açoites e castigos entre as de tribos de suas origens africanas.

Estariam, entre os eugênicos e estéticos, antepassados de um Teodoro Sampaio, por exemplo, sabe-se que filho de escrava; e que chegou a destacar-se como um dos mais autênticos sábios e um dos mais virtuosos homens dentre todos os que têm honrado e engrandecido o Brasil. Antepassados de um Nilo Peçanha que, no exercício da Presidência da República, revelou-se estadista e não apenas político ilustre. Antepassados de um Juliano Moreira, outro sábio dentre os que mais abrilhantaram a ciência médica – no caso – do Brasil. Antepassados de um Cruz e Sousa, de um Luís Gama, de um padre José Maurício, de um José do Patrocínio, de um Torres Homem, de um Lívio de Castro, de um Antônio Pedro de Figueiredo, o chamado "Cousin Fusco": tão alta figura de pensador social do Brasil da primeira metade do século XIX. Estariam antepassados daqueles Rebouças, admiráveis tanto pelo talento como pelas virtudes e tão da estima consagradora e do apreço do imperador Pedro II: cioso como ninguém de suas amizades. Estariam antepassados daquela mulher excepcional pelas qualidades de aristocrata tão autenticamente brasileira quanto respeitada em meios europeus dentre os mais finos da segunda metade do século XIX: a condessa de Barral, bisneta de africana. Antepassados de um Francisco Glicério e de outros homens públicos brasileiros de algum sangue africano, notáveis, como o paulista, pelo tato político. Antepassados de barões e de viscondes do Império, cada qual mais fidalgo não só pelos precários títulos de nobreza imperial, como pelos primores de seus modos superiores de ser e de agir na política e na diplomacia do Segundo Reinado. De prelados eminentes como o arcebispo de Mariana, Dom Silvério. De intelectuais da grandeza de um Tobias Barreto e de um Machado de Assis, de um Lima Barreto. De Anselmo da Fonseca: por vezes tão bom parassociólogo quanto Antônio Pedro de Figueiredo. De Auta de Sousa. De Henrique Castriciano. De Elói de Sousa. De Antônio Torres. De Mário de Andrade. De Oliveira Viana. De Manuel Querino. De tantos outros brasileiros dentre os mais representativos de uma cultura, de um caráter, de uma metarraça já expressivamente, criativamente, afirmativamente nacionais: essa criatividade incluindo com ufania o muito que o Brasil deve ao seu lastro africano tanto quanto ao seu lastro ameríndio, ao lado do europeu, de sua formação. O que se diz sem demagogia. Sem se querer exaltar retoricamente o elemento não europeu dentro do que se vem constituindo metarracialmente num tipo nacional de homem que é uma das mais notáveis superações modernas de pigmentos de raças ou de etnocentrismos de culturas na definição de conjuntos dessa espécie. Conjunto, o nacionalmente brasileiro, já reconhecido, entre os mais válidos. Entre os mais realizados, embora ainda em um processo de realização: processo que tende a ultrapassar as atuais realizações.

Vários os brasileiros que, como estes, terão tido entre avós, bisavós, trisavós, africanos ou descendentes de africanos que anúncios de escravos aparecidos durante quase um século em jornais brasileiros do século XIX, principalmente no *Diário de Pernambuco*, desde 1825 aos últimos anos de regime patriarcal-escravocrático, e no *Jornal do Commercio*, desde 1825, apresentam, descrevem, caracterizam com tão expressivos pormenores antropológicos: psicossomáticos. E destacando por vezes de vários desses homens e dessas mulheres atributos que poderiam ser considerados qualidades estéticas, além de eugênicas: característicos, em alguns casos, de avós de futuras belezas morenas de mulheres brasileiras, por sua vez avós de belezas talvez menos morenas, de brasileiras de tempos atuais ou quase atuais. Mulheres igualmente notáveis pelos seus encantos e pelas suas graças. Pelas suas expressões de um tipo de beleza brasileira de mulher da qual, no fim do século XIX, Sílvio Romero assinalava como devedor de grande parte desse encanto ao seu sangue africano. O que, noutros casos, poderia dizer-se do sangue ameríndio de outras brasileiras, também salientes pela beleza.

Honroso, repita-se, para não poucos brasileiros que possam dizer-se prováveis descendentes de escravos descritos em anúncios de jornais brasileiros do século XIX. A começar pelo fato de terem constituído eles, no Brasil patriarcal, aquela aristocracia de homens de trabalho: marceneiros, funileiros, alfaiates, cambiteiros, tangerinos, canoeiros, trabalhadores de eito – trabalho criativo, produtivo, artístico, por vezes –, do qual o Brasil pode orgulhar-se de ter tido a ventura não só de possuir como de lhes ter dado, como lhes deu, em não poucos casos – quando supradotados –, oportunidades de se transferirem dessa para outras aristocracias: a política, a religiosa, a industrial, a intelectual, a artística, a agrária, a comercial. Que a todas essas outras aristocracias chegaram não raros indivíduos vindos de senzalas e de mãos que, afeitas a duros trabalhos servis, passaram a ser destras noutras expressões de criatividade. O caso do Aleijadinho.

Um discípulo de Pareto talvez ousasse incluir essas transferências – de modo algum de todo frequentes mas, em todo caso, recorrentes além de ocorrentes – como aspecto brasileiro de circulação de elites: circulação de elites dentro de um sistema socioeconômico – o patriarcal-escravocrático – menos fechado, em sua expressão brasileira, do que nas mais ortodoxas ou mais rígidas dessas expressões.

Destaque-se de alguns dos escravos que desfilam pelos anúncios de jornais brasileiros do século XIX – nos quais, a "notícias" ou "avisos" relativos a negros fugidos acrescentam-se numerosos outros de "negros de aluguel", de "negros de venda", de negros a serem leiloados, especificando-se suas aptidões – que, de certa altura em diante, aparecem, entre eles, os de aptidões que profissionalmente os situariam entre paramecânicos e para-artesãos. Já um tanto proletários, no sentido marxista. Um tanto proletários em face de outra espécie de anúncios sociologicamente significativos nos jornais brasileiros da segunda metade do século passado: aqueles que dão relevo a máquinas. A substitutos, portanto, do trabalho humano. Ou, especificamente, do trabalho escravo.

São anúncios que, dentro de uma Anunciologia à brasileira, constituem matéria ideal para estudo, além de histórico-social, sociológico e antropológico, dos antecedentes do brasileiro como o tipo já inconfundivelmente nacional que é hoje. A retórica – dentro do critério de Burke – de tais anúncios, em vários casos, apresenta ou especifica virtudes de trabalho agrário ou industrial representadas pela máquina como substituto do escravo. Tendem a, muito expressivamente, exaltar as virtudes da máquina sobre as do homem. Não apenas sobre as do escravo, mas inclusive sobre as do homem livre. Máquinas – outro aspecto expressivo da matéria como objeto de estudo, que venha a realizar-se sistematicamente – várias delas de invenção inglesa ou de origem britânica. Ligadas, portanto – pode-se sugerir –, ao abolicionismo britânico em sua específica repercussão sobre o Brasil. Não raras com este sentido interessantíssimo: o de se apresentarem como adaptadas ou adaptáveis a circunstâncias próprias do Brasil. O que significa que seriam, atualmente, classificáveis como ecológicas. Ou como brasileiramente tropicais. Um ponto – destaque-se – em que máquinas teriam que competir com escravos de origem africana. Competir como que até fisiologicamente com homens – ou com mulheres – ecologicamente tropicais.

Pesquisa sobre o assunto já está em começo no Instituto Joaquim Nabuco de Pesquisas Sociais. O que é preciso é que ocorra, sem mais demora, a sua sistematização.

Já sugerida há anos, é tempo de concretizar-se essa pesquisa como nova contribuição pioneira do Recife para estudos socioantropológicos no Brasil. Ou – diga-se, até – no mundo moderno tão curioso de identificar suas origens imediatas.

O mesmo se diga de outra pesquisa – também há anos já sugerida: a que, através principalmente de anúncios em jornais brasileiros do século XIX, captasse os ritmos do processo de substituição, quanto a livros importados e à venda nas livrarias do Brasil, das obras clássicas, literárias, humanísticas à maneira latina, em português e em latim, por obras, ou científicas ou caracterizadas por uma nova expressão humanística, filosófica, política, em línguas então ostensivamente portadoras de renovações nesses setores: a francesa, a inglesa, a alemã. Substituições que não deixam de se relacionar com aquele processo de justificação do abolicionismo que teve em Joaquim Nabuco, em Castro Alves e em Tobias Barreto – intelectuais recifenses ou recifensizados – arautos tão destacados.

Santo Antônio de Apipucos, dezembro de 1978

G. F.

Prefácio à 1ª edição

Representa o conceito de Homem situado, de Gilberto Freyre, por assim dizer, a alma, o espírito geral que vivifica suas pesquisas de Antropologia tropical.

Por incrível que pareça, como doutrina que encontra apoio na Biologia moderna, onde cada vez se reconhece mais a indissolubilidade do binômio indivíduo-meio, e, no caso particular, personalidade luso-brasílica e ambiência trópico-brasileira, é doutrina que encontra maior permeabilidade no mundo científico internacional que no brasileiro.

Serão principais razões disso: 1) Desconhecimento muito comum da verdadeira significação e importância prática da Antropologia e da Sociologia, cujo valor científico, para o grande público sobretudo, se apaga em meio a aluvião de publicações de pseudossociólogos palpiteiros. 2) Resíduos inconscientes de um complexo de subdesenvolvimento científico que leva a um exagero de credulidade em quanta ideia nos venha de um grande centro e a uma desconfiança instintiva para com a prata da casa.

A bibliografia, por nós rapidamente levantada, em torno dessa teoria brasileira, nos revela a repercussão que vem tendo no estrangeiro a ideia geral que norteará as investigações da mesma divisão. É considerável.

Já no seu "Relatório geral", apresentado à 30ª sessão de estudos do Instituto Internacional de Civilizações Diferentes (15-18 abr. 1957),

Gilberto Freyre salientava a importância do contato entre endo e exogrupos. Destacava os elementos de segurança e de insegurança nas civilizações mistas. E, a propósito de *pluralismo cultural*, a coexistência de culturas diferentes (melhor, *convivência*?) em alguma forma de equilíbrio, em sociedades eurotrópicas.

E particularizando o aspecto lusotropicológico da Tropicologia geral, sugeria que, da comparação entre a mentalidade da colonização portuguesa e a de outros povos, resultava a constatação de ter agido o "[...] sistema português de adaptação de homens, valores e técnicas europeias a ambientes tropicais e subtropicais, através da aceitação de valores humanos e culturais tropicais e subtropicais". Uma "política de integração pela interpenetração" que parece vir sendo razoavelmente bem-sucedida sob mais de um aspecto. Daí um "[...] novo tipo de civilização em desenvolvimento em áreas tropicais e subtropicais". Pois "essa política – a de equilíbrio – é que tem sido seguida pelos portugueses e seus descendentes em áreas tropicais e subtropicais".

Não é sem razão que Gilberto Freyre destaca "a aceitação pelos portugueses de normas e estilos culturais indígenas": atitude severamente criticada por ingleses que viam nesse fato *perda de dignidade europeia*.

A seu ver, são problemas dessa complexidade que precisam ser analisados através de uma Antropologia que se especialize no estudo do Homem situado nos trópicos: "[...] esses problemas pedem sempre uma análise múltipla – psicossociocultural – e nunca exclusiva".

No Brasil tropical e subtropical há, agora, em áreas como a paulista, "um ritmo de progresso industrial e urbano que rivaliza com o dos ianques da América de clima frio e de composição étnica fundamentalmente nórdica". Exemplo de que "há alguma coisa a ser retificada nas generalizações dos determinismos étnicos ou climáticos ou geográficos"; e "essa retificação" – segundo Gilberto Freyre – "vem sendo feita à base principalmente de uma interpretação cultural das sociedades humanas que, sem desprezo por outros fatores, reconhece a importância quase sempre decisiva do fator ou da dinâmica cultural".

A seu ver, "é evidente a importância, hoje reconhecida por sociólogos e antropólogos idôneos, do fator, ou da dinâmica cultural"; mas "sem que se deva desprezar a capacidade dos ambientes ou dos climas para condicionarem os desenvolvimentos humanos". "Condicionarem" – salienta ele – "e não determinarem". Sob essa orientação é que Gilberto Freyre vem "esboçando o conceito, ao mesmo tempo cultural e ecológico, antropológico e sociológico, nos seus fundamentos, de constituírem hoje os grupos de língua portuguesa uma comunidade, ou uma civilização lusotropical, caracterizada por um conjunto particularmente simbiótico de relações de europeus e descendentes de europeus com ambientes, populações e culturas tropicais".

E alargando o conceito, até alcançar o de uma Tropicologia geral, através de uma Hispanotropicologia intermediária entre a Lusotropicologia e a Hispanotropicologia: "Sendo assim, vê-se como é da conveniência da civilização moderna que dentro dela se desenvolvam civilizações mistas, em que a ciência dos europeus e dos anglo-americanos se junte à experiência dos povos tropicais, para que desse encontro surjam novas soluções culturais para problemas de vestuário, alimentação, medicina, dormida, habitação, higiene, em áreas tropicais, aos quais o europeu pode ajudar com várias das suas técnicas; mas tendo a humanidade de reconhecer que nem todas essas técnicas superam as dos nativos ou as dos povos de hoje mestiços, habitantes de áreas tropicais".

Daí o curso que já ministramos sobre a matéria no Instituto Joaquim Nabuco de Pesquisas Sociais (Recife) e pretendemos desenvolver na Universidade de Columbia (Estados Unidos), a convite dessa famosa instituição, conforme o seguinte esquema:

1. Conceito da Tropicologia e Lusotropicologia de Gilberto Freyre. Sua repercussão internacional e as razões de um relativo desinteresse no Brasil.

2. Fundamentos da Lusotropicologia: as bases bioecológicas da cultura e da sociedade.

3. Analogia, diferenças e relações entre as sociologias botânica, zoológica e humana. Biótipos e biocenoses.

4. Comunidade vital, espaço vital, intercondicionamentos.

5. Liberação do homem quanto ao meio e suas limitações: condicionamentos removíveis e irremovíveis nas relações racio-ecológicas.

6. Valor prático imediato e valor heurístico da doutrina da lusotropicalidade. O problema do Nordeste.

7. Divisão de Antropologia Tropical do Instituto de Ciências do Homem da Universidade do Recife: doutrina básica, programa de pesquisas. Semiótica e terapêutica antropossociais.

Pois dentro desse critério é que Gilberto Freyre vem abordando, em estudos e conferências, vários assuntos. Inclusive no estudo que agora publica a Universidade Federal de Pernambuco – ampliação, aliás, de conferência lida no Rio de Janeiro em 1934 sobre as formas de corpo e de personalidade apresentadas, no século XIX, por africanos e descendentes de africanos, algumas em virtude, principalmente, de sua condição de escravos, outras, do seu abrasileiramento.

Froes da Fonseca

Introdução à 1ª edição

Dos anúncios lembremo-nos, de início, que visam estabelecer no leitor de jornal aqueles "tipos" de "familiaridade, associação, automatismo" em torno do objeto anunciado, a que se refere o Pe. Bernard J. F. Lonergan, à página 570 da sua obra monumental *Insight, a study of human understanding* (Nova York, 1957). No anúncio procura-se "atrair, prender, absorver" a atenção do leitor de jornal, de modo todo especial: com objetivos práticos e imediatos, através de palavras capazes de conquistar o leitor para o anunciante ou para o objeto anunciado, à revelia de compreensão do assunto ou de reflexão sobre o mesmo objeto da parte do leitor sugestionado. Objeto que tanto pode ser um tipo de calçado como um tipo de vinho; um cavalo ou uma casa.

No caso de escravos à venda, os anúncios, nos jornais brasileiros do século XIX, seguiram esse modelo, como que clássico, de anúncios. No caso de escravos fugidos, porém, afastaram-se dele, para se dirigirem à compreensão do leitor através de palavras que, estabelecendo "tipos de familiaridade" em torno do assunto – escravos – estabeleciam, também, nas relações necessariamente francas e inevitavelmente honestas que criavam entre o leitor, o anunciante e o objeto anunciado, alguma coisa de científico, dirigindo-se, de algum modo, à "experiência", à "compreensão" e à "reflexão crítica" do leitor: característicos, segundo Pe. Lonergan, da linguagem científica.

Daí ser possível uma utilização toda especial, em Antropologia e noutras ciências, daquele gênero de anúncios. O que não significa que os anúncios de escravos à venda, ou para alugar, devam ser considerados de todo desprezíveis do ponto de vista cientificamente antropológico. Apenas sua linguagem não é a "científica", da maioria dos anúncios de escravos fugidos que, no Brasil, começaram a aparecer logo que aqui se estabilizou a imprensa, nos começos do século XIX.

São os anúncios de escravos à venda sociologicamente interessantes pelo que sugerem das atividades dos anunciantes – brasileiros da cultura e da etnia dominantes – para com os valores físicos, econômicos, culturais – representados por indivíduos da cultura e da etnia dominadas. Relações que não deixavam de implicar avaliações de qualidades de corpo e de comportamento de indivíduos servis, pelos senhoris.

Não consta aos modernos antropólogos brasileiros que tais avaliações já tenham sido consideradas através do estudo de anúncios de jornais. O mais que se conhece, em torno desse material e desse assunto, é a interpretação sociológica de anúncios de jornais empreendida pelo prof. Guy B. Johnson, para tentar surpreender por esse meio a influência, nos Estados Unidos, da cultura dominante – a anglo-saxônica – sobre a dominada: a dos negros e mestiços de origem africana.

O prof. Guy B. Johnson, num ensaio já antigo, "Newspaper advertisements and negro culture", publicado no v. III (1924-1925), do *Journal of Social Forces*, destacou a influência exercida pela cultura dominante sobre a dominada nos Estados Unidos, através da consagração de traços peculiares à dominante que a dominada, sugestionada pelo reclame comercial, procuraria adotar. Assunto estudado também pelo prof. Melville J. Herskovits – à revelia de anúncios de jornais – no capítulo "White values for colored Americans" do seu *The American negro, a study in racial crossing* (Nova York, 1930). Mas sem recorrer – repita-se – ao estudo dos anúncios de jornal como material de importância além de antropológica, sociológica, pelas recorrências que neles se encontram: recorrências válidas para tentativas de estabelecer-se a correlação entre traços da cultura dominante e a sua imitação pela parte mais culta da população de cultura dominada. É que a utilização sistematicamente científica dos anúncios de jornais – de suas recorrências cultas – só se realizaria a partir de 1930 e no Brasil.

De H. Friedenwald é um estudo pioneiro, como estudo histórico-social, "Some Newspaper Advertisements in the 18th Century", v. 6, *Transactions of the Jewish American society* (Nova York, 1895), dos anúncios de jornais do século XVIII: das sugestões, da parte dos vendedores de então, sobre a sensibilidade de um público indeciso ou mal-informado a respeito de artigos à venda, entre os quais é natural que já aparecessem escravos. Devemos nos lembrar de que só no meado do século XVII os anúncios de qualquer espécie principiaram a ser admitidos como "lícitos" pela ética comercial predominante entre europeus.

Segundo Jules de Bock, à página 30 do seu *Le Journal à travers les âges* (Paris, 1907), foi em 1667 e na Holanda – num jornal da Holanda: *Ghentsch Post-Tijdingen* – que apareceu o primeiro anúncio comercial na imprensa. Na Inglaterra, refere Henry Sampson, à página 76 do seu *History of advertising from the earliest times* (Londres, 1875), ter sido só no fim do século XVII que "*the merchant community of London became accustomed to utilizing the Press as a medium for advertising*". E escrevendo no século XVIII, Postlethwayt recordava que o anúncio de jornal, tendo-se tornado prática corrente nos reinos da Inglaterra, da Escócia e da Irlanda, até há poucos anos era considerado "*mean and disgraceful* [...] *by people of reputation in trade*". A transformação que se operara de um século a outro fora completa: "*persons of great credit in trade experiencing it to be the best, the easiest and the cheapeast method of conveying whatever they have of offer to the knowledge of the whole kingdom*" – escrevia M. Postlethwayt à página 2, do volume I, da 2ª edição de *A universal dictionary of trade and commerce*, publicado em Londres em 1741: obra difícil de ser consultada, sendo, por isso, aqui citada através de W. Sombart, que a menciona nas suas notas ao capítulo VII de *The Jews and modern capitalism*: edição inglesa de sua obra-prima de historiador-sociólogo.

É o arguto Sombart quem repara não constar a palavra *réclame* do *Dictionnaire du commerce* de Savary, publicado na França em 1726, como palavra com um específico significado econômico. E é ainda o historiador-sociólogo alemão quem recorda ter aparecido em francês, em 1751, o jornal de anúncios *Les Petites Affiches*, sem anúncios verdadeiramente comerciais. Afirmativa que baseia no seu conhecimento da obra de P. Datz, aparecida em 1894, *Histoire de la publicité*, na qual foi publicado um fac-símile de *Les Petites Affiches*.

Ainda de Sombart é outro reparo sagaz sobre o assunto: o de poder admitir-se a pretensão de alguns judeus de ser o reclame ou a publicidade moderna uma invenção judaica. Pura probabilidade, é certo; e válida apenas como probabilidade desde que, segundo o historiador alemão, à página 140 da edição inglesa da sua obra principal, é ainda pouco ou deficiente o nosso conhecimento da história do anúncio ou do reclame. Certo é, porém, o fato de terem sido os judeus os inventores da imprensa moderna, isto é, da maquinaria de imprimir anúncios em jornais de preço baixo. Também teriam sido eles, segundo Sombart, uma espécie de jesuítas do comércio, fazendo do anúncio, ou do reclame, instrumento de toda uma política comercial: a de que os fins justificam os meios. O anúncio nem sempre seria exato com relação ao produto anunciado; mas, como meio de persuasão do público, facilitaria o objetivo do vendedor: vender o produto anunciado.

Essa espécie de política comercial, entretanto, não se pode dizer que tenha sido só empregada por comerciantes israelitas: também pelos comerciantes de outras raças e de outros credos. O anúncio tornou-se, da parte de vários deles, uma arte de exaltação de virtudes, nem sempre reais – às vezes fictícias –, dos produtos anunciados e também um meio de competição de uns comerciantes com os outros, através de preços: preços mais baixos para os mesmos artigos. Semelhante competição atingiu, no Brasil, os escravos à venda ou de aluguel, anunciados em jornais do século XIX como portadores de virtudes que nem sempre correspondiam à realidade, essa disparidade entre o anúncio de venda e o objeto à venda permitindo preços sedutoramente baixos: sedução a que se abandonavam com frequência compradores incautos.

Também no livro *The mechanical bride, folklore of the industrial man* (Nova York, 1951), de Herbert Marshall McLuhan, se faz penetrante análise da influência dos anúncios sobre o público: nesse caso, o público anglo-americano. Para McLuhan, "*no longer is it possible for modern man, individually or collectively, to dive in any exclusive segment of human experience or achieved social pattern*" (p. 87). O que, aplicado às minorias étnico-culturais, significaria, dentro de civilizações europeias ou paraeuropeias – acrescente-se a McLuhan –, que as sugestões dos modernos anúncios de jornais as atingiriam de tal modo que, no procedimento dessas minorias, estaria se acentuando a tendência no sentido de assemelhar-se ao da maioria culturalmente dominante. Daí – pode-se ainda acrescentar ao autor de *The mechanical bride...* – o sucesso que vêm obtendo os anunciantes de produtos para amaciar cabelos encarapinhados até torná-los semelhantes aos da gente caucásica culturalmente dominante; e de outros artigos como que arianizantes produzidos pela indústria moderna – quase toda europeia ou anglo-americana – e consumidos com entusiasmo por grupos de outros *stocks* étnicos e de outras civilizações.

Nos anúncios de escravos de jornais brasileiros do século XIX, percebe-se a valorização dos escravos de tipo físico e de característicos culturais mais semelhantes aos da população culturalmente dominante. Pelo menos quando eram escravos destinados ao serviço doméstico: a pajens e mucamas, sobretudo. É evidente que, tratando-se de escravos destinados ao serviço agrário ou ao agropastoril, os preferidos eram os que representassem principalmente força ou vigor para o trabalho físico, independentemente de seus traços físicos ou de seus característicos culturais se assemelharem aos da população culturalmente dominante. Tais virtudes são por vezes acentuadas nos anúncios de escravos à venda: acentuadas ou mesmo exageradas. Dos escravos domésticos pode-se generalizar, à base do estudo dos anúncios de escravos fugidos, que fugiam menos que os de campo: talvez por se sentirem mais próximos da cultura dominante que, dentro das casas-grandes e dos sobrados patriarcais, os admitia à intimidade da mesma cultura, permitindo a pajens e a mucamas regalias de alimentação, de trajo, de recreação que faziam deles uma espécie de parentes pobres dos brancos, seus senhores. "Nas cidades já se encontram escravos tão bem-vestidos e calçados que ao vê-los ninguém dirá que o são", escrevia em 1866 Agostinho Marques Perdigão Malheiro à página 114 do seu *A escravidão no Brasil:* ensaio histórico-jurídico-social (Rio de Janeiro, 1866).

"Ils sentent trop bien qu'ils peuvent passer dans la population du pays, ou que cet avantage appartiendra à leur posterité", escreveu dos escravos que conheceu no Brasil dos começos do século XIX o francês Ferdinand Dénis, à página 141 do seu *Brésil* (Paris, MDCCCXXXIX). Acrescentando à página 145: "*Hâtonsnous d'ajouter que ce raffinement de cruauté dont on cite des exemples si effroyables à la Guyane hollandaise et dans les colonies anglaises elles-mêmes, est bien loin dans le régime intérieur des habitations, ou, em général, les noirs sont traités avec humanité*". O que não significa que não fossem castigados, às vezes, duramente por senhores severos. Mas quase sempre paternalmente severos à maneira da época.

As multidões de escravos negros com os quais os anúncios de jornais brasileiros do século XIX nos põem em contato não são multidões de anônimos. Raro o escravo que não aparece nesses anúncios designado pelo nome: pelo nome cristão. Distinguido, portanto, como pessoa, do puro animal que ele foi em outras civilizações: puro animal, quando muito chamado *boy* ou *pukinniny* ou *nègre*.

É certo que em determinados documentos brasileiros ele é apenas coisa: "peça de Guiné". Certo, também, que, em alguns dos próprios anúncios de negros postos à venda ou incluídos entre objetos de leilão, o escravo é reduzido quase a animal: cabra. Mas do negro fugido raramente o anunciante deixa de dar o nome cristão que abrasileira o negro em pessoa da família sociológica do seu senhor branco. E em certos anúncios se sente que o negro desaparecido era para o seu senhor quase um filho que deixara a casa do pai.

Um pai autoritário, severo, exigente, é verdade. Um senhor que castigava os escravos; que os marcava com chicotadas; que os prendia aos troncos; que lhes punha máscaras de flandres para não comerem terra; que os alugava a trabalhos de rua.

Mas esse patriarca que punia assim os escravos punia igualmente os filhos. Dentro do sistema patriarcal brasileiro, o menino branco e senhoril – o "sinhozinho" – era também castigado com palmatória, com vara de marmelo; preso nas cafuas; posto de joelho sobre grãos de milho. O castigo ao escravo, como o castigo ao filho de família, fazia parte de um sistema de educação, de assimilação e de disciplina – o patriarcal – que não podia desmanchar-se em ternuras para com os necessitados de educação, de assimilação e de disciplina. Para se integrarem nos papéis ou nas funções que deviam desempenhar nesse sistema, escravo e menino precisavam ser disciplinados, assimilados e educados pelos brancos e pelos adultos à maneira da época, que era uma maneira da qual ninguém concebia que estivesse ausente a palmatória ou o chicote; o castigo que doesse no corpo; a punição cruamente física.

Pelo que não nos devem horrorizar demasiadamente, nos escravos fugidos, marcas nas nádegas de castigo ou sinais de punições; lubambos nos pés; correntes nos pés. Tais castigos faziam parte da rotina de todo um complexo sistema de relações de escravos com seus senhores; e de escravos novos ou boçais com escravos antigos ou ladinos com os quais deviam aprender a cozinhar, a fiar, a lavar roupa, a costurar, a fazer renda, bico, labirinto, doces, geleias; a cuidar de cavalos, de ovelhas, de vacas, de bois; a remar, a pescar, a fazer pão, manteiga, queijo, sapatos, roupas, chapéus, móveis; a cuidar de meninos, de jardins, de hortas; a botar sentido em sítios; a construir casas; a plantar cana, algodão, café, tabaco, mandioca.

Aculturação dirigida. Trabalho forçado. Mas aculturação e trabalho dirigidos que preparavam o escravo para a própria liberdade dentro da nova sociedade ou da nova cultura de que ele passava a ser elemento ou membro; e à qual trazia ou acrescentava alguma coisa de seu, ao mesmo tempo que adquiria dela, juntamente com a língua portuguesa, nem sempre bem aprendida, e com a religião cristã, nem sempre bem assimilada, todo um conjunto de ritos, de técnicas, de valores, de hábitos de trajo e de alimentação, que importavam na sua maior ou menor integração num novo gênero de vida.

Sabe-se, pelos anúncios de negros fugidos, de escravos que, tendo vindo ainda crianças da África, falavam, quando adultos, a língua portuguesa como se tivessem nascido no Brasil; de outros, porém, os anúncios informam terem envelhecido falando atrapalhado. O mesmo sucedeu com a religião, com o trajo, com os adornos de corpo, que em alguns se tornaram a imitação quase perfeita da religião, dos adornos e do trajo dos seus senhores, enquanto outros parecem não ter nunca querido desprender-se das tangas africanas, ostentando nos dorsos nus marcas, feitas a fogo, de suas tribos de origem, que talvez fossem para eles motivos de orgulho ao mesmo tempo étnico e cultural que os fizesse resistir não só ao trajo dos seus senhores como aos seus adornos, aos seus alimentos, aos seus santos, à sua música, às suas danças, às suas artes. Marcas ostentadas por alguns nas próprias faces.

Pelos escravos que passam de modo tão nítido pelos anúncios de negros fugidos dos jornais brasileiros do século XIX, vê-se que foi desigual, da parte deles, a atitude com relação ao novo gênero de vida e aos novos estilos de cultura a que tiveram de submeter-se como escravos. Escravos num país, sob vários aspectos, diferente das suas terras de origem, embora, tanto quanto elas – e neste ponto seu destino foi evidentemente melhor que o dos escravos levados da África para países de climas frios –, país de clima quente e tropical, de muito sol e de muita luz, permitindo-lhes que aqui cultivassem legumes e plantas africanas, tanto alimentares como de gozo. O sistema patriarcal de sociedade a que passaram a pertencer raramente lhes proibiu suas danças, suas músicas, suas artes, suas devoções, seus trajos – contanto que não fosse a quase completa nudez; e pelos anúncios se vê que foi considerável o número dos que, com pouco tempo de residência no Brasil, se abrasileiraram no trajo e na fala a ponto de alguns terem parecido a estranhos negros livres ou forros.

Muitos os que se conservaram, em grande parte do seu aspecto, do seu comportamento e, principalmente, do seu modo de se divertirem nos dias de festa, africanos. Daí a impressão de "África" no meio de uma "civilização europeia" que teve Ferdinand Dénis ao ver no Rio de Janeiro dos começos do século XIX, ao lado de "*noirs domestiques*" em "*livrées si bizarres et quelquefois si riches*", "*ces coiffures étranges qui distinguent les tribus entre elles, de même que le tatouage* [...]". "*Coiffures étranges*" e "*tatouage*" que caracterizam vários dos escravos fugidos, anunciados nos jornais da época pelos seus senhores.

Os anúncios de escravos recolhidos por mim e, sob minha orientação, pelos meus colaboradores de pesquisa: José Antônio Gonsalves de Mello, Arquimedes de Melo Neto, José Valadares, Diogo Melo de Meneses, Manuel Diégues Júnior, Francisco de Assis Barbosa, tanto dos dois principais jornais que, de 1825 a 1888, refletiram, sem interrupção, a economia e a vida patriarcais do Império – o *Jornal do Com-*

mercio, do Rio de Janeiro, e o *Diário de Pernambuco*, do Recife –, como de outros diários e de outras gazetas brasileiras da mesma época, mostram sob que diversidade de critérios sociológicos e antropológicos pode ser utilizado esse documentário. Utilizado para fixar predominâncias e para ilustrar tendências que caracterizam quer o comportamento de uma população escrava, quer as relações dessa população operária ou servil para com a sociedade patriarcal de que a mesma população foi, sob mais de um aspecto, o nervo, e, sob outros aspectos, o alicerce: o alicerce vivo.

Do valor desse material ricamente sugestivo – os anúncios de jornais – para o historiador, para o biógrafo, para o filólogo, para o folclorista, já vários estudiosos da cultura brasileira e de outras culturas, coloniais e nacionais, se tinham apercebido, antes da utilização sistematicamente antropológica de material tão complexo, considerado nas suas recorrências. O inglês Walsh foi um daqueles estudiosos. O suíço Pradez foi outro. Ainda outro, com relação à vida brasileira da época imperial, o anglo-americano Fletcher. Dentre os homens de estudo brasileiros, o historiador, folclorista e dialetologista Pereira da Costa foi talvez o que mais se salientou no aproveitamento de tão valioso material.

Mas é no Brasil de hoje, e através de pesquisas no sentido de se identificarem ou se surpreenderem, através de anúncios de jornal, predominâncias, tendências, recorrências antropologicamente expressivas e sociologicamente significativas, do físico, do comportamento e da atividade de todo um numeroso grupo de população, colonial ou nacional – o escravo de origem africana –, e suas relações com a população livre ou senhoril que, pela primeira vez, se começa a verificar, em qualquer país, sistemática utilização científica de um material quase de laboratório, por muito tempo quase ignorado. Utilização sob critério antropológico e sob critério sociológico. Utilização que pode estender-se vantajosamente ao estudo, sob os mesmos dois critérios, dos mesmos e de outros aspectos do físico, do comportamento, do trajo, dos hábitos de alimentação e de habitação, das preferências por cores, móveis, livros, gravuras, jogos, da parte daqueles outros grupos da população brasileira cujos representantes se distribuíram, uns, no decorrer do século XIX, pela classe senhoril, cujos estilos de vida alteraram ou modificaram de modo considerável; outros, pela ainda débil classe operária, de gente livre, que reforçaram de modo igualmente considerável, dando dignidade a ofícios como os de maquinista, marceneiro, pedreiro, padeiro, cozinheiro, pasteleiro, dentista, cabeleireiro, barbeiro; e fazendo-se quase todos eles retratar por anúncios de jornais que pormenorizaram, como os de leilões, o interior de suas casas e de seus armazéns, e detalharam, como os de profissões, suas atividades técnicas, industriais ou operárias. Esses grupos foram, principalmente, o inglês e o francês; o alemão e o italiano. Para a reconstituição antropológica da figura e para a recomposição sociológica do passado de cada um desses grupos estrangeiros que mais ativamente participaram da modificação sofrida pela cultura brasileira no decorrer do século XIX, são os anúncios de jornais elemento valiosíssimo, contanto que o antropólogo ou o sociólogo saiba utilizá-los como expressão de recorrências ou de regularidades: vendo neles o típico em contraste com o atípico.

Semelhante utilização – que do estudo dos anúncios de escravos vem sendo estendida ao estudo dos anúncios de negociantes ingleses e franceses (Gilberto Freyre e Octávio Tarquínio de Sousa), de artesãos alemães (Gilberto Freyre e Guilherme Auler), de operários italianos (Gilberto Freyre) – pode ser desde já considerada uma contribuição originalmente brasileira para as modernas Ciências do Homem. Pois quem diz Ciências do Homem não diz ciências que apenas tratem do Homem livre; também as que deem atenção ao Homem escravo. Nem ciências que tratem apenas dos burgueses: também as que deem atenção aos operários, aos artesãos, aos imigrantes.

Ao Homem escravo, como ao imigrante, muito deve a humanidade, em geral, e o Brasil, em particular. É justo que os estudemos com o maior dos nossos carinhos. Justo que procuremos reconstituir de um, primeiro, depois, do outro, a figura por vezes heroica embora obscura, revivendo ao mesmo tempo o seu drama e recompondo o seu passado. Para a reconstituição antropológica da figura e a recomposição sociológica do passado do escravo africano ou já brasileiro que durante o século XIX se integrou na vida ou na civilização brasileira, já se pode afirmar não haver material que ultrapasse os anúncios de jornais em importância e em idoneidade.

Nos grandes jornais brasileiros, não só da primeira metade do século XIX como da segunda, marcada pelo regime escravocrático, esses anúncios chegaram a ocupar o melhor espaço. Foi o caso do *Jornal do Commercio*, do Rio de Janeiro.

"*The 'Journal (sic) do Commercio', like the 'Diario' is printed on wretched paper, and the typography so bad that it is hardly legible, though it is in more demand than any other. It is almost entirely filled with editals and advertisements; every publication containing from 80 to 100.*" É o que informa R. Walsh (*Notices of Brazil*, Londres, 1830, p. 430). Quase meio século depois de Walsh, escrevia Charles Pradez, outro excelente observador:

"*Chaque jour, dans cette grande ville de Rio Janeiro, quatre colonnes du* Journal (sic) do Commercio *sont consacrées aux annonces des mutations de ce singulier geme de propriété. O'abord, ce sont les esclaves à louer, puis ceux à vendre, sans compter les nègres annoncés en vente publique*" (*Nouvelles Etudes sur le Brésil*, Paris, 1872, p. 105). E já o Rev. Daniel P. Kidder reparara dos anúncios nos grandes jornais brasileiros da primeira metade do século XIX: "*The matter of the advertising columns is renewed almost daily, and is perused by great number of general readers, for the sake of its piquancy and its variety*" [...] "*Not a few of these* anuncios *would appers very singular among us*" (*Sketches of residence and travels in Brazil*, Filadélfia, 1845, I, p. 117). Note-se, a propósito de Kidder, que, em trabalho recentemente publicado – "Slavery in Brazil as described by Americans" (1822-1888), separata do n. 3, v. XVII, de janeiro de 1961, de *The Americas* (Washington, D.C.) –, o prof. Manoel Cardoso analisa as descrições do regime de trabalho escravo no Brasil do tempo do Império, por observadores anglo-americanos.

Evidentemente, os perfis antropológicos que se sucedem nos milhares de anúncios de escravos fugidos que os jornais brasileiros publicaram, no decorrer do século XIX, com superabundância de pormenores identificadores, por mais de 50 anos, não sugerem a homogeneidade antropológica do *stock* negro. As diferenças são ostensivas. As de sudaneses com relação a bosquímanos ou a bantos lembram as que separam o judeu sefárdico do asquenázico: inclusive as diferenças de forma de nariz e tamanho de pés e de mãos. Compreende-se assim que os sudaneses tenham manifestado a tendência para constituir uma espécie de aristocracia dentro da sociedade escravocrática do Brasil, não só pela sua superioridade de cultura – a islâmica ou a islamizada – mas pela sua figura antropológica: a de africano quase sempre esbelto, nariz afilado, mãos e pés delicados, que passa pelos anúncios de jornais beneficiado por essas suas semelhanças com os tipos clássicos de mulher, homem ou adolescente belo e aristocrático, consagrado pelas civilizações ocidentais. "Um judeu-português de Bordéus e um judeu-alemão de Metz nada têm de comum", escrevia o judeu-português Pinto a Voltaire, no século XVIII, em carta que Werner Sombart transcreve à página 348, edição inglesa do *The Jews and modern capitalism* (Londres, Leipzig, 1913). O mesmo poderia ter escrito, em árabe, no século XIX, um escravo sudanês da Bahia ao europeu do Norte que, referindo-se à população escrava do Brasil, tivesse cometido o erro, em livro ou em artigo de jornal, de referir-se à mesma população como vagamente "negra" ou indistintamente "africana".

Os anúncios de escravos em jornais brasileiros do século XIX confirmam esta generalização: a de ter variado consideravelmente a procedência de negros importados, como escravos, da África para o Brasil. Essa variedade reflete-se quer na figura física dos negros descritos pelos anúncios, quer nos seus característicos de ordem etnográfica ou de natureza cultural, registrados nos mesmos anúncios: marcas de nação, penteados, barbas, xales, turbantes, tangas, vestidos. Por outro lado, acima desses característicos de ordem étnica ou de natureza etnográfica, afirmam-se aqueles que podemos denominar de característicos constitucionais: os dos introvertidos ou calados ou de semblante carregado que se distinguem dos extrovertidos de aspecto alegre e de disposição brejeira, por exemplo. Os angulosos que se distinguem dos arredondados. E também – ainda noutro plano socioantropológico – os eugênicos que contrastam com os cacogênicos.

Os eugênicos são mais numerosos que os cacogênicos nos anúncios de jornais. E, segundo o depoimento de observadores idôneos, eram eles – os eugênicos – o elemento dominante entre a gente de cor, nos dias da escravidão africana no Brasil. É bem expressivo o testemunho do já referido R. Walsh: "*The superiority of the coloured population is not greater in number than it is in physical powers. Some of the blacks and mulattos are the most vigorous and athletec: looking persons that it is possible to contemplate and who would be models for a Farnesian Hercules*" (op. cit., II, p. 331).

Interessante é também este seu reparo: "*The negro population consists of eight or nine different castes having no common language and actuated by no sympathetic tie* [...] *The difference of caste is very strongly marked in the colour of their skin and still more in the expression of their countenance, to a degree of which I had no conception* (op cit., II, p. 330).

Entretanto, é ainda do meticuloso observador inglês a advertência de ter havido, do ponto de vista que hoje chamaríamos eugênico, uma "deterioração" nos *stocks* africanos importados pelo Brasil, em virtude de um deslocamento, das fontes de escravos, de populações próximas das "cafres e hotentotes", estas assinaladas pela quase cômica – para olhos europeus – protuberância de nádegas: "*From the operation of the abolition laws, and the activity of our cruisers to the north of the line in enforcing them, the trade for slaves, in the last ten years, has been directed to the coast of Africa on both sides of the Cape of Good Hope, and the negro race in Brazil has sensibly deteriorated; they seem to approach the character of Caffres or Hottentots; and I have more than once seen among them persons distinguished by the peculiarity that marked the Venus from that country, exhibited in England some years ago*" (op. cit., II, p. 333).

Mas não só por aquela protuberância: também por outros característicos de interesse antropológico, quase todos, aliás, registrados em anúncios de jornais de escravos fugidos.

"*They are distinguished also by their extraordinary mode of tatooing; the flesh is raised into protuberances, so as to* form *a succession of knobs, like a string of beads, from their forehead to the tip of their nose*", escreveu Walsh (op. cit., II, p. 334) daquele tipo menos eugênico de negros importados pelo Brasil a partir do século XIX, com prejuízo para a estética – do ponto de vista europeu – da sua população africana.

Do estudo que se segue – uma das "antecipações" que teriam sido esboçadas por autor brasileiro tanto no campo dos métodos de análise e de interpretação do Homem, em geral, como do Homem situado no Trópico, em particular – destaque-se que, embora simplesmente sugestivo, parece ter precedido, em suas notas prévias (1934 e 1935), o excelente e exaustivo trabalho de Adolfo Dembo e J. Imbelloni, *Deformaciones intencionales del cuerpo humano de carácter étnico*, Buenos Aires, s.d. (o prefácio é datado de 1938). Daí o fato de não ter havido referência naquelas notas prévias – uma sob a forma de conferência (1934), outra, de ensaio (1935) – a obra tão importante, embora de todo alheia ao aspecto metodológico sob o qual os mesmos trabalhos brasileiros podem, ou devem, ser considerados pioneiros dentro das pesquisas antropológicas realizadas acerca de tema tão sedutor. E juntamente com o trabalho de Dembo e Imbelloni deve ser mencionado o publicado em 1950 em Bissau pelo pesquisador português Antônio Carreira, *Mutilações corporais e pinturas cutâneas rituais dos negros da Guiné Portuguesa*. Estudo deveras interessante.

É uma obra, a argentina, em que os dois eruditos antropólogos, depois de se ocuparem, de modo magistral, da "*doctrina humanista de las deformaciones corporales*", tratam especificamente de "*mutilaciones y deformaciones*" quanto a sua "*coloración*", "*pintura corporal*", "*clasificación de los colorantes empleados para la coloración y la pintura*", "*dibujo de cicatrices*", "*tatuaje*", "*deformaciones faciales*", "*perforaciones*", "*aplastamiento de la nariz*", "*mutilaciones labiales*", "*alteraciones dentarias*", "*engorde artificial*", "*la plástica del tronco y del cuello*", "*extremidades*", "*mutilaciones sexuales*", "*deformación cefálica*". De quase todos esses tipos de deformação do corpo se encontram exemplos entre os escravos que, através dos anúncios de jornais, foram estudados no Brasil de modo pioneiro, em ensaio que data do já remoto ano de 1934. No trabalho brasileiro, ao estudo das deformações de caráter étnico acrescentavam-se as de natureza profissional ou as consequentes de castigos, por vezes sádicos, da parte dos senhores sobre escravos, cujos corpos lhes pertenciam como se fossem corpos de simples animais. Em vários casos de deformações de corpo registradas pelos anúncios de jornais – como as representadas por amputações de falanges ou de dedos inteiros das mãos de um indivíduo – não é impossível estabelecer-se hoje qual teria sido sua origem, quando não especificada nos anúncios: se acidente de trabalho (as moendas de engenho foram grandes devoradoras de dedos e até de mãos inteiras de negros), se sinais de luto ritual: luto rigorosamente seguido por tribos bosquímanas ou boximanes, cafres, hotentotes, como recordam Dembo e Imbelloni à página 203 do seu estudo. As alterações dentárias – sobretudo os dentes limados – talvez sejam, dentre as deformações de caráter étnico, as registradas em maior número nos anúncios de jornais brasileiros do tempo do Império acerca de escravos fugidos, embora às que se referem a dentes extraídos faltem os pormenores que lhes dariam verdade antropológica: se seriam – os dentes extraídos – incisivos, superiores, médios ou inferiores; ou se os limados seriam incisivos superiores aguçados ou mutilados nos seus ângulos internos de incisivos superiores. Só com esses pormenores poderíamos classificá-los antropologicamente dentro do esquema do professor Dembo, de ligação dessas alterações dentárias a subáreas específicas de culturas africanas. Mesmo assim, através do considerável número de escravos de dentes limados e de dentes extraídos, podemos nos aproximar de conclusões interessantes quanto à procedência africana dos mesmos escravos.

Não são poucos os casos de tatuagens recordados nos mesmos anúncios, tanto de caráter mágico, como as de exibicionismo ou saudosismo erótico; ou, talvez, simples ostentações de arabescos em moda, que pudessem ou devessem ser incluídas entre as deformações estudadas por W. H. Flower no seu *Fashion in Deformity* (Londres, 1881). O mesmo, talvez, seja certo de narizes que, em vez de naturalmente chatos, fossem achatados, por conformidade com padrões de estética da figura humana que, entre certos grupos de negros africanos, se extremassem precisamente na negação dos mesmos padrões, em vigor entre europeus e noutras sociedades. Daí termos de aceitar certas deformações como deformações relativas, isto é, de tal modo condicionadas culturalmente que correspondessem a ideais de beleza masculina ou feminina sob a forma não propriamente de deformações mas de intensificações de traços naturais ou étnicos.

Entretanto, motivos higiênicos podem ter orientado algumas deformações ou intensificações. O achatamento do nariz, por natureza chato, entre africanos, pode ter obedecido a motivo ou finalidade higiênica, dos admitidos por Dembo e Imbelloni para várias espécies de deformações. Lembram os mesmos autores, à página 60 daquele seu estudo, que "*numerosos etnólogos confiesan que la deformación tiene una finalidad estética o que se vincula con la función social, jerárquica, de relación entre los sexos, etc.*" Para os autores de *Deformaciones*, "*las alteraciones corporales en razón del origen remoto de sus formas, de la naturaleza perenne de sus móviles iniciales y la variabilidad de sus adaptaciones secundarias, ofrecen un terreno particularmente fecundo para los descubrimientos del antropólogo*", o qual, segundo os professores Dembo e Imbelloni, "*no debe ser un empresario de circo Barnum, sino ante todo y sobre todo un humanista*".

Não foi sob outro critério, senão o humanista-científico, que, em "Deformações de corpo de escravos fugidos" (*Novos estudos afro-brasileiros*. São Paulo, 1935), aventurei-me a estudar pioneiramente, no Brasil – estudos realizados de 1932 a 1935 –, na multidão de escravos africanos de várias procedências, de escravos crioulos e de escravos mestiços, retratados com surpreendente exatidão em anúncios de "negros fugidos", a variedade de suas deformações de corpo e, dentro dessa variedade, as constantes ou recorrências, porventura mais significativas, de deformações não só de caráter étnico como de caráter profissional. Tais constantes nos permitem chegar a conclusões valiosas quanto a predominâncias de tribos ou de subculturas africanas, no decorrer do século XIX, entre os escravos a serviço dos senhores brasileiros; e também quanto aos ofícios ou às atividades, exercidas por escravos, que mais ostensivamente deformavam o físico ou mais fortemente lhes caracterizavam o corpo e o andar.

Embora aquele ensaio e a conferência proferida em 1934, no Rio de Janeiro, "O escravo nos anúncios de jornal do tempo do Império", tenham despertado, quando surgiram, a conferência em 1934, o ensaio, em 1935, pouco interesse da parte do público foram acolhidos pelos especialistas – um deles Roquette-Pinto – como "contribuição original e pioneira para as Ciências do Homem, feita por antropólogo brasileiro e sobre material brasileiro". Em recente trabalho (2ª ed., Universidade do Recife, Recife, 1960), intitulado *Notícias e anúncios de jornal*, o prof. Amaro Quintas, confirmando juízo já manifestado pelo antropólogo Roquette-Pinto e pelo historiador Octávio Tarquínio de Sousa, em prefácio ao livro *Ingleses no Brasil*, escreve ter-se iniciado em *Casa-*

-grande e senzala, *Sobrados e mucambos* e na conferência "O escravo nos anúncios de jornal do tempo do Império", *Lanterna Verde* (Rio, 1934), "uma técnica de pesquisa" que, segundo esse ilustre historiador, "iria revolucionar por completo os processos da nossa historiografia social". Note-se, a propósito, que a mesma técnica não foi nova apenas para os estudos sociais no Brasil mas para os estudos sociais em geral: em qualquer país. Especialmente para os estudos de Antropologia, nos quais, por esse meio, confirmou-se a presença de raquitismo no Brasil, constatando-se a frequência do ainhum e a predominância, entre os escravos fugidos, de longilíneos em contraste com brevilíneos. Confirmou-se também – acentue-se mais uma vez – a predominância, entre os mesmos escravos, de indivíduos eugênicos em contraste com cacogênicos, em apoio à generalização de Charles B. Mansfield (*Brazil, Buenos Ayres & Paraguay*, Londres, MDCCCLVI), que observara dos negros serem "*the finest race in Brazil*" (p. 360).

O prof. Danton Jobim, da Universidade do Brasil, escreveu, em livro publicado em Paris (1957): "*L'étude de l'histoire à travers les journaux ne se borne pas à l'analyse des doctrines ou des opinions dont ils se sont faits l'écho, comme nous l'a montré notre sociologue et historien M. Gilberto Freyre. Un examen minutieux des journaux du siècle dernier lui a fourni de magnifiques instantanés des costumes de l'époque. L'auteur de* Casa-grande & senzala (*publié en France sous le titre* Maîtres et esclaves) *a son exploiter, avec succès, une nouvelle technique de recherches dont selon M. Octávio Tarquínio de Sousa, il fut le pionnier. Se servant des annonces des journaux, soit comme orientation, soit comme élément de base, il a réussi une oeuvre originale dans notre historiographie. Il est parvenu, par cette seule voie pour ainsi dire, à faire d'importantes révélations sur les aspects sociaux du Brésil au temps de l'esclavage ainsi que sur l'influence anglaise au début et dans la première moitié du XIXe siècle*". E depois de outros comentários, acrescenta que, de acordo com o método brasileiro de utilização antropológica e sociológica dos anúncios de jornal "*ce n'est pas seulement le pittoresque, le dramatique, l'unique qui surgit des annonces*", mas "*c'est également ce qui dans certaines sciences s'appelle le* démonstratif à l'opposé de l'atypique" (*Introduction au journalisme contemporain*, Paris, 1957, p. 21).

Este material, constituído por anúncios de jornais de escravos fugidos e à venda. Material no qual dormia sono leve, à espera de quem a despertasse, variada multidão de homens, de mulheres e de crianças com suas mil e uma diferenças de caráter não só antropofísico como antropocultural. Inclusive as suas diversas e, por vezes, significativas – culturalmente significativas – deformações de corpo. Tão significativas que algumas delas sobreviveriam aos escravos importados da África e se conservariam no Brasil até os nossos dias, sob a forma de deformações de corpo entre marítimos, catraieiros, dom-juans, plebeus, malandros, criminosos, místicos, pervertidos sexuais.

Aquela conferência (1934) e aquele ensaio (1935) aparecem agora consideravelmente ampliados, com a publicação nº 2 do Instituto de Antropologia Tropical da Faculdade de Medicina da Universidade do Recife. Surgem também com ilustrações que talvez deem a algumas das descrições e interpretações esboçadas no texto aquela precisão e aquela nitidez que caracterizam o desenho verdadeiramente científico, tornando-o superior à própria fotografia. Foi trabalho em que tive a valiosa colaboração do prof. L. Cardoso Ayres, também da Universidade do Recife.

Santo Antônio de Apipucos, 1961

G. F.

O escravo nos anúncios de jornais brasileiros do século XIX

Um diplomata português que no fim da vida deu para escritor, revelando-se então um dos homens de mais espírito do seu tempo, observou que nos anúncios de jornais – nos do *The Times*, por exemplo – encontravam-se: "dramas em três linhas, romances em duas linhas e meia". E comentava: "A história da humanidade encontra-se mais nos romances que nos livros de história; e mais ainda que nos romances, encontra-se nos anúncios dos jornais".

Não vou a tanto quanto à primeira afirmativa: Santo Tirso parecia já fazer parte daquele grupo moderno de extremistas para quem tudo se resolve em romance – até a biografia e a História. Da minha parte, tenho muita fé – do ponto de vista do estudo daquela história que se confunde com a Antropologia, é claro – nos anúncios de jornal; mas não me parece que os romances sejam de ordinário superiores aos livros de história como fontes de "história da humanidade". Muito devemos neste particular a romances e romancistas. Mas não ao ponto de podermos generalizar dos romances que são superiores, como documentação de uma época, àqueles livros de história que sejam de história, como diziam os Goncourt, íntima: "*histoire intime*". E como tal, "*roman vrai*".

Com relação ao Brasil – à sua história íntima, ao seu passado antropológico: um passado constantemente projetado sobre o presente e sobre o futuro –, os anúncios constituem a melhor matéria ainda virgem para o estudo e a interpretação de certos aspectos do nosso século XIX. E não só para a interpretação desse período: para o esclarecimento da nossa psicologia em muitos dos seus aspectos gerais ainda obscuros. Para o estudo do desenvolvimento da língua brasileira, por exemplo. No romance e na poesia, só nos livros de autores mais recentes ela vem revelando a espontaneidade e a independência que se encontram nos anúncios de jornais através de todo o século XIX. Anúncios já cheios de palavras de origem africana ou Tupi-guarani; de brasileirismos do melhor sabor – sapiranga, cassaco, cambiteiro, aça ou assa, xexéu, troncho, perequeté, mulambo, munganga, cambado, zambo, cangulo, tacheiro, engurujado, banguê, banzeiro, batuque, munheca, batucar.

Nos anúncios das gazetas que nossos bisavós liam pacatamente à luz da vela ou de candeeiro, já se escrevia como se falava: já se escrevia português brasileiramente. Compare-se a língua dos anúncios de 1825 com a dos discursos dos constituintes do Império, ainda rançosa de casticismo: são duas línguas inimigas. E, no mesmo jornal, a frase dos artigos políticos e literários com a dos anúncios: a superioridade de força e, direi mesmo, de beleza de expressão dos anúncios é enorme. No Brasil George Borrow teria dito o mesmo que na Espanha: a língua deste povo é maior, muito maior, que sua literatura. A língua dos anúncios de jornais brasileiros do tempo do Reino e da época do Império parece-me às vezes maior, como expressão nacional, do que toda a nossa literatura do mesmo período, incluindo o romance com as suas moreninhas e as suas iaiás já meio desaportuguesadas. Se eu tivesse autoridade, seria a leitura que eu aconselharia aos novos para neutralizar a influência, aliás indispensável, até certo ponto, dos clássicos portugueses: a dos anúncios de jornais do tempo do Império. Eles constituem os nossos primeiros clássicos. Principalmente os anúncios relativos a escravos – que são os mais francos, os mais cheios de vida, os mais ricos de expressão brasileira.

Quem tiver a pachorra de folhear a coleção de um dos nossos diários dos princípios ou do meado do século XIX – o que exige um

50$000 DE GRATIFICAÇÃO

FUGIO de Francisco Antonio Ribeiro, de sua chacara do rio Cumprido na villa de Serra huma sua escrava de nome Benedita altura baixa, cor de formiga com dois dentes tirados na frente, com nica cicatriz debaixo do queixo, muito civilisada, e com um dedo da mão direita aleijado por ter soffrido de um panarisço, desconfia-se andar pelos certões da mesma villa ou por esta cidade procurando essas pessoas que costumão dar asilo a escravos fogidos para os comprar por força e a troca do barato: quem della der noticia pegalla, metella na cadeia, ou entregala nesta cidade ao Sr. Antonio Francisco Ribeiro, ou na villa da Serra a seu Sr. sera gratificado com a quantia acima, e protesta-se com todo rigor das leis contra quem a tiver acoitado

PROTESTA-SE com todo rigor das leis contra quem tiver dado, e der coito a escrava do abaixo assignado, fugida de seo poder na freguezia do Queimado desde 7 de fevereiro do corrente anno: e gratifica-se, conforme a trabalho da captura, á quem a prender, e levar ao dito seo senhor ali, ou mete-la nas cadêas da capital. Essa escrava chama-se Roza, he parda, magra, baixa, anda sempre de vestido, porque foi creada no mimo, tem cabello de pico, um tanto estirado hoje á força de pentes, cose de grosso, e he boa rendeira. Levou uma filha de sua côr, que terá pouco mais de anno de idade.

O padre Duarte

— Vende-se um mulato de 22 annos de idade, bom alfaiate, e bom boleeiro, e um negro tambem do mesma idade, e um negra de meia idade, que cozinha muito bem, e coze, de muito boa conducta, e outra negra de 22 annos, que cozinha muito bem: na rua do Livramento n. 4.

I. Anúncios de escravos fugidos e à venda, em jornais brasileiros do século XIX.

— O agente Borja, em seu armazem na rua do Collegio n. 46, fará leilão de diversos escravos de ambos os sexos, moços, e de meia idade, alguns do quaes com differentes habilidades; achar-se-hão patentes no referido armazem, no dia do leilão, ao exame dos senhores pretendentes: terça-feira 7 do corrente, as 11 horas da manhãa.

Fugio no dia 4 de outubro de 1857, da chacara n. 5 da rua do Marahy, em S. Christovão no Rio de Janeiro um escravo do senador Alencar, de nome Luiz Telles, pardo escuro; tem de 40 annos para cima mal encarado e falta de dentes na frente, tem uma enruga na testa, andar apressado e passadas curtas, finge-se às vezes doido, tem falla tremula. com vizos de estuporado; é muito ladino e astucioso, anda com cartas dizendo que vae com ellas apadrinhado apresentarse a seu Sr; inculca-se pedestre algumas veses. Quem o apprehender, e fizer delle entrega aonde possa ser recolhido a cadeia para ser entregue a seo Sr. recebera 40$rs. de gratificação, alem das despesas; cerá tudo pago a quem nesta Tipographia o aprezentar com o competente documento.

— Fugio no dia 2 de julho, do engenho do abaixo assignado, um negro por nome José Calabar, idade 60 annos, alto, cabeça branca, a roda das orelhas pretos, meio cambito das pernas, levou um cavallo rodado, grande, novo, tem o beiço de baixo grande, ripado de novo. Este negro he bem conhecido por ter sido carniceiro nos arrabaldes do Recife, assim como já foi o Manguinho. Foi escravo do Sr. coronel Francisco José da Costa: roga-se a todas as autoridades policiaes e capitães de campo a apprehensão do dito escravo, e o levem a Albino José Ferreira da Cunha, na rua do Queimado, ou neste engenho das Matas.

Antonio de Paula Souza Leão.

Anúncios de escravos fugidos e à venda, em jornais brasileiros do século XIX.

— Desappareceu na noite de 2 do corrente mez, de julho, uma mulata de nome Rosa, com os signaes seguintes: alta, de boa estatura, corpo reforçado, tem uma cicatriz bem visivel no queixo do lado esquerdo, côr alvacenta e meia desbotada, cabellos meio carapinhos e cortados, idade 25 annos pouco mais ou menos, com uma cicatriz de queimadura um pouco apagada no braço direito, levou argolas de ouro nas orelhas, um roupão de riscado de quadros encarnados, um vestido de cassa amararella.

— A pessoa que tiver escravos e quizer alugar para trabalhar na estrada de ferro, pagando-se mil rs. por dia, ou mesmo gente forra que se queira a sujeitar, dirija-se a rua estreita do Rosario n.23, segunda andar.

Escravos Fugidos.

ATTENÇÃO.

Fugio desde o dia 13 de agosto do corrente anno o escravo Luiz, com os signaes seguintes: alto e bem feito de corpo, tem dentes limados e perfeitos e o dedo mínimo do pé cortado; quando falla com mêdo é bastante gago. Este escravo é natural do Sobral e ha toda certeza que seguio para dito lugar por terra. pede-se por tanto a sua apprehensão a qualquer pessoa, que será bem recompensado; a ntender-se com o seu senhor na rua Direita n. 112, ou na rua de Apollo n.43, armazém de assucar.

II. Anúncios de escravos fugidos e de aluguel de escravos, em jornais brasileiros do século XIX.

extremo cuidado, porque o papel muitas vezes se desmancha de podre ou velho nos dedos do pesquisador menos cauteloso –, quem tiver essa pachorra e esse cuidado há de acabar concluindo como o diplomata português: mais do que nos livros de história e nos romances, a história do Brasil do século XIX está nos anúncios dos jornais. E como essa história é até o fim do século, em grande parte, a história do escravo explorado, aliás, com certa suavidade – porque o Brasil nunca foi um país de extremismos, tudo aqui tendendo a amolecer-se em contemporizações, a adocicar-se em transigências – pelo senhor de engenho, em geral gordo, um tanto mole, com rompantes, apenas, de crueldade, pela mulher, também gorda, às vezes obesa, e pelo filho, pela filha, pelo capelão, pelo capitão-do-mato e pelo feitor do senhor de engenho; como a história econômica do Brasil é, até a Abolição, em grande parte, a história do trabalhador negro, a significação dos anúncios relativos a escravos torna-se capital. Por algum tempo, chegaram esses anúncios a ocupar dois terços e até metade da parte ineditorial dos diários. Sem comparação – a parte mais humana e mais viva dos mesmos diários. A mais ligada à economia da época – a patriarcal e agrária; a mais ligada à vida então vivida pelo brasileiro, tanto nas cidades como, principalmente, nas fazendas, nos engenhos, nas chácaras; e em casas – as das fazendas, dos engenhos, das chácaras – mais ou menos grandes, às quais eram indispensáveis, se não senzalas, escravos.

São os jornais, os do século XIX, quase sem nenhum interesse na parte editorial, para quem os folheie à distância de um século ou de meio século. Seus artigos de fundo e seus folhetins literários raramente nos comovem. Sua retórica política não nos comunica hoje nenhuma vibração humana. Seu noticiário só na última fase do regime escravocrático começa a dramatizar-se, interessando-nos na vida e nos crimes da época; registrando menos as fugas de escravos que os raptos das moças brancas, das iaiás finas, das filhas dos grandes proprietários, pelos bacharéis pobres ou por mulatos claros. Raptos que se davam depois de namoros e sinais de leque e de cartas às vezes escritas a sangue. A agonia mesma do sistema patriarcal de economia e de convivência. O casamento de arranjo, combinado pelos pais, substituído pelo romântico, de amor, sem preocupações de dinheiro, de família ou de branquidade.

Mas os anúncios, estes, desde os primeiros números das gazetas imperiais, nos prendem aos hábitos e aos sentimentos mais íntimos dos nossos antepassados. Às suas modas: *croisés* de pano fino a 32 mil-réis, calças de brim branco, traçado superior, a seis mil-réis; chapéus para as sinhás-donas, que "têm a bondade de se abrirem e fecharem por meio de molas", "esteiras para as senhoras se assentarem"; sapatos de duraque a 800 réis. Aos seus divertimentos: as festas de bandeira dos santos, as companhias líricas, os mágicos, os magnetizadores italianos que levantavam sonâmbulas do chão e as deixavam suspensas no ar, como o prof. Pietro D'Amico. Às suas procissões e semanas santas: procissões com os meninos vestidos de anjos, com homens amortalhados em pagamento de promessa, com "os srs. acadêmicos de direito" com "os pés no chão e coroas de espinho na cabeça". Às mobílias de suas salas de visita e das suas camarinhas: camas de casal feitas de conduru, mesas para o jogo de gamão, sofás imperiais. Às suas escarradeiras cor-de-rosa, com enfeites dourados, verdadeiros jarros no meio da sala; aos quadros e à louça de suas salas de jantar: cristais do melhor gosto "vindos de Londres", travessas fundas da China, com lugar para o molho grosso, oleados "com diferentes pinturas riquíssimas", imagens de santos, retratos de reis, espelhos ovais enormes, gravuras das quatro fases da vida; aos colégios com nomes de santos: Santa Genoveva, São Francisco Xavier, São Luís de Gonzaga, onde os sinhôs internavam seus filhos meninotes; colégios tristes, com censores, palmatória, cafua, missa todo dia de manhã, os de 1870 anunciando a novidade das "casinhas de banho para onde corre a água por canos e torneiras"; pianos de "boas vozes", em que as moças dengosas tocavam a *Dalila* para os bacharéis recitarem "nesta praia de límpidas areias" ou então "formosa qual pincel em tela fina". E, ainda, aos livros que nossos avós compravam e liam, sobressaindo clássicos latinos, portugueses e franceses, a folhinha de algibeira, o *Almanaque de lembranças luso-brasileiro*; aos bichos que criavam em casa ou nos sítios: galinhas, xexéus cantadores, papagaios, araras, vacas de leite, cabras de criar menino, gatos sonsos que se esfregavam pelas pernas das iaiás gordas, macacos que nas casas menos opulentas faziam de palhaço (porque nas casas lordes havia bobos de verdade, como os de Sebastião do Rosário, em Sirinhaém), bodes-ioiôs,

Escravos Fugidos.

ATTENÇÃO.

— Acha-se fugido um mulato cabra de nome Raymundo Patricio, official de pedreiro e barbeiro, foi remettido do Pará em abril de 1859 pelo Sr. Manoel Joaquim de Faria, o qual foi aqui vendido ao Sr. Feliciano José Gomes, e este senhor vendeu ultimamente ao Sr. Francisco Mathias Pereira da Costa; tem os seguintes signaes: estatura regular, bastante grosso e barbado, olhos amarellados, falla com desembaraço, representa ter 35 a 40 annos: roga-se as autoridades policiaes a sua apprehensão; e quem o pegar, dirija-se ao engenho Guerra, em Ipojuca, ou na rua do Imperador n. 79, escriptorio de Polycarpo José Layme, ou na rua de Apollo n. 30, escriptorio de Manoel Gouveia de Souza, que será generosamente recompensado.

50 $ de gratificação.

Continúa a estar fugido desde o dia 4 de abril proximo passado o preto de nome Felix, com idade de 35 a 40 annos, de nação Mossambique, e tem os signaes seguites: estatura baixa, côr fula, pés um pouco apalhetados, tem um calombinho entre a sobrancelhas por cima do nariz, que parece ser signal da terra delle; este preto tem servido em differentes artes, pescador, canoeiro, caiador, trabalhador de campo, e hoje é padeiro, a que pertence; foi escravo do Sr. Manoel Francisco Duarte, e quando foge costuma mudar o nome para João, e intitula-se forro, tem sido visto nos arrabaldes desta cidade da estrada de Beberibe em direcção até a matriz d Varzea: portanto roga-se a todo e qualquer que o encontrar ou delle souber, que o pegue e leve-o ao pateo da Santa Cruz, padaria n. 6, que receberá a gratificação acima; assim como se protesta contra quem o tiver acoutado.

III. Anúncios de escravos fugidos, em jornais brasileiros do século XIX.

Compras:

AVISO.

Precise-se comprar uma mulata moça que seja perfeita costureira de agulha e tesoura, paga-se bem agradando as suas qualidades: na rua do Trapiche, Recife, n. 40, se dirá quem a pretende.

Vendas.

ATTENÇÃO.

Vende-se para o mato uma preta da costa de idade de quarenta e tantos annos, muito sadia e bastante robusta, sabe bem lavar e cozinhar o diário de uma casa, vende-se em conta por haver precisão, no beco Largo, n. 2, na mesma casa vende-se uma tartaruga verdadeira.

— Vende-se uma escrava muito moça, bonita figura, sabe cosinhar e engommar e é um perfeita costureira, propria para qualquer modista: na botica de Joaquim Ignacio Ribeiro Junior, na praça da Boa-Vista.

— Vende-se um bom escravo de meia idade por commodo preço: na rua da Praia n. 47, primeiro andar.

IV. Anúncios relativos à compra e venda de escravos, em jornais brasileiros do século XIX.

Vendas.

ATTENÇÃO.

CASA

DE
COMISSÃO DE ESCRAVOS
NA
Rua larga do Rosario n.20
segundo andar.

Nesta casa recebem-se escravos para serem vendidos por commissão por conta de seus senhores. Afiança-se o bom tratamento, assim como as diligencias possiveis para que os mesmos sejam vendidos com promptidão afim de seus senhores não soffrerem empate na venda delles. Nesta casa ha sempre para vender escravos de differentes idades de ambos os sexos, com habilidades e sem ellas.

Vende-se um sitio com 2 casas a saber: uma de pedra e cal na qual tem uma padaria que faz bastante negocio, o sitio tem 216 palmos de frente e 460 de fundo e bastante fructeiras alem do mais, a casa de moradia tem bastante commodos para qualquer família morar, tem terrenos para fazer um rancho no qual se pode fazer um patrimônio para quem quizer viver fora da praça, tem mais terreno para se edificar 10 moradas de casa, o lugar é o mais pitoresco possível no lugar do Peres, também se vende um preto padeiro para a mesma padaria, o motivo da venda é o dono ter de fazer uma viagem para fora da provincia vende-se barato, para ver a qualquer dia e no mesmo sitio na rua do Queimado loja de fazendas n.

Anúncios relativos à compra e venda de escravos, em jornais brasileiros do século XIX.

carneirinhos mochos para os meninos passearem de tarde, cavalos, cachorros. Cachorros que foram de ordinário aliados ferozes da grande propriedade e da virtude patriarcal, defendendo as chácaras contra os ladrões e os raptores, juntamente com os muros altos, ouriçados de cacos de garrafas; com as urupemas; com as grades de convento das janelas. Cachorros chamados Trovão, Rompe-Ferro, Relâmpago. Cachorros, como guarda dessa espécie de virtude e dessa espécie de propriedade, muito mais importantes que os gatos, cujos préstimos se limitavam a defender dos ratos os queijos, os fiambres, as sedas, os pergaminhos da gente sinhá.

Indiscretamente os anúncios nos deixam ver os queijos, os doces, os vinhos, as passas, os presuntos, os paios, os paliteiros, os bules de metal-príncipe, as "bandejas mui ricas próprias para chá" que os senhores importavam da Europa para a sua mesa e sobremesa; os pentes para "desembaraçar o cabelo e tirar piolhos", os chapéus-de-sol de seda, o rapé, o fumo, a tintura para o cabelo e a barba, o sabão, o azeite de peixe, os charutos Havana, as navalhas de aço da China, os xaropes, as bichas, os purgantes, os unguentos de que abusavam os sinhôs e as sinhás-donas. Também eram importados os pergaminhos dos diplomas acadêmicos; as sedas das togas dos doutores e dos desembargadores. Queijos, pergaminhos, sedas, que os fidalgos e os letrados precisavam resguardar menos dos ladrões, com o auxílio de cachorros quase dragões, do que dos ratos, contra os quais se empregava a manha ou a astúcia dos gatos que uma vez ou outra passam pelos anúncios de jornais sob a forma de gatos de estimação desaparecidos ou roubados.

Às vezes, dessa parte ineditorial dos velhos diários vêm-nos surpresas e indiscrições diretas, pessoais, chamando em voz alta, pelo nome de família, indivíduo ilustre ou bem situado que se retardava no pagamento de alguma dívida. "Pede-se ao snr. O. J. o favor de ir pagar dois pares de meia de seda que comprou há perto de um ano, do contrário verá o seu nome publicado por extenso" – dizia um anúncio no *Diário de Pernambuco*, de 26 de março de 1844. E outro, no mesmo jornal, de 2 de agosto do mesmo ano, advertia pessoa igualmente importante: "Roga-se ao Snr. que está continuando a furtar pombos [...] tenha a bondade de os soltar, do contrário será o seu nome publicado e se usará dos meios da lei para obter a grande porção de

V. Marcas em corpos de africanos, ou descendentes de africanos, registradas por anunciantes de escravos fugidos em seus anúncios. (Gilberto Freyre)

pombos que tem apanhado [...] e, também se fará público qual o seu modo de vida e o que se passa lá pelo segundo andar [do sobrado]; isto se fará no caso dos pombos não aparecerem".

Num diário de 1831 fui encontrar o aviso de um padre, proprietário de uma casa em Olinda, indignado com o inquilino, ao que parece moroso no pagamento dos aluguéis. O nome do inquilino vem por extenso: bacharel Augusto da Silva Freire – velho parente meu. Noutro diário, este do meado do século, aparece nas ineditoriais um alfaiate zangado, citando vários nomes de devedores de casacas e de *croisés*. Algumas das figuras mais ilustres do Recife de 1850 constam do rol indiscreto. E na *Marmota*, gazeta baiana, encontra-se no número 13 de junho de 1848: "Roga-se ao sr. J. M. que mora no Colégio Todos os Santos queira ir às Portas do Carmo para pagar uma certa quantia que deve a Domingas Francisca da Victória, pois se não quiser ir satisfazer declarar-se-á a quantia e todas as circunstâncias, além do que a velha é sumamente pobre".

É natural – repita-se – que numa sociedade patriarcal e escravocrática como a nossa, no tempo do Reino e do Império, os anúncios de maior significação fossem os de escravos: compras, vendas, troca, aluguel, leilões e fugas. Anúncios que só vieram a desaparecer nos fins do século XIX, aos brilhos mais intensos da campanha abolicionista. Os de "negros novos" desapareceram, de certa altura em diante para o inglês não ver. Ao contrário de tudo o mais no Brasil – observaria um amigo meu, fértil em reparos brilhantes.

Os negros fugidos foram-se sumindo aos poucos, escondendo-se nos cantos das páginas, encolhendo-se em tipo miúdo, perdendo seu antigo luxo de pormenores, de um realismo como não há igual em nossa literatura, deixando de aparecer com títulos em negrita, às vezes avivados pela figura – quase um borrão – de um negro com a trouxa às costas, fugindo da casa do sinhô. Até que desapareceram de todo. Era a Abolição que se aproximava. Jornais que aderiam ao movimento emancipador e por escrúpulos, até então desconhecidos, de dignidade jornalística, recusavam-se a publicar anúncios de compra e venda de gente e sobretudo de fuga ou desaparecimento de escravos. Sociedades abolicionistas animavam e favoreciam a fuga dos negros; e com uma tal eficiência que se faziam temer pelos proprietários de diários

VI. Marca em corpo de escravo fugido, registrada em anúncio de jornal.
(Gilberto Freyre)

e não apenas odiar pelos proprietários de escravos. Pelo Capibaribe – que foi no Norte, como o Tietê em São Paulo, um "Eufrates das senzalas" – começaram a descer barcaças com grandes cargas de capim e de madeira dentro das quais, resguardados dos capitães-de-mato, escravos fugidos dos engenhos afastados vinham encontrar a liberdade no Recife. Função essa, de cidade-refúgio de negros fugidos, desempenhada também, de modo saliente, por Fortaleza; e, no sul do Império, por Santos.

Grande massa da matéria – os anúncios de negros fugidos – já se acumulara, porém, nas coleções das gazetas, em mais de meio século de vida fleumaticamente escravocrática, com um ou outro esquisitão revoltado contra o regime de trabalho de nossa economia imperial. É essa massa de anúncios que, esfuracada e remexida, revela matéria de tal interesse para o estudo da nossa formação social que dificilmente se imagina esse estudo à revelia de semelhante material.

Do ponto de vista antropológico, venho me utilizando há anos dos anúncios de escravos fugidos, para interpretações de predominâncias de tipo físico e de características culturais, que seriam impossíveis sem o estudo de material tão valioso. Recolhi já, na coleção do *Diário de Pernambuco* – jornal particularmente valioso para esse tipo de estudo por ter refletido, da vida brasileira, o seu período escravocrático, sem interrupção, de 1825 a 1888 –, vários característicos somáticos negros e mestiços das senzalas do norte do Império, e com auxílio de José Antônio Gonsalves de Mello – por algum tempo meu principal colaborador de pesquisas e hoje historiador ilustre, mestre na sua especialidade –, os nomes populares de mais de trinta "nações" africanas, das então mais presentes na importação de escravos, da África para o Brasil. No levantamento dessas predominâncias – importantíssimo para a caracterização da procedência africana dos escravos que no decorrer do século XIX se distribuíram pelo Brasil mais acentuadamente agrário e até pelo pastoril –, tive também a colaboração da Sra. Maria Clay, que, sob minha orientação, recolheu os nomes populares de tribos ou "nações" africanas de escravos, nos anúncios de jornais do Maranhão. O mesmo e sob a mesma orientação fez José Valadares com relação a jornais da Bahia. E em Angola, o pesquisador José Redinha vem sujeitando a cuidadosa revisão esse levantamento de nomes de tribos africanas, fornecedoras de escravos ao Brasil e identificadas através de anúncios de jornal.

Dessas primeiras pesquisas ficou-me a sedução por aqueles anúncios, a vontade de voltar a estudá-los sob outro aspecto e com maior minúcia. Desejo que pude realizar ultimamente com a colaboração de outros bons e idôneos auxiliares de pesquisa e em contato mais demorado, quer com a coleção do velho diário brasileiro, quer com as do *Jornal do Commercio*, do Rio de Janeiro; e as de outros jornais da Bahia e do sul do Império.

Coleção interessantíssima a do *Diário de Pernambuco*: base principal – repito – de minhas primeiras pesquisas em torno do assunto. Constitui, no gênero, documentação completa, alongando-se desde 1825 – com uma vantagem de dois anos sobre o igualmente valioso *Jornal do Commercio*, do Rio de Janeiro – por todo o período nacional de vida escravocrática. Jornal de província, refere-se entretanto o *Diário de Pernambuco*, nos seus anúncios do tempo do Império, a uma parte da sociedade brasileira – a do Norte, em geral, a pernambucana, em particular – largamente representativa do sistema econômico, da moral social e da cultura intelectual que não nos dominaram. Não nos esqueçamos de que, até mesmo na segunda metade do século XIX, viajantes do feitio de Burke proclamavam o Recife "mais cidade do que o Rio"; e Herbert S. Smith, onde encontrou, no Brasil, uma aristocracia rural mais completa foi em Pernambuco. Ou no Nordeste.

Procurei, mesmo assim, evitar o ranço de exclusividade regional que pudesse resultar de estudo tão concentrado, pondo-me em contato com os jornais da Bahia e da Corte; e também do Maranhão e do Rio Grande do Sul. Foram a Corte e a capital da Bahia dois grandes centros de economia imperial da mesma importância do Recife; e só na última fase do regime empalidecidos – como também o Recife e o Nordeste acima da Bahia – pela grandeza nova e rápida de São Paulo, onde se inaugurara, com a absorção de grande massa de escravos das regiões decadentes dos engenhos de açúcar e das minas, o ciclo do café. O escravo mineiro, este, pela especialização econômica do ambiente em que viveu, pede um estudo à parte. Sua figura não foi exatamente igual à do escravo preso à economia agrária ou à agropastoril, embora ambos – o escravo agrário (inclusive o agropastoril) e o escravo mineiro – tenham pertencido no Brasil ao mesmo sistema pré-nacional e nacional de sociedade ou de família: o sistema patriarcal e escravocrático. Nada de imaginarmos que o sistema casa-grande-senzala caracterizou somente uma área geográfica brasileira: caracterizou várias. O espaço dominado por tal sistema foi sociocultural e não restritamente geográfico.

O material reunido – cerca de dez mil anúncios típicos – chega para uma tentativa de interpretação social e psicológica, quase exclusivamente através desses retalhos, de um dos períodos mais significativos da nossa história. E todo um largo espaço social, cheio de sombras, por onde os historiadores oficiais ainda tropeçam agarrados às crônicas ilustres, que se deixa às vezes iluminar ou esclarecer, de modo decisivo, por um simples anúncio de negro fugido. E em pesquisas sociológicas e de Antropologia cultural ou de História social, devemos seguir o conselho das Escrituras: aprender até com as formigas. Aprender com os anúncios de jornal.

Nos anúncios referentes a escravos, vamos surpreender indicações valiosas, prestando-se a estudos de estatística e de história comparada, não só sobre a antropologia física e cultural do africano novo e crioulo no Brasil, sua patologia – as doenças, os vícios e as malformações predominantes entre os escravos; sua atividade econômica dentro da vida patriarcal; os aspectos diversos de sua psicologia e até de sua constituição – os sonsos, os espertos, os banzeiros, os tristonhos, os alegres, os gordos, os altos, os magros – como também acerca de todo o complexo problema das relações de raça e de cultura em nosso País durante o século em grande parte imperial, que foi o XIX. São as informações que esses anúncios nos oferecem de uma riqueza e de uma complexidade surpreendentes.

Naturalmente é um material a ser usado com a maior das cautelas. Não que os anúncios de venda de escravos deformem os fatos mais que as notícias e os artigos de fundo. Suas mentiras são, porém, mais sutis. Por precaução, raramente me utilizei dos anúncios de vendas ou leilões de escravos, embora às vezes encontrasse neles cousas deste sabor: "Vende-se huma escrava por preço tão favorável que será incrível no tempo presente por tal comprá-la; a mesma escrava não tem vício e he quitandeira e só tem contra si huma figura desagradável e he o motivo por que se vende..." (*Diário de Pernambuco*, 23/9/1830).

Mas é preciso estar alerta contra os anúncios de venda e troca de escravos. Esse gênero de comércio andou por muito tempo dominando na Corte como, nas mais antigas zonas de engenhos do Nordeste, a venda e troca de cavalos pelos ciganos.* Dominado também pelos grandes negreiros portugueses e da terra, que acumularam, Deus sabe como, fortunas enormes. Um desses negreiros tornou-se figura socialmente prestigiosa: Pinto da Fonseca.

Nesse comércio, dizem historiadores – um deles João Lúcio de Azevedo – especializados em descrever o tráfico de negros da África pelos brancos, principalmente pelos portugueses, que eram "muitas as fraudes", e que cada negociante tratava de enganar o outro. O comprador de negros precisava estar mais do que atento às velhacarias, às vezes sutis, do vendedor.**

Aos negros velhos, por exemplo, raspava-se a cabeça encarapinhada de branco e o queixo, que se esfregava com pólvora de canhão, para obter uma pele negra e um ar brilhantemente moço, capaz de engabelar o comprador, mesmo esperto. Por isso o negreiro Degrandpré – informa o Pe. Rinchon –, que uma vez se deixara lograr, fazia depois muita questão de lavar com água morna aqueles pretalhões meio moles cuja idade lhe parecesse duvidosa. Daí, também, a insistência que Tollenare, visitando o mercado de escravos de Pernambuco, e o padre inglês Walsh, o Valongo, do Rio de Janeiro, no-

* Sobre os ciganos, compradores de escravos no Brasil, encontra-se esta informação em Walsh: "*When a cargo of slaves arrives, it is generally purchased by people who are called ciganos, or gipsies, and who nearly resemble all the individuals of the race which I have seen in different parts of the world. They have dark olive complexions, black eyes and hair, in common with many Brazilians; but they have that obliquity of aspect, and sinester expression of countenance, that at once marks them as a peculiar race...*" (Walsh, op. cit., II, p. 323).

** "De tal modo se convencionalizara esta indústria assassina – eram quase tantos os negros mortos em trânsito como os desembarcados – que se fazia a conta da gente viva não por número de pessoas mas por medida linear e volume em toneladas, como qualquer fazenda inerte. A unidade era a *peça da Índia*, de 7 quartos (de vara), 1,75 m, estatura regular do negro adulto. Três peças faziam uma tonelada [...] Para conta mediam-se os negros, somando as alturas, e dividindo o total pela craveira, 5,25 m, tinham-se as toneladas. Deste modo todas as idades entravam na avaliação da partida, sem prejuízo do comprador nem do vendedor" (J. Lúcio de Azevedo, *Épocas de Portugal econômico*, Lisboa, 1929, p. 77-8).

taram nos compradores – em geral matutos ou senhores de engenho, no Norte e no Sul, roceiros de serra-acima, de chapéus de palha com orlas de paninho, desabados sobre os olhos manhosos – em fazer os negros, quase nus, muitos só de tanga, escancararem os dentes, arregalarem os olhos, botarem a língua de fora, saltarem, tossirem, rirem, dançarem, mostrarem as cicatrizes e as tatuagens por todo o corpo. É que pelo estado dos dentes, pela cor da língua, pelo brilho dos olhos, pela flexibilidade dos músculos, pelo ronco do peito, pelas cicatrizes de tribo ou "nação", os compradores se julgavam capazes de reconhecer a verdadeira condição do escravo, sua idade, sua moral, sua saúde, de avaliar sua capacidade de trabalho, tantas vezes disfarçada pelas malazartes dos ciganos. Havia também compradores que prestavam muita atenção às proporções dos membros viris dos negros e à amplitude dos quadris das pretas, ligando tais proporções à maior ou menor capacidade de machos e fêmeas para a procriação.

Os negros se prestavam a tudo. Deixavam-se apertar, apalpar, amolegar por todas as mãos. As negrinhas de peitos de mulher já em formação, quadris já arredondados, coxas quase de mulher feita, e tudo de fora, apenas um trapo tapando, às vezes, as partes mais íntimas, os ciganos faziam que tomassem posições capazes de despertar o interesse do comprador rico, do fazendeiro ou senhor de engenho já enjoado, aliás, de negra nua.

O francês Tollenare deixou-nos, no seu diário,* a impressão dos escravos de ambos os sexos e de todas as idades que viu expostos à venda diante dos trapiches do Recife. Bandos de negros acocorados no chão, chupando rolete de cana. Alguns deles, cobertos de pústulas. Das raparigas escreve Tollenare que a cor preta em pouco prejudicava o encanto

* "As notas dominicais" de L. F. Tollenare, trad. de M. S. na Biblioteca de Santa Genoveva (Paris), *Revista do Instituto Arqueológico e Geográfico Pernambucano*, v. XI, 61. Escrevendo quase meio século depois de Tollenare, outro francês, Charles Expilly, diria à página 126 do seu *Les femmes et les moeurs du Brésil* (Paris, 1863) que as mulheres negras se apresentavam, no Brasil, com "*formes sculpturales*", das quais destacaria "*les proportions généreuses de la taille, les tons chauds de la peau, la passion grave concentrée dans le regard*", admitindo que sua própria *catinga* de mulheres de trabalho fosse "*franche, loyale*", em contraste com "*l'odeur produite par le maquillage*" nas senhoras brancas e ociosas, segundo ele, um odor favorável à hipocrisia, à perversão do gosto, à própria "*déchéance de l'être moral*".

das suas "gargantas de Hebe" e dos seus seios; e que, aos seus olhos, não falecia uma certa expressão volutuosa. Exprimiam com ingênua timidez o desejo – observou o francês – de serem compradas por quem as observava com interesse. Impressão confirmada pela que teve o inglês Walsh dos escravos que viu no Rio de Janeiro, ainda à venda no mercado.

O reverendo Walsh interessou-se por uma negrinha de ar pensativo e doce que viu no mercado do Rio. A uma chicotada forte do cigano, a moleca levantou-se. Walsh viu-a então nua, de pé, diz ele que toda acanhada. O cigano quis fazê-la tomar as tais atitudes interessantes. Mas o padre inglês não consentiu e a negrinha dissolveu-se tímida, medrosa, entre os outros negros. Algumas dessas negrinhas pareceram a Walsh meninas de fisionomia doce e atraente. Embora pretas na cor, deram-lhe a impressão de tão discretas, pudicas e delicadas, que nenhum inglês bem formado duvidaria um instante que eram dotadas de natureza e sentimento iguais aos das suas próprias filhas.

Nesses mercados de escravos o chicote dos ciganos bigodudos de vez em quando estalava. E é de imaginar o esforço desenvolvido pelos negros velhos, de andar já banzeiro, quartos já arreados, a cara reluzindo de preta à força de muita esfregadela de pólvora de canhão, para parecerem rapagões de vinte e de trinta anos.

Havia moleques que entisicavam na viagem dos negreiros.* Para

* Descrevendo um navio negreiro destinado ao Brasil, salienta Walsh: "*She had taken in, on the coast of Africa, 336 males, and 226 females, making in all 562, and had been out 17 days, during which she had throw overboard 55. The slaves were all enclosed under grated hatchways, between decks. The space was so low, that they sat between each other's legs, and stowed so chose together that there was no possibility of their lying down or at all changing their position, by night or day. As they belonged to, and were shipped on account of different individuals, they were all branded, like sheep, with the owners', marks of different forms" [...] "There were impressed under their breast, or on their arms, and, as the mate informed me, with perfect indifference, "queimados pelo ferro quente" – burnt with the red-hot iron... But the circumstance which struck us most forcefully was how it was possible for such a number of human beings to exist, packed up and wedged together as tight as they could cram in low celes three feet high, the greatest part of which, except that immediately under the grated hatchways was shut out from light or air, and this when the thermometer, exposed to the open sky, was standing in the shade on our deck at 89°" [...] "226 fellow-creatures were thus thrust into one space 288 feet square; and 336 into another space 800 feet square, giving to the whole an average of 23 inches and to each of the women not more than 13 inches though many of them were pregnant*". (Walsh, op. cit., II, p. 481-2).

estes não havia disfarce que servisse. Via-se logo o franzino do tórax do menino doente. Eram dados de quebra aos compradores de lote. Aliás, esse tráfico de crianças, que nem sempre entisicavam, se fazia dentro de base de 1,82 m, correspondendo ao adulto de 25 anos. Isto é, embarcavam-se crianças em número e volume que totalizassem aquela medida, padrão da "peça da Índia": cinco negros adultos para cada três toneladas, como a proporção de espaço calculada para as travessias. Proporção de que na prática se abusava terrivelmente. Um navio de 300 toneladas às vezes vinha estourando de negros: 600 e mais. O historiador João Lúcio de Azevedo dá, como a unidade adotada pelos negreiros, 1,75 m. Mas não desejo ferir neste trabalho aspectos do problema da importação de escravos para o Brasil que me obrigassem a recorrer às fontes tradicionais ou convencionais de informação. Pretendo mesmo demonstrar que essas fontes podem ser quase desprezadas na reconstituição da figura do escravo que serviu de principal apoio à economia patriarcal brasileira no decorrer do século XIX; e substituídas, até certo ponto, pelas informações que nos fornecem anúncios de jornais. O que não importa em desprezo pelos mss. (manuscritos) guardados em arquivos particulares, que informam certos viajantes estrangeiros nos seus diários ou quase diários de viagens.

Para os lucros enormes dentro do sistema de ensardinhamento dos negros, convinham os meninos e adolescentes que, sob os nomes técnicos de molequinhos, moleques, crias, molecões, vamos encontrar tantas vezes nas faturas de carregamentos de escravos e nos anúncios de vendas e fugas. Das faturas de escravos destaque-se este caso típico: de 40 negros mandados buscar em 1812 por Bento José da Costa, o mais poderoso escravocrata pernambucano do seu tempo, e que constam de um livro, ms., outrora do Engenho Salgado e que esteve algum tempo em meu poder – até que o entreguei ao Instituto Arqueológico e Geográfico Pernambucano, representado por Augusto Rodrigues, para que constasse da sua coleção de mss. –, só dois eram "negros barbados": os mais eram "moleques", "molequinhos", "crias" e "molecões". Dezesseis moleconas.

O que vem confirmar inquéritos realizados nos meados do século XIX por comissões do Parlamento Inglês sobre as condições de tráfico de escravos para as Américas: que muito se abusou da importação de moleques e de negrotas. Moleques e negrotas que, economizando espaço a bordo, não tardassem, em terra, a desabrochar em pretalhões e pretalhonas completos, capazes de se venderem pelos melhores preços. Em negras de ventre maduro para a procriação, prontas a rebentarem em molequinhos e em crias.

Sucede, porém, que a ânsia de lucro dos importadores e vendedores de negros ainda incompletos que tomassem menos lugar que os adultos levava a economia de espaço a exageros estúpidos. Por exemplo: o de reduzir de tal modo o suprimento de víveres a bordo, salvando assim para maior volume de mercadoria viva o espaço que tomariam as rações e a água, que grande parte da carga humana se perdia no fim de algumas semanas de viagem, por inanição. Pura e simples inanição. Daí, ainda, se desenvolverem entre os negros, principalmente entre os moleques e crias que sobreviviam ao horror de tais viagens, doenças e deformações de que vamos encontrar o reflexo nos anúncios de "escravos novos", fugidos durante os primeiros anos de senzala: o "mal-de-luanda", o escorbuto, as "pernas tortas", os "braços finos", os "joelhos tronchos", certos casos de cabeças deformadas, de cabeças quadradas, puxadas para trás, de testas e cabeças encalombadas, e, ainda, os peitos estreitos, as doenças dos pulmões. Parece que casos de raquitismo, devido à deficiência de alimento e à falta de sol, e consequências do raquitismo. É que as condições anti-higiênicas da travessia dos navios negreiros se prolongavam, muitas vezes, nas condições de vida, nas senzalas, e de trabalho, nos engenhos, debaixo de telheiros acachapados, com excesso de sombra.

A causa de numerosas deformações das pernas e da cabeça dos escravos foi salientada por um médico-antropólogo baiano, Sá Oliveira: o fato de muita mãe ser obrigada a conservar seus meninos de mama escanchados às costas durante horas e horas de trabalho; ou então deitados na esteira, sobre o chão duro das senzalas. Mas, na interpretação do número excessivo de joelhos saídos e pernas tortas ou cambaias, entre os negros dos anúncios de jornal, talvez devam ser tomados em conta possíveis efeitos de raquitismo. É o que parecem indicar numerosos anúncios, em jornais brasileiros, de escravos fugidos: a presença entre eles de vítimas de raquitismo. Confirmada essa presença, os anúncios de escravos fugidos, nos mesmos jornais, terão retificado em ponto importante aqueles historiadores oficiais e aqueles médicos acadêmicos que vêm negando enfaticamente ter havido raquitismo no Brasil.

Nada mais natural que o desenvolvimento do mal-de-luanda e do raquitismo, dentro das condições de transporte dos negros e de vida e alimentação em grande parte das senzalas. A alimentação nos navios era apenas o bastante para manter os escravos respirando; para conservar os fôlegos, vivos: um pouco de farinha e às vezes umas favas fervidas. Uma média de 4/10, de 800 escravos embarcados, supõe-se que morriam na travessia; e 3/10 no primeiro ano de América. Um copo d'água por três dias chegava para impedir a morte de um negro; calculava-se sobre essa base a provisão de água para viagens às vezes de quatro meses. É o que afirmam cronistas da época. Walsh escreveu a esse propósito páginas que devem ser consideradas clássicas.

A viagem se fazia, já para melhor aproveitamento de espaço, já por medida de segurança, com os negros deitados ou acorrentados em porões onde não chegava o sol; e pegajentos de umidade. Às vezes, uns

VII. Marca em corpo de escravo fugido, registrada em anúncio de jornal. (Gilberto Freyre)

negros por cima dos outros, formando duas camadas. Quando o capitão negreiro era excepcionalmente atento à higiene dos pretos, fazia-os subir do porão à ponte, quando já entorpecidos, e obrigava-os a dançar ao sol durante certo tempo. Os negros, já quase uns molambos, podres de fome, de sede, de boubas, de pústulas, dançavam à força de chibatadas. Mas recebiam, não há dúvida, o benefício do sol, do ar fresco e do exercício. Walsh viu num navio negreiro os escravos subirem do porão à ponte, e quase delirarem de alegria ao poderem respirar de novo o ar fresco.

Deve-se observar que o mal-de-luanda era considerado contagioso: quando se descobria que certo número de pretos estava com os sintomas da doença, a prática mais geralmente seguida era a de deitá-los ao mar, ainda vivos, para que não contagiassem os bons. Burlamaqui refere um caso desses ocorrido na costa do Rio Grande do Sul em princípio do século XIX: "Viu-se de terra estarem lançando ao mar de hum navio de negros alguns toneis; estes toneis continham os escravos ainda vivos, atacados do mal de Loanda, que o capitão, para evitar o contágio dos outros, fazia perecer nas ondas".*

Não são dois nem três, porém numerosos, os anúncios que se encontram nos jornais do tempo do Império – nos do Norte como nos da Corte – de escravos novos com efeitos possíveis de raquitismo, pernas e braços exageradamente finos, tortos, cambados, tronchos, zambos, arqueados: interpretação – a de raquitismo – que sugerida por mim foi logo confirmada pelos médicos, meus companheiros de estudos, Rui Coutinho e José Robalinho Cavalcanti. Os anúncios de que podemos depender de modo quase absoluto, para essas e outras interpretações de caráter antropológico e médico, devo repetir, a esta altura, que são os de negros fugidos; neles é que principalmente me baseio. Explica-se o forte elemento de honestidade que caracteriza esses anúncios: quem tinha seu escravo fugido e queria encontrá-lo precisava dar traços e sinais exatos. Os defeitos e vícios com todos os ff e rr. Os joelhos grossos ou "metidos pra dentro". As pernas finas ou arqueadas. As cabeças puxadas para trás ou achatadas de lado. A sapiranga. Os olhos encarnados dos cachaceiros. A boca troncha dos

---

* Frederico Leopoldo César Burlamaqui, *Memória analytica acerca do commercio d'escravos e acerca da escravidão doméstica*. Rio de Janeiro, 1837, p. 25.

cachimbeiros. Nada de cores falsas. Fosse o anunciante embelezar a figura do fujão que era capaz de ficar sem ele para toda a vida. Como na história dos filhos de comadre Coruja, que os descrevia tão bonitos, tão bonzinhos, tão sem defeitos, que nunca ninguém os encontrou.

A linguagem dos anúncios de negros fugidos, esta é franca, exata e às vezes crua. Linguagem de fotografia de gabinete policial de identificação: minuciosa e até brutal nas minúcias. Sem retoques nem panos mornos.

Vejamo-la com relação a escravos doentes – doenças, muitas delas, resultantes das condições de vida e de alimentação em senzalas úmidas, com pouco ou nenhum sol, inferiores em aeração e insolação às palhoças africanas que se abrasileiraram nos mocambos. Aliás, não só nas senzalas, mas em muita casa-grande, urbana e suburbana, do tempo do Império, vamos encontrar esse defeito de higiene e de arquitetura doméstica.

Diogo, de nação Calabar, aparece num anúncio de 1834 como "negro de estatura regular, falto de cabelo no alto da cabeça, um joelho mais grosso que o outro" (*Diário de Pernambuco*, 14/3/1834); Miguel, de nação, estatura ordinária, 25 anos, sem barba, um talho na sobrancelha, "tem as pernas alguma coisa zambas" (*D. P.*, 5/5/1834); Benedito, crioulo, oficial de carpina, já velho, com cabelos brancos na cabeça e na barba, "pés apalhetados e um grosso por causa de erisipela, tem o osso do quadril da parte esquerda largado para fora" (*D. P.*, 20/3/1834); João, nação Angola, 20 e tantos anos, cego do olho esquerdo e ao pé do mesmo e sobre a fronte tem bastantes cicatrizes, "a parte esquerda da cara parece inchada por ser muito saida para fora, quando fala puxa muito pelo peito; fugido com camisa de estopa clara, colete de sarja preta já roto, chapéo de palha" (*D. P.*, 23/3/1834); Antônio, nação Congo, "baixo e grosso de corpo, pernas cambadas para dentro, cara redonda e meio fula" (*D. P.*, 21/4/1834); Paula, 18 anos de idade, "com sapiranga nos olhos e o ar triste, he alva, fugida do engenho Caiará" (*D. P.*, 24/7/1829); o preto José, por alcunha Caboclo, de nação Gabão, magro, feio de feições, com pouca barba, "zambo das pernas e na esquerda tem em cima da canela uma grande cicatriz que nunca sara, o pé esquerdo é bastante defeituoso, por isso que tem os dedos do mesmo mais pequenos do que os outros" (*D. P.*, 14/2/1845). E o moleque Henrique que, em 1838, fugiu de uma casa da rua dos Ferradores, no Rio de Janeiro, tinha "os joelhos metidos para dentro" (*Diário do Rio de Janeiro*, 2/1/1838); o moleque João, nação Moange, "as pernas um pouco tortas para dentro"; o molecote João, nação Mumbaça, também; e os anúncios do *Jornal do Commercio* e do *Diário do Rio de Janeiro* estão cheios de negros de "pernas cambaias". Ou, como o negro Casimiro, que aparece em anúncio do *Jornal do Commercio*, de "joelhos que hum toca no outro" (*J. C.*, 13/4/1833).

No dia 10 de fevereiro de 1845 foge do Recife um preto de nome Joaquim, de nação Moçambique, altura regular, seco de corpo; "tem uma das pernas um tanto arqueada para fóra, um callo no alto da cabeça de carregar peso, um tanto fula, gosta de jogar os dados, pois que tem sido encontrado a joga-los na Ribeira, he muito disfarça" (*D. P.*, 15/2/1845). Félix, cabra, 40 anos, carreiro, baixo, seco, cara descarnada, barba rara, tem "pernas um pouco arqueadas, uma cicatriz na garganta de um talho que deu em si, he gago, foi escravo do Capitão Manoel Bezerra de Vasconcelos e fugiu de Boa-Viagem" (*D. P.*, 14/2/1831). Em 1870 fugiu do engenho Campo Alegre, da Comarca de Santo Antão, em Pernambuco, um escravo crioulo, cor preta, estatura regular, "pernas um pouco cambetas, olhos grandes, cabelos carapinhos e um pouco vermelhos, falta dois dentes na frente, de nome Nicolau, representa ter 35 anos, cujo escravo suponho estar acoitado no engenho Jaboatão, de Pedro da Cunha, no logar Cafunete", diz o seu dono no anúncio (*D. P.*, 23/6/1870). "Anda fugido há 15 dias" – diz outro anúncio – "o escravo de nação, de nome Jacob, maior de 40 anos, que foi propriedade do Sr. Major Ignácio de Barros Wanderley, senhor do Engenho Ubaquinha, termo de Sirinhaém. O escravo tem os sinais seguintes: alto, cheio de corpo, olhos grandes, rosto comprido, anda devagar, e parece arrastar de uma perna, está opilado, tem grande palpitação, não é muito ladino, levou vestido camisa de meia e calça de riscado." (*D. P.*, 4/4/1865).

Esses anúncios, de épocas diferentes – 1822-1830, 1830-1850, 1850-1870, 1870-1889 –, são típicos: representam um número considerável de indivíduos nos quais monotonamente se repetem, como notas identificadoras, estes sinais de doença: pernas arqueadas, pés inchados, opilação, sapiranga. São anúncios que nos fazem pensar nas senzalas de que falam o barão de Lavradio e Gama Lobo, onde o negro dormia no chão frio em comum com galinhas, cães, porcos e outros animais e entre excretos de todos esses animais. Senzalas que o barão de Lavradio nos descreve como típicas das fazendas fluminenses, mas que existiriam também em Pernambuco e no Recôncavo, principalmente nas cidades e nos subúrbios. Tudo, porém, nos leva a crer que nos engenhos de Pernambuco e da Bahia o escravo fosse tratado melhor do que nos do Maranhão e mesmo nas fazendas e nas minas do Sul. Daí terem ficado tradicionais as ameaças dos senhores pernambucanos: "mando-te para o Pará", "negro safado só serve pras minas", quando o negro dava para ruim ou malandro. Isto talvez se possa atribuir ao fato de os proprietários de terras em Pernambuco, na Bahia e no Rio de Janeiro sucederem em geral a avós e bisavós já lordes, estabelecidos na terra por mais de duas gerações, alguns de fortuna em declínio. Não tinham as ânsias de lucro dos donos das minas nem os afligiam, em tempo de safra, os mesmos aperreios que aos senhores das engenhocas do Maranhão e do Pará.

Ninguém sofreu mais no Brasil que o escravo do senhor pobre ou principiando a fazer fortuna. Guloso de lucros rápidos. Foram os escravos dos pobres que o Dr. Francisco Fernando Padilha, em inquérito realizado em 1845 – não sei se citando depoimentos quase desconhecidos, de médicos da época imperial, quebro a promessa de afastar-me, no decorrer deste ensaio, das fontes convencionais de informação histórica –, verificou sofrerem maiores provações no Rio de Janeiro: "os pretos empregados no serviço da gente pobre, de cuja miséria participam" através de um extenuante "excesso de trabalho".* Outro médico do meado do século XIX, o Dr. David Gomes Gondim, indagando de um fazendeiro – dos tais empreendedores, ansiosos de lucros imediatos – por que lhe adoeciam e morriam tantos escravos, ficou surpreendido com a resposta: "Respondeu-nos pressuroso que (a mortandade), pelo contrário, não lhe dava dano algum, pois que quando comprava um escravo, era só com o intuito de desfrutá-lo durante um ano, tempo além do qual poucos poderiam sobreviver, mas que não obstante fazia-os trabalhar por tal modo que chegava não só para recuperar o capital que neles havia empregado porém ainda a tirar lucro considerável".**

* *Qual o regimen das classes pobres do Rio de Janeiro*. Rio, 1852 (tese).

** Tese médica. Rio de Janeiro, 1851, ms. na Biblioteca da Faculdade de Medicina do Rio de Janeiro.

É de supor que o maior número de escravos fugisse das casas de senhores pobres e das cidades; daqueles que, no afã de fundar fortuna, de levantar fábrica ou indústria nova, sobrecarregavam de trabalho seu pequeno capital de gente. Através dos anúncios, nem sempre é possível determinar a procedência dos escravos fugidos: se de casas ricas ou pobres; se dos engenhos ou das novas indústrias urbanas, oficinas, casas de viúvas e solteironas fazedoras de bolo, de sabongo, de doce de goiaba, de geleia de araçá. Só em alguns casos essa procedência é clara. No caso do moleque Antônio, nação Caçanje, que em 1833 fugiu do Rio de Janeiro para a Bahia, a proprietária declara no anúncio: "sua sra. he pobre, e não possue mais cousa alguma, pede por caridade às autoridades a quem compete dar passaportes, matrículas e visitas às embarcações, fação as precisas diligencias afim de que os ladrões desta Côrte e das Provincias não furtem descaradamente os escravos" (*J. C.*, 8/1/1833). Quanto à procedência dos escravos fugidos, quase sempre temos que nos contentar com suposições.

Um fato é evidente: um número considerável desses escravos eram indivíduos em quem o excesso de trabalho deixara marcas ou deformações profundas. Tanto que entre os traços identificadores do fujão – a cor preta, alaranjada, alva ou fula da pele: geralmente fula; a qualidade de *ladino* ou *boçal*, o cabelo encarapinhado, crespo, liso, cacheado, acaboclado, assa, avermelhado e até louro; o tamanho e a forma das mãos e dos pés, ordinariamente grandes e esparramados, ou do nariz, nem sempre chato, às vezes afilado como nos bastardos do estudo, hoje clássico, de Eugen Fischer; os lanhos, talhos, e cicatrizes de "nação"; os dentes quase sempre inteiros e alvos – destaca-se, em muitos anúncios, o estigma do trabalho: a deformação por assim dizer profissional das mãos, dos pés, do andar, do corpo inteiro do escravo.

Frequentemente se encontram anúncios deste sabor: fugiu "Caetano, idade de 12 anos, pouco mais ou menos, nação Angola, levou vestido calça de estopa e camisa de algodão, tem uma cruz no braço esquerdo marca de fogo e no meio da cabeça tem falta de cabelo de carregar peso [...]" (*D. P.*, 23/1/30). Esse negrinho de 12 anos, já com uma coroa na cabeça, não raspada com todo o ritual como a dos meninos brancos que iam para o seminário estudar para padre, mas cavada pelo peso de carretos brutos, fugiu de uma loja de fazendas da Rua do Queimado, nº 13, Recife. Outro anúncio no mesmo gênero: "Fugiu um escravo da Província das Alagoas [...] com os sinais seguintes: de nome Joaquim, torado por não ter dedo nos pés, por ter amassado cal com os mesmos e a cal ter lhe aberto feridas e comidos os dedos [...]".

De Joaquim diz ainda o anúncio de sua fuga que era homem de "cor preta, cabelo meio fulo, cara larga, olhos meio grandes [...] nação Caçanje, fala bem claro por ter vindo moleque pequeno, tem sinais de surra e quando anda manqueja alguma coisa" (*D. P.*, 31/3/1845). Sem falar nos escravos fugidos de oficinas e estaleiros das cidades, como Manoel Congo, de 18 anos, braços finos, pés grandes e largos, "mãos calejadas" (*D. P.*, 2/6/1834), e Antônio Caçanje "mãos muito calejadas e tortas por ser carpinteiro" (*D. P.*, 16/6/1834), ou ainda o pardo "por nome Manoel, e que se intitula Moraes" – diz o anúncio do *Jornal do Commercio*, de 3 de janeiro de 1833 – "oficial de alfaiate, o que se conhece pelos dedos". Como são numerosos os casos, recordarei exemplos de deformações profissionais mais acentuadas nos escravos. Muitos moleques de engenho sem munheca – a mão comida pela moenda; inúmeros os de coroa na cabeça pelo uso de carregar peso – tabuleiro, tijolo, areia, "tigre", pipa com água. No dia 14 de junho de 1836 fugiu do Recife um preto por nome João, por alcunha Ladino e por nação Cabinda, 36 anos de idade, estatura regular, pouca barba, olhos grandes, a perna direita um tanto arqueada, andando e falando um tanto apressado, gaguejando, tendo o costume de tremer os beiços, canoeiro, que tinha também sua coroa de martírio: "uma coroa pelo uso de carregar peso" (*D. P.*, 23/11/1836). E num *Diário de Pernambuco*, de 24 de setembro de 1830, lê-se o anúncio de dois molequinhos fugidos, todos dois com "crôa na molleira de carregar areia". O negro Luís, diz um anúncio do *Diário do Rio de Janeiro*, de 2 de janeiro de 1833, que tinha "o dedo picado de agulha porque o seo officio é debruar tamancos". Francisco, moleque de nação Angola, boa estatura, cor fula, testa pequena, com algumas cicatrizes novas de relho pelas costas, sem barba, salientava seu dono que tinha "nas juntas dos dedos das mãos calos de amassar pão" (*D. P.*, 8/8/1833). O mesmo caso de Pedro, nação Angola: calos nos dedos de amassar pão; além das marcas de uma corrente que trazia para não fugir, Pedro fugiu de uma padaria da Rua de Cinco Pontas, no Recife. Encontram-se também exemplos de negros fugidos de oficinas de alfaiate com "os dedos marcados de puxar agulha" (*D. P.*, 9/8/1830). Maria, nação Benguela, 40 anos, baixa, cabeça chata de tanto carregar peso, já tremia; e quando andava, era cambando (*D. P.*, 10/9/1831). Apolinária, crioula alta, grossa, cor fula, feia de cara, o beiço de baixo grande, todos os dentes da frente, os peitos grandes, "tinha os braços, pés e mãos tão grossos que pareciam estar inchados" (*D. P.*, 30/1/1830). Aliás, os pés e as mãos grandes, grossos, deformados, a ponto de parecerem inchados, eram tão comuns que por esses sinais dificilmente se identificariam escravos fugidos. Raros, na verdade, os de "mãos pequenas" ou pés longos e "nervudos": alguma mucama ou mumbanda de "bonita figura", criada quase como folha e fugida talvez com o mulato de sua paixão, deixando o senhor branco sozinho, com saudade dos seus cafunés, dos seus dengos e dos seus quitutes. Está neste caso a negrinha Luísa, de beiços finos, olhos grandes, pés pequenos, espigadinha de corpo, peito em pé, que em 1833 fugiu da Rua das Violas, aqui em São Cristóvão (*J. C.*, 8/1/1833).

Também devia ter sido criado em casa e com muito mimo, em pequeno ninado no colo das iaiás e posto para engatinhar pelos tapetes de lã inglesa da sala de visitas, quebrando as mangas de vidro dos castiçais, o mulatinho cor-de-rosa e talvez de sangue ilustre que desapareceu de uma casa do Recife no ano de 1865: "Estatura alta, bem alvo e bonito, seco de corpo, braços compridos, dedos finos e grandes, sendo os dois mínimos dos pés bastante curtos e finos, tem (18) dezoito anos de idade, cabelos corridos e pretos, levando elles rentes [...] mãos e pés bem feitos e cavados, olhos pardos e bonitos, sobrancelhas pretas e grossas, não buça, levou calça de brim branco já usada e camisa de chita com flores roxas" (*D. P.*, 21/1/1865). Já a mulatinha puxando a sarará, de nome Joana, de 14 anos prováveis, fugida de um engenho do Cabo, seria, com suas pernas e mãos muito finas, uma verdadeira "flor de peccado", cor alvacenta, cabelos carapinho e russo, corpo regular, com todos os dentes, mas com "vestígios antigos de chicote no corpo [...] a fala às vezes viciosa [...] padecendo de bouba nas partes ocultas" (*D. P.*, 4/1/1865).

Mas às vezes é um moleque de bagaceira que, para surpresa nossa, reponta dos anúncios de negros fugidos com os sinais mais aristocráticos deste mundo. Um que fugiu do Engenho Pitimbu, em Pernambuco, tinha "altura regular", era "bem feito de corpo, rosto um tanto comprido"

(*D. P.*, 5/3/1870). Doutro engenho pernambucano, e de Bom-Jardim, fugiu um moleque de nome Manoel, também de estatura regular, espigado, canelas finas, pés pequenos. Esse aristocrata à castelhana teria levado em sua companhia – supõe o anunciante – "uma preta gorda, nariz chato" (*D. P.*, 9/4/1870). Aliás, no Brasil dos tempos da escravidão, estimava-se, na sociedade patriarcal estável, o indivíduo adulto gordo; desprezível era, sobretudo na mulher já senhora, a magreza.

Outro grande de Espanha: "O escravo de nome André, nariz e boca a proporção, bastante barbado [...] fala grossa[...] pés compridos [...] dedos das mãos também compridos [...] não tem marcas de açoite pelo corpo [...] levou uma pistola e uma faca" (*D. P.*, 21/6/1870). O crioulo era natural de Pajeú das Flores, terra, ainda hoje, de valentões.

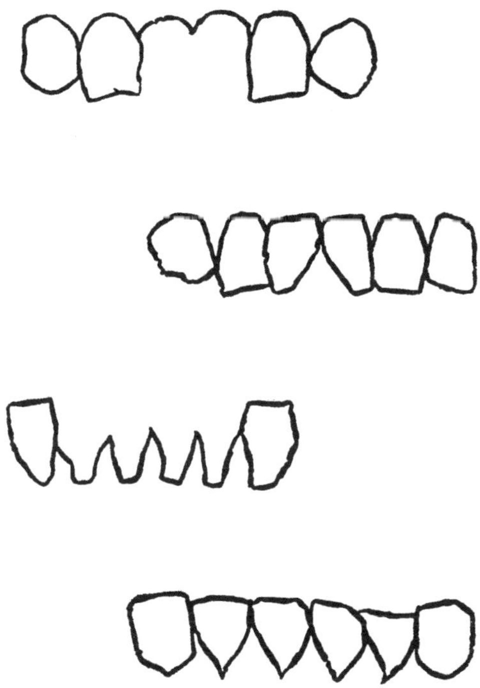

VIII. Exemplos de extração, mutilação e aguçamento de incisivos, registrados em anúncios de escravos fugidos e que coincidem com observações antropológicas sobre o assunto entre M'Baka, Ba-Binga, Dasa, Ba-Teké, Kasi, Kaha, Yenyé, de várias áreas africanas: observações registradas por Dembo e Imbelloni, em *Deformaciones intencionales del cuerpo humano de carácter étnico* (Buenos Aires, s.d., prefácio datado de 1938).

Observa-se nos anúncios de escravos fugidos uma frequência surpreendente de esteatopigia. Frequência que nos dá a entender ter sido considerável o elemento hotentote ou bosquímano na colonização africana – se é que se pode falar em colonização africana – de certas regiões do Brasil: pelo menos de certa altura em diante. Assim, nos primeiros dias de agosto de 1845 fugiu de uma casa de Pernambuco uma preta de nome Joaquina, de nação Caçanje, "que representa ter 30 a 32 anos, cor fula, baixa, tem as nádegas um tanto arrebitadas para trás, com uma pequena costura no rosto, com falta de dente em um lado, nariz chato, com alguma carne sobre os olhos, peitos pequenos e murchos [...] esta preta foi de cozinha e anda um tanto porca" (*D. P.*, 11/7/1845). No dia 10 de dezembro de 1850 fugiu da casa do senhor Ignácio Luís de Brito Taborda, negociante com armazém à Rua da Praia, no Recife – a rua dos armazéns de peixe e carne seca –, a preta Rosa, de nação, 50 anos mais ou menos, baixa, "cheia de corpo, nádegas empinadas, cara redonda e lustrosa, feições amacacadas, pés pequenos, andar cambaio, por ter uma estupada na sola do pé direito e uma ferida no dedo pequeno do pé esquerdo e os dedos grandes roídos de bicho (*D. P.*, 30/1/1850). Outra negra, chamada Joaquina, que fugiu em 1855, tinha "as nádegas empinadas para trás" e "sobre elas, cicatrizes de relhos" (*D. P.*, 20/8/1855). E sucedem-se os casos de negros e negras de nádegas arrebitadas, empinadas, salientes. Negros e negras de origem evidentemente hotentote ou bosquímana, que são as populações africanas culatronas por excelência.

De muitos dos negros fugidos, o anunciante dá como traço identificador a marca de surra, a ferida ou cicatriz de "anjinho" de tronco, de corrente no pescoço, de ferro nos pés. Carolina, crioula, idade mais ou menos 17 anos, refeita de corpo, altura regular, levou quando fugiu "um vestido de chita azul de xadrês" e no pé direito uma argola de ferro "por haver ha pouco tempo cometido a mesma fuga (*D. P.*, 10/3/1834). Antônio, nação Cabundá, 20 a 22 anos, estatura ordinária, "cor bastante preta, rosto redondo, olhos grandes e papudos, pernas que parecem inchadas, pés também grossos", este, o anunciante pedia que o identificassem olhando-lhe as pernas com marcas bem claras de feridas "por estar sempre nos ferros" (*D. P.*, 11/4/1834). O negro de nome Ignácio, fugido de um engenho de Sirinhaém, em Pernambuco, cor fula, altura e corpo regulares, olhos pequenos, nariz chato, boca grande e o beiço superior um pouco fino, "a fala como a dos naturais da freguesia de Bezerros", canhoto, apesar de já ter chegado à situação respeitável de mestre de açúcar, levava no corpo sinais de castigo capazes de denunciá-lo (*D. P.*, 17/4/1870). Do Engenho Califórnia, freguesia de Sirinhaém, diz um anúncio no *Diário de Pernambuco* ter fugido em abril de 1870 um escravo chamado Germano, 17 para 18 anos, bem preto, cabeça pequena e afunilada, conservando sempre o semblante tristonho, pés grandes, pernas compridas e "nas nádegas marcas de castigo muito recente". Germano, aliás, fugira com "uma corrente no pescoço" (*D. P.*, 6/4/1870). Com o preto Germano, também ganhara o mato o escravo Gregório, molecão de 16 anos, muitos sinais de queimadura pela barriga e "marcas de castigo pelas nádegas". O senhor do Engenho Califórnia – um Cavalcanti de Albuquerque – recomenda no anúncio aos capitães-de-campo que "tenham toda a vigilância na ocasião de conduzirem os ditos escravos, visto que já por duas vezes foram presos e tentaram suicidar-se". Benedita, baixa, seca, vesga de um olho, "com falta de dentes na frente no lado superior e em baixo podres", também fugiu com "cicatrizes de surra" nas costas (*D. P.*, 30/1/1845). João Nobre, pardo, com ofício de carreiro, "cabelo meio ruivo e aspero, não muito pegado ao casco", pernas finas e "pisando sobre o calcanhar quando anda", apesar do nome, do ofício, do cabelo meio ruivo e da pacholice do andar, tinha as suas cicatrizes de surra pelo corpo (*D. P.*, 1/9/1830). Cândida, nação Angola, idade de 18 a 20 anos, estatura ordinária, "olhos na flor do rosto, bastante magra, com bastantes verrugas em uma perna", fugiu da casa de Dona Mariana da Piedade, levando "uma mordaça de folha de flandres na boca fechada com um cadeado" (*D. P.*, 26/4/1830). Ninguém vá julgar Dona Mariana da Piedade uma velha malvada e sádica, que tratasse seus negros como a cachorros danados. Essa mordaça seria menos um castigo que uma medida profilática: Cândida era sem dúvida das tais que se entregavam ao vício de comer terra, tão comum entre os nossos escravos. Aquela sua magreza e aqueles seus "olhos na flor do rosto" seriam o efeito da geofagia. Aliás, também se usavam as máscaras de flandres contra a voracidade por toda a espécie de frutas, até as verdes, dos escravos sofrendo da oftalmia que Gama Lobo chamou brasiliana e ligou ao regime de alimentação das senzalas. Em artigos nos *Anais Brasilienses de Medicina*, tomo XVII, nº 1, o grande médico do tempo do Império refere um caso desses.

Outros traços pelos quais facilmente se apanhava o negro fugido eram as tatuagens, os talhos, as marcas de fogo de tribo ou "nação" africanas de sua origem, os sinais de ferro quente dos compradores. Ignácio, nação Inhambane, cara redonda, que fugiu em 1833 de uma casa do Rio de Janeiro, ostentava "sinais de sua terra ao longo do nariz [...]" (*J. C.*, 7/2/1833). Teresa, nação Beni, estatura mediana, um tanto fula, cabelo bastante ralo, cabeça, orelha e cara pequenas, beiços grossos, tinha "no logar das fontes uns talhos à imitação de pés de galinha". Além disso, a "barriga quebrada" e na "junta do pé esquerdo um molho de veias levantadas" (*D. P.*, 15/3/1834). Manoel, nação Angico, estatura ordinária, magro, pouca barba, era outro que levava na cara, bem à vista, "alguns talhos de nação" (*D. P.*, 17/3/1834). Francisco, "mulato alvo", baixo, refeito de corpo, além de "marcas de bexigas pela cara que teve em pequeno" – como tantos outros –, ostentava num braço um "sino-de-Salomão e no outro uma cruz" (*D. P.*, 28/3/1834). Francisco, 23 anos, grosso de corpo, cabelos não encarapinhados, dentes perfeitos, pés e mãos regulares, negro pachola que fugiu trajando calça de casimira preta, paletó de alpaca, chapéu de baeta, tinha no braço direito um coração feito com tinta azul e no centro do coração as iniciais MNIIMN (*D. P.*, 1/6/1865). Era provavelmente um grande amoroso, especialista, talvez, em Marias. Bernardo, nação Moçambique, 25 anos pouco mais ou menos, estatura ordinária, bem preto, rosto redondo, sem barba, ainda pouco ladino, todos os dentes na frente, fugiu com estes terríveis sinais: três marcas de ferro quente, uma na testa e duas acima das sobrancelhas (*D. P.*, 29/3/1834). Em novembro de 1834, fugiu do Recife, de uma oficina de alfaiate, um negro com "três talhinhos" pequenos na parte esquerda do rosto, marca de "nação" (*D. P.*, 2/1/1834).

E havia ainda "muito negro boçal" que fugia sem tirar os brincos ou argolas das orelhas furadas – enfeites sagrados de sua "nação" ou estirpe. Dentre outros, Romão, "nação Cabinda, estatura ordinária, cheio de corpo, cabeça e testa pequena, cara lisa e burnida, suíças voltadas", que fugiu com "um solitário de pedra branca na orelha" e "um cordão por baixo da camisa com uma bolsinha pendurada" (*D. P.*, 2/1/1834). Firmino, nação Congo, que em 1833 fugiu da Rua do Sabão, nº 237, aqui no Rio, levou em uma orelha "huma argola com huma meia lua pendurada" (*J. C*, 20/3/1833).

Havia mães que fugiam levando consigo não as joias no pescoço nem os brincos nas orelhas, mas os filhos de mama escanchados às costas. Brígida, por exemplo, deixou a casa do senhor em Olinda com "um seo mulatinho de peito com sete mezes de idade" (*D. P.*, 8/1/1834).

Quitandeiras desapareciam com os tabuleiros de manga, de banana, de angu, de doce de goiaba. Lavadeiras se sumiam com as trouxas de roupa suja. Pajens ganhavam o mundo com bandejas de bolo ou peru assado mandado de presente a algum branco importante.

Havia, entre os fujões, aleijados, anormais, canhotos. Escravos com seis dedos em cada pé. Gagos. Canhotos. Zarolhos. Outros faltando dedos mindinhos nas mãos. Alguns de fala atravessada ou sem saber falar português: falando só nagô e "língua da Costa". Ainda outros com o braço esquerdo mais comprido que o direito. Homens de fala de mulher. Mulheres com barba no queixo. Velhos puxando por uma perna. Negros banguelas, os dentes limados ou tirados como marca de nação ou rito de iniciação na idade adulta.

Para estes, a fuga era aventura ainda maior que para os normais – os de estatura mediana ou elevada, dentes inteiros, pés e mãos grandes, cor fula, lábios grossos, secos de corpo. Aliás, a predominância entre os negros fugidos, nos anúncios de jornais que venho examinando, dos indivíduos altos e secos de corpo, é expressiva. Expressiva, sobretudo, do ponto de vista da constituição psicossomática de indivíduos que se revelaram, com as suas fugas, aventurosos e até audazes.

A fuga, aliás, era sempre uma grande aventura. Se havia os coiteiros de negros, os que apadrinhavam escravos por simples ternura humana, havia também quem vivesse de olhos arregalados para os anúncios, onde se prometiam gratificações generosas pela captura dos negros fugidos. "Boas alvíssaras", dizem os anúncios. Às vezes, a um anúncio de escravo que fugira em tal dia, e cujos sinais se publicavam pelo miúdo, sucedia-se a resposta do necessitado ou perverso que o capturara e o conservava em casa bem guardado, à disposição do dono, mediante 50 ou 100 mil-réis. Variava com o valor representado pelo negro ou com a fortuna do dono.

No dia 13 de janeiro de 1834, fugiu de uma casa do Recife um negro por nome Francisco, por alcunha Canário, nação Caçanje, pequena figura, cara redonda, um pouco picado de bexiga, pouca barba e olhos um tanto vermelhos, as mãos curtas, padeiro, no pé direito um pequeno grilhão, muito ladino – "retórico", diz o anúncio –, calça de riscadinho azul, camisa de estopa. No dia seguinte ao da fuga o pobre do nanico tinha sido encontrado por um pardinho afilhado da casa; e como o pardinho lhe intimasse a voltar, o negro correra sobre o menino e lhe dera "uma estocada não perigosa, mas digna de um rigoroso castigo à audácia do escravo". Dizia o anúncio: "Os capitães-de-campo tivessem cuidado com esse negro que embora pequeno – 'pequena figura' – era afoito. Mas o capitão-de-campo ou o particular que se empenhasse em segurar moleque tão safado contaria com a gratificação de vinte mil-réis" (*D. P.*, 25/1/1834).

Outros anunciantes davam-se à pachorra de pormenorizar, tintim por tintim, a escala de suas gratificações. Por um escravo, que lhe fugira de casa, à Rua da Cadeia, no Recife, Joaquim José da Silva Beirão anunciou no *Diário de Pernambuco* de 9 de julho de 1830 que qualquer capitão-de-campo ou particular que pegasse o fujão teria pelo trabalho, sendo o negro apanhado "dentro da Praça", 13 mil-réis; sendo pegado "na distância da Praça de cinco léguas", 20 mil-réis; de dez léguas, 30 mil-réis; 20 ou 30 léguas, 50 mil-réis; 70 léguas, 80 mil-réis; 80 a 100 léguas, 120 mil-réis. E acrescentava o recifense, na sua grande dor de ter perdido o escravo de tanta estimação: "e sendo que apareça o dito escravo pela cidade da Bahia ou Rio de Janeiro, ou Pará, ou Maranhão, ou outra qualquer província, como estas, a pessoa que o remeter para esta de forma que me seja entregue em Pernambuco tem 200$ de gratificação e as despesas que fizer com o dito escravo tudo a minha custa, e pela presente declaração que faço me obriga a cumprir tudo como acima fica exposto que na Tipografia do Diário fica a minha firma por donde fico responsável a pagar a referida quantia a pessoa que me apresentar o dito escravo" (*D. P.*, 9/8/1830).

De Vitorino Francisco dos Santos, na Estrada dos Remédios, furtaram, numa tarde de fevereiro, um preto de nome Vicente, sinais de bexigas à roda do nariz, pisando "um pouco esbarrado e apapagaiado, com os dedos grandes dos pés abertos para dentro", quase nunca falando, a ponto de parecer mudo; "fala tão atrapalhada que sendo creoulo parece boçal", isto é, africano. "Um pouco leso e maluco", diz mesmo o Sr. Santos no seu anúncio (*D. P.*, 18/4/1850). Mas o Sr. Santos não se resignava com o furto do seu escravo Vicente: mesmo leso e maluco, era escravo que ele não se resignava a perder. Oferecia 100$ a quem lhe trouxesse o preto, não fazendo questão de "ver" quem o trazia: bastava que lhe devolvessem o negro abobalhado. Desconfiava que lhe tivessem levado o maluco justamente para fingir que o haviam encontrado vagando na rua e ganhar a gratificação. Porque havia na época uns como *gangsters* de escravos, como hoje, de filhos de milionários. Verdadeiras quadrilhas organizadas de ladrões de escravos.

Sem querer considerar esse aspecto do assunto, que pede um estudo à parte, não devo, entretanto, deixar de referir um anúncio típico: não de negro fugido, mas de negro achado ou talvez roubado. Negra, aliás. Uma moleca de Angola, nação Caçanje, "não feia", "assustada e molesta de surrada", e que "sendo ladina, nega a sua casa, ou Senhorio", "cor ordinária, não muito preta", "beiços grossos e avermelhados", várias marcas sendo "huma bem clara e inteligível no braço esquerdo ao lado de fóra". A moleca não tivesse o dono cuidado que estava guardada, dizia o anúncio. Declarasse pelo mesmo diário a sua moradia para ser procurado, declarando também a letra e sinais no corpo da negra e "a paga que gratifica a quem cuidadosamente a tem segura, e livre de todo o perigo, e já boa [da surra]" (*D. P.*, 11/12/1830).

Os anúncios de venda de escravos quase sempre gritam: "Vende-se o escravo tal, bonita figura, sem vício ou achaque algum". Mas pelos anúncios de escravos fugidos ficamos sabendo que eles não eram assim tão sãos, embora fossem, talvez, a parte mais sadia da população brasileira. Já vimos algumas doenças indicadas ou sugeridas pelos anúncios: efeitos de raquitismo, erisipela, escorbuto, bexiga, as boubas, que às vezes eram a sífilis, oftalmia. Numerosos são também os negros "rendidos", "quebrados" e os cheios de bicho-de-pé. Um dos meus colaboradores de estudos antropológicos vem identificando, através de anúncios de jornais, a frequência do ainhum sobre os escravos brasileiros do século XIX. Outro desses meus colaboradores vem anotando, entre eles, através de um material por vezes opulentamente clínico ou patológico, casos de desnutrição ou subnutrição.

Vejamos, agora, através dos anúncios de jornal, os vícios que predominavam nas senzalas brasileiras do tempo do Império. Vícios, dizia-se na época. Sabe-se hoje, de vários desses vícios, que eram doenças. O "vício" de comer terra era talvez o pior. Os anúncios uma vez por outra nos referem casos de negros fugidos de máscara ou mordaça de flandres na boca. Eram, quase sempre, comedores de terra. Havia negros que se suicidavam comendo terra. Do banzo passavam ao suicídio.

O vício do tabaco, fumado em cachimbo de pau ou de barro, ou mascado, provavelmente com uma folhinha ou duas de maconha ou diamba para aumentar o gosto do pecado, era o mais comum. Vício das senzalas – das mulheres como dos homens. O de fumar tabaco era também vício das casas-grandes – das senhoras quase tanto quanto dos senhores. Das baronesas, das viscondessas, das mulheres finas de ministros e de grandes do Império. Muitas vezes elas fumavam os mesmos charutos fortes, o mesmo fumo picado que os maridos; e havia escravos que eram castigados por furtarem charutos dos senhores ou das suas senhoras. Negros chamados "tabaquistas".

Nas senzalas havia cachimbeiras inveteradas e até bebedeiras de fumo, isto é, negras que bebiam fumo. Negras e negros. Isabel, cabra cor de canela, cerca de 16 anos, alta, braços e pernas grossas, diz o anúncio que "cara abocetada", "bem feita de corpo", duas cicatrizes "nos lagartos dos braços", muito "pachola no andar", "rasgando o passo", os "dedos dos pés grandes e abertos", e que fugiu de Maceió em 1833, era "muito bebedeira de fumo" (*D. P.*, 2/9/1833).

Não encontro referências diretas à maconha ou diamba, sendo provável, como já insinuei, que entre os cachimbeiros e bebedores de fumo houvesse os viciados no uso puro, ou misturado, do entorpecente africano. Pelo menos é o que contam negros velhos: que às vezes se misturava maconha ao tabaco. Os negros trouxeram a maconha para o Brasil e aqui cultivaram como planta meio mística, para ser fumada em candomblés e xangôs, pelos babalorixás e pelos seus filhos. Também como planta afrodisíaca.

IX. Marcas de proprietários de escravos, com as quais eram alguns africanos embarcados para o Brasil, segundo R. Walsh, no seu *Notices of Brazil* (Londres, 1830).

Parece, entretanto, que a maconha, tão terrível na África e no Oriente, nos seus efeitos sobre o viciado, a ponto de derivar-se de um dos seus nomes orientais a palavra "assassino", perdeu no Brasil a sua intensa malignidade asiática e mesmo africana, a sua aguda capacidade de excitar no viciado o gosto de matar. Talvez isto venha se verificando por lhe vir faltando no solo ou na terra brasileira os elementos essenciais àquela malignidade intensa. Quase tudo no Brasil tende a suavizar-se em meios-termos: as plantas venenosas, as doenças malignas, as teorias, as ideias, as paixões, os pecados e as virtudes. Paixões e virtudes aqui raramente são intensas ou profundas. A maconha parece ter-se acomodado a essa tendência brasileira, a que só falta um nome que a caracterize e um sociólogo que a descreva para tornar-se verdadeira lei de sociologia regional.

Vício comum entre os escravos do tempo do Império foi também o da cachaça, a que vamos encontrar frequentes alusões nos anúncios de negros fugidos. Comum principalmente entre os negros de engenho, alguns dos quais eram desadorados para roubar aguardente em cabaças. Às vezes arrombavam destilarias. Malaquias, "o que costuma" – diz um anúncio de 1834 – "quando se ausenta de casa muda o nome para Joaquim [...] o rosto de muleque, pés apalhetados, estatura e corpo ordinário, farçola, regrista [...] cabelo cortado à moda, isto é, rente no meio da cabeça e crescido dos lados", tinha o vício da cachaça. Malaquias fugiu da bagaceira do Engenho Sebiró do Cavalcanti, freguesia de Sirinhaém; seu senhor era um padre, o Rev. Agostinho Maria Cavalcanti (*D. P.*, 4/4/1834).

O vício da cachaça entre os negros – pode-se mesmo generalizar: entre os brasileiros das regiões dominadas pelo açúcar – chegou a excessos alarmantes no tempo do Império. Burton – já o destaquei noutro dos meus ensaios: *Casa-grande & senzala* – ficou impressionado com o uso da aguardente no interior do Brasil. Naturalmente naquela parte do interior alcançada pela influência dos alambiques dos engenhos de cana. Sabe-se que alguns senhores estimulavam o uso – mas o uso moderado – da aguardente de cana entre os seus negros. Alguns escravos, porém, se excediam. Devemos admitir que a tentação da aguardente fosse grande para quem trabalhasse sentindo o tempo todo o cheiro da garapa azeda, da cachaça alva, da sedutora "imaculada".

Em 1830, quando se importaram irlandeses para trabalhar nos engenhos da Bahia, foi um deus-nos-acuda: muitos morreram de beber em pouco tempo. Quase todos deram para malandros, vencidos pelo álcool. "Paga-se um dinheirão a esses homens" – dizia na Câmara dos Deputados, em sessão de 12 de julho de 1830, Lino Coutinho – "e eles não querem trabalhar; não há um ano em que não morram 30 a 40, e todos eles têm pesado sobre o hospital nacional para onde vão com hidropisias etc. porque têm dado na cachaça que se têm regalado; ainda não vi beberrões maiores [...] Todavia havemos de continuar a dar doze vinténs por dia para eles não quererem trabalhar?" (*Anais do Parlamento Brasileiro*, Rio de Janeiro, 1878).

Nos engenhos do Norte e do Rio de Janeiro, muito escravo sofreu o castigo do tronco e do carro, ou levou surra de tira-mandinga-de-negro, por abusar da cachaça ou furtar aguardente. Os cachaceiros passam frequentemente diante de nós nos anúncios de escravos fugidos, com seus olhos inchados, sua sapiranga, suas afoitezas de bêbados. Mas a verdade é que a paixão pelo álcool entre eles não chegou nunca aos mesmos extremos que entre os irlandeses da Bahia.

Pelos anúncios examinados, o tipo predominante de escravo que se aventurava a fugir da casa ou da fazenda do senhor era o do indivíduo de "bonita figura"; ou o "bem parecido"; o de "ar alegre", o "retórico" ou "muito poeta" no falar. Aparecem vários, é certo, de "semblante carregado" ou de "fisionomia de quem sofre"; sorumbáticos; calados a ponto de parecerem caboclos; e de um anúncio do *Diário de Pernambuco*, de 11 de novembro de 1836, surge-nos um negro de aspecto terrível: "figura acachapada", "suíças e barbas acabanadas", "fisionomia sevandija". Mas os negros de figuras assim acabanadas eram exceção: o grande número dos que fugiam podiam não ser os indivíduos gordos e risonhos que o César de Shakespeare queria ao pé de si; mas eram bem parecidos e até de ar alegre.

Muitos anúncios chamam a atenção do povo para os negros fugidos que se faziam passar por livres. Um deles, Fortunato, que em 1838 fugiu da casa do Dr. Marcos da Silva Penha Lima, na cidade do Rio de Janeiro, boleeiro e sapateiro e diz o anunciante que "bem falante, muito capadócio e político" (*Diário do Rio de Janeiro*, 27/6/1838). E da Rua Jenipapo, na Barua, fugiu em 1849 uma escrava velha de nome Joaquina, lavadeira no Matatus, "nação Nagô, bastante alta e magra, tem ambas as pernas inchadas e uma belida em cima da menina de um olho". Velha – diz o anúncio – "ladina e muito velhaca" (*A Marmota*, Bahia, 4/8/1849). Ao contrário da negra acanhada que fugiu da Rua do Conde, nº 34, aqui no Rio – tão acanhada que "quando lha falão forte responde gaguejando" (*Diário do Rio de Janeiro*, 2/1/1838).

Certos casos de doenças de olhos referidas pelos anúncios de negros fugidos seriam talvez manifestações de carências de vitamina A – das que o Dr. Luís Robalinho Cavalcanti teve oportunidade de observar em concentrações de flagelados das secas do Rio Grande do Norte. Aliás, como lembrou o Dr. Robalinho Cavalcanti, em comunicação ao I Congresso de Estudos Afro-brasileiros (1934), já Hilário de Gouveia descrevera em 1883 vários casos de cegueira noturna entre negros trabalhadores das plantações de café na província de São Paulo, alimentados de favas, gordura de porco e farinha de milho; enquanto que escravos de outras fazendas, melhor alimentados, não apresentavam tal perturbação. Observação feita desde o meado do século XIX por outro médico brasileiro, o Dr. Manoel da Gama Lobo. Gama Lobo – que terá sua consagração definitiva como cientista interessado no valor social da alimentação no Brasil no trabalho que prepara sobre o assunto o Dr. Rui Coutinho – já ligara a oftalmia, tão comum entre os escravos, à "falta de nutrição conveniente e suficiente". E teve, pode-se dizer, a intuição clara das vitaminas, que ele chamou de "princípios vitais", necessários à "nutrição do organismo" e, no caso de oftalmia, à nutrição da córnea. De modo que certos pronunciamentos a esse respeito da parte de novos e brilhantes nutrólogos não fazem senão chover no molhado: Gama Lobo precedeu-os por mais de meio século na identificação da cegueira noturna como sinal de insuficiência ou inconveniência de nutrição.

Quanto à indumentária do escravo fugido, os anúncios indicam uma grande variedade: fugiam escravos de tanga de pano-da-costa, de baeta encarnada, de xale, de vestido de chita, de calças de estopa e até de roupa de casimira e chapéu-do-chile. Predominavam entre os homens as calças de estopa. Algumas negras fugiam de cabeção; outras de pano-da-costa atirado ao ombro ou trazendo "pano da Costa atirado como usam as Bahianas" (*D. P.*, 18/5/1870). Seriam negras do Sudão, conservadoras do trajo nativo, meio malê. Mas numerosas angolas se apresentam de pano-da-costa.

Os vestidos de cores vivas predominavam: encarnados, amarelos, verdes, talvez cores de promessa a Xangô e Iemanjá. Mas havia também os vestidos roxos com "palmas verdes"; os brancos com "flores encarnadas"; as calças de ganga amarela.

A profissão, é difícil dizer-se, através dos anúncios, qual a que predominava entre os escravos. Muitos anúncios omitem esse detalhe. Outros nos revelam escravos – provavelmente os de senhores mais pobres – que eram uns verdadeiros homens-orquestra, tocando os instrumentos mais diversos. Cozinheiros que eram também carpinas. Joaquim, nação Caçanje, 20 a 22 anos, cara achatada, era ao mesmo tempo "sapateiro e pescador" (*D. P.*, 28/2/1834). Outro escravo era "cozinheiro e caiador" (*D. P.*, 20/3/1829).

Caldcleugh, inglês que esteve no Brasil nos princípios do século XIX e registrou suas impressões brasileiras no livro *Travels in South America*, publicado em Londres em 1825, ficou espantado com este anúncio numa gazeta do Rio de Janeiro: "Quem quizer comprar hum escravo propio para Boleeiro que sabe tocar piano e marimba e alguma cousa de Musica e com principios de alfaiate etc.".

São frequentes, nos anúncios de jornais que venho examinando, as seguintes especializações entre os homens: catraeiro, lenhador, talhador de carne, carreiro, sapateiro, padeiro, pescador, sangrador, cozinheiro, cambiteiro, alfaiate, caiador, carpina, marceneiro, pajem. Entre as mulheres: engomadeira, lavadeira, costureira, doceira, ama-de-leite, marisqueira, enfermeira, mucama.

Os homens, em geral, são negros de pouca barba, o que em parte se explica pelo fato de muitos fugirem ainda adolescentes – dos 14 aos 20 anos. Mas aparecem pretalhões como Cipriano, nação Quilimane, de boa estatura, bem parecido, barba cerrada, cabeludo nos peitos (*D. P.*, 27/5/1830); ou como o João-Felpudo, que fugiu do Engenho Jenipapo: muito "barbado e encabelado por peito e pernas" (*D. P.*, 17/11/1836). E vários de carapinha branca, andar banzeiro, velhos já no fim da vida, para quem nunca era tarde o dia da grande aventura de liberdade.

Entre as mulheres varia extraordinariamente a caracterização dos peitos. Algumas os possuíam enormes. Outras, pequenos e murchos. É pormenor a que voltarei nestas notas, cheias, aliás, de repetições. Mas repetições que têm a justificá-las os novos pontos de vista por que é apresentada a matéria repetida. Apresentada ou interpretada.

Os olhos quase sempre eram, nos negros fugidos retratados nos anúncios de jornais, grandes, arregalados. Mas havia os indivíduos de olhos acaboclados. Os de "olhos na flor do rosto". É outro pormenor em torno do qual são inevitáveis as repetições num trabalho como este.

Os nomes mais comuns entre os escravos, pode-se afirmar, através dos anúncios de jornal, que eram Joaquim, Damião, Cosme, Simeão, Bernardo, Benedito, Luzia, Rufino, Nicolau, Romana, Maria do Rosário, Rosa, Felicidade, Esperança, Cipriano. Havia negras com nomes de iaiás finas: Cândida, Carolina, Isabel.

Observe-se a esta altura, dos escravos retratados nos anúncios de jornais brasileiros do século XIX, que podem ser estatisticamente classificados pela condição étnica (negros, fulos, pardos, mulatos, acaboclados); pela origem tribal (Moçambiques, Angolas, Caçanjes, Bengueles etc.), pelo sexo, pela idade; pelas funções (pedreiros, cuscuzeiros, lavadeiras; engomadeiras, doceiras etc.); e também pelas formas de corpo ("altos e secos", "grossos e baixos"), com uma predominância evidente dos "altos" e "secos" sobre os "grossos" e "baixos"; pela constituição ou biótipo (espadaúdos, peitos estreitos, barrigudos etc.); pelo temperamento (tristes, alegres, falantes, casmurros, aventurosos, dionisíacos, apolíneos);* pelas características

* Em seu valioso estudo *Mobilidade, caráter e região,* publicado pelo Instituto Joaquim Nabuco de Pesquisas Sociais, do Recife, em 1959, o Prof. Gonçalves Fernandes relaciona, à página 15, a mobilidade de certos elementos da população nordestina a "uma fatalidade sociopsicológica inerente à sua própria estrutura", sem associar tal estrutura a raça específica e sim a tipos constitucionais, antes destacando já ter "o antropólogo-sociólogo Gilberto Freyre sugerido que tal estrutura e tais caracteres teriam sido revelados também por aqueles negros, por excelência móveis e aventurosos, que apareceriam depois, no século XIX, nos anúncios de escravos fugidos, por ele pioneiramente estudados em jornais brasileiros daquele século" [...] ."Segundo esse antropólogo [Gilberto Freyre], nota-se nestes anúncios de negros fugidos a predominância dos negros e mestiços altos e secos de corpo [...]".

psicoculturais de sua fala (apressada, descansada, atrapalhada, mansa etc.), de seu andar (apressado, banzeiro, vagaroso, preguiçoso), de seus gestos, do seu olhar, do seu sorriso; pelos seus vícios (tabaco, álcool, comer terra etc.); pelas suas preferências lúdicas (cantar, dançar, batucar, tocar viola etc.); pelo seu comportamento para com o sistema patriarcal de que eram membros: comportamento por vezes violentamente contrário a esse sistema, daí resultando marcas de castigos, nas costas e nádegas, máscaras de flandres nos seus rostos, correntes ou lubambos nos seus pés. E mais: pelo seu trajo; pela sua higiene de corpo; pelos seus adornos; pelos seus penteados; pelas suas preferências de cor – no caso daquelas escravas privilegiadas trajadas à moda baiana e daqueles escravos que se davam ao luxo de fugir de jaquetas e até de chapéus de seda ou chapéus-do-chile, por vezes furtados do senhor.

E merece estudo à parte, é evidente, a série de deformações de corpo que podem também servir para o antropólogo separar estatisticamente em vários grupos, antropologicamente significativos, a multidão de homens e de mulheres, de meninos e de adolescentes, de adultos e de velhos que passam pelos anúncios de jornais brasileiros do tempo do Império como se caminhassem para uma vasta exposiçao antropológica. Há os de nádegas arrebitadas; os de dentes limados; os de dedos torados; os de orelhas furadas; os de pés apalhetados; os de pernas arqueadas; os marcados por açoites; os estigmatizados por marcas de "nação" ou de tribo abertas a fogo em diferentes partes do corpo; os assinalados por doenças também deformadoras do corpo: as boubas, as impigens; a tinha, as bexigas; há os cegos, os coxos, os manetas, os aleijados; há os desproporcionados de corpo: pernas extremamente curtas ou longas, por exemplo, os barrigudos, os estreitos de peito; e há os deformados no corpo pelas ocupações ou atividades em que o sistema patriarcal de trabalho determinava que eles se especializassem: a atividade de cozinhar, a de lavar roupa, a de pescar, a de remar, a de costurar, a de cuidar de bois ou de cavalos, a de lavrar a terra, a de plantar cana, café ou tabaco, os vários trabalhos num engenho de açúcar ou numa fazenda de café.

Alguns anúncios de escravos fugidos parecem colocar os fujões na categoria de simples animais de trabalho: "Desapareceo das vistas de uma cabra já velha que andava pastorando uma vaca cor de raposa" (*D. P.*, 8/8/1841), diz um anúncio não de escravo, mas de vaca desaparecida, que, entretanto, em três linhas refere-se a três animais, um deles sob a forma de mulher: de cabra-mulher – sem distinguir a cabra-mulher nem da cabra-bicho nem da "vaca cor de raposa".

Trocavam-se animais e coisas por escravos: cabras-bicho por cabras-pessoas, canoas por negras, cavalos por molecões. Dentre os anúncios que ilustram esse gênero de comércio, é muito expressivo o seguinte: "[...] uma negra que saiba cozinhar e engomar ou um escravo que sirva para pajem, por uma canoa grande que carrega 1.500 tijolos [...]" (*D. P.*, 4/2/1834). Igualmente expressivo é este outro: "[...] troca-se, fazendo o preço nos seus valores, um negro cozinheiro e socador de açúcar, e para todo o mais serviço, por uma negra que saiba cozinhar e engomar e sem vícios" (*D. P.*, 31/1/1834). E não raras vezes os anúncios de escravos à venda parecem referir-se a simples animais. Em 1830 vendiam-se no Recife "três escravos, hum macho e duas femeas, ambas lavadeiras" (*D. P.*, 22/4/1830). Em 1836, desapareceu na mesma cidade, do Sítio do Bebedor, "huma cabra, bonita figura, julga-se já ter parido por estar prenhe", que não se sabe se era animal ou mulher (*D. P.*, 21/4/1836).

"Vende-se ou troca-se uma negra muito boa lavadeira e vendedeira de rua por uma que engome e coza", dizia um anúncio no *Diário de Pernambuco*, de 4 de maio de 1835. No mesmo jornal, de 13 de maio de 1836, apareceu um anúncio de negro à venda redigido por humorista inveterado; pois, sem deixar de recomendar o africano de 30 anos pela sua "ótima constituição e robustez e boa figura" e pelas suas habilidades – "bom canoeiro", que também trabalhava de serra e machado –, advertia que era afeiçoado à pinga; porém "sempre senhor de si, sem desordem nem transtorno e se em alguma festa do Rosário he mais pegado so muda de Divindade e passa de Baco para Morfeo [...]" (*D. P.*, 13/5/1836); em 1836 vendia-se no Recife "para fora da província" uma mulata "bem alva, de idade de 20 a 22 anos, muito bem prendada, fiel e sem achaque nem vício algum" (*D. P.*, 30/11/1836); em 1837 vendia-se na mesma cidade uma escrava de nação, "inda que de idade, porém robusta e de bonita figura, uma das melhores lavadeiras das que lavavam roupa no Monteiro (*D. P.*,

14/11/1837); também em 1837 precisava-se, na Rua do Aragão, ainda no Recife, de uma preta "para vender calungas, dando-se 80 rs. de vendagem em cada pataca e responsabilizando-se o senhor por algum prejuízo que a dita preta cause" *(D. P.*, 7/12/1837); em 1836 vendia-se uma negrinha "boa rendeira e acostumada a labutar com crianças" *(D. P.*, 12/6/1836); "alugam-se pretas que sabem vender na rua", dizia um anúncio no *Diário de Pernambuco*, de 29 de julho de 1836; "vende-se uma escrava crioula de 22 anos [...] parida há três meses e própria para criar", dizia outro anúncio no mesmo *Diário* (30/6/1836). O que nos leva a considerar a frequência com que, nos anúncios de escravos fugidos dos jornais brasileiros do século XIX, são considerados os "peitos" ou os "seios" das mulheres. A propósito do que, retomo o registro e a interpretação de particulares de corpo destacados nos escravos fugidos pelos anúncios sobre o assunto: anúncios que enchem os grandes jornais brasileiros do século XIX – como o *Jornal do Commercio*, do Rio de Janeiro, e o *Diário de Pernambuco*.

"Peitos em pé" eram os da escrava fula de nome Ana, que a 29 de abril de 1839 fugiu da casa D 185, Fora de Portas, Recife: "Peitos em pé, pés pequenos e bem feita de corpo", embora seca e de cara bexigosa (*D. P.*, 4/5/1839). De "barriga e peitos grandes" apresentava-se Maria, crioula ainda moça, cor preta, cabelo tosquiado, que aparece nos anúncios do *Diário de Pernambuco* de 28 de setembro de 1835. Joaquina, crioula alta que desapareceu da casa dos senhores em 1835, apresentava "marcas de relho nas costas e pelos peitos" (*D. P.*, 16/3/1835). Queimada nos peitos se apresentava também a preta Joana, escrava de Dona Leonor Teresa de Oliveira Miranda, do Recife: queimada nos peitos e com "poucos dentes na frente" (*D. P.*, 23/5/1839), podendo algum romântico de hoje imaginá-la vítima dos ciúmes da sua sinhá branca, tantas vezes voltados sadicamente contra os dentes alvos e contra os peitos em pé das suas negras moças. Peitos grandes, pés e mãos pequenos, dentes grandes e separados distinguiram a mulata clara Virgínia, que em 1838 fugiu da casa dos seus senhores, gente do Recife; e que, embora com tais atrativos de sexo e de cor, padecia de "bichos nos pés" (*D. P.*, 13/3/1838). "Peitos escorridos e pequenos" eram os de Maria, escrava bem feita de corpo e de pés secos e bem feitos que a 4 de dezembro de 1829 fugiu da casa do seu senhor, Francisco de Paula Freire, do Recife (*D. P.*, 21/6/1830). "Rapariga ainda sem peitos" era Catarina, de nação Bengala, que em 1822, sendo o Brasil ainda Reino, mas já quase Império, fugiu da casa dos seus senhores, no Rio de Janeiro, segundo anúncio no *Diário do Rio de Janeiro*, de 6 de março de 1822. Poucos anos depois, quem fugia na mesma cidade da casa dos seus senhores era Francisca, nação Angola, com apenas dezesseis anos mas "peitos em pé e grandes" (*D. R. J.*, 15/4/1830). Peitos gordos devia ter Delfina, que em 1830 desapareceu da residência dos seus ioiôs brancos; pois era "mui gorda", de "cara redonda, beiços grossos"; "filha de Pernambuco", falava muito bem o espanhol (*D. R. J.*, 4/5/1830). Já Ana, fula e seca, que em 1839 desapareceu da casa dos seus senhores, tinha "peitos em pé" que se harmonizavam com seu corpo todo ele bem feito; e aristocratizado – do ponto de vista europeu – por um "nariz afilado e pequeno" (*D. P.*, 4/5/1839).

De peitos caídos – "grandes e gordos" apresentava-se a preta de nome Teresa, nação Congo, que, pelas 7 horas da noite de 12 de junho de 1839, fugiu da casa dos seus senhores, levando "vestido de chita escura, contas do Rio de Janeiro no pescoço, argolas com pedrinhas brancas", e que tinha "um dente da frente aberto" (*D. P.*, 23/8/1839); a negra da Costa que em 1839 fugiu da casa dos seus senhores (Rua do Aragão, no Recife), quando andava, deitava "os peitos para fora" (*D. P.*, 1/3/1839); "peitos regulares e meio em pé" caracterizavam o busto de Maria, de nação Angola, de cerca de 27 anos, alta, cheia de corpo, cara redonda, tendo nas costas "um matame de calombos da sua terra" e que talvez tenha fugido da casa dos seus senhores para ir morar em alguma "casa de mulher atôa" (*D. P.*, 27/8/1835).

De "peitos grandes, seca de corpo", era Bernarda, que em 1846 desapareceu da casa da sua senhora, dona Severina Francisca da Costa, com um tabuleiro de fazendas (*D. P.*, 9/3/1846). E "vestígios bem salientes de queimaduras nos peitos" apresentava o preto Antônio, de nação Angola, "grosso e barrigudo", que em 1858 fugiu da casa de um escrivão, residente à Rua da Praia, no Recife. Era Antônio angolano de "pés grossos", mas falava tão bem o português que se confundia com os pretos crioulos (*D. P.*, 19/8/1858). Não se diz de que seriam os vestígios de queimaduras que Antônio apresentava nos peitos, característico – a forma ou a condição dos peitos – que de ordinário os anúncios de escravos fugidos só assinalam em mulheres.

Se é certo de alguns escravos que, nos anúncios de jornais, aparecem quase igualados a bichos ou animais, é verdade de outros – de muitos outros – que eram escravos tão pessoas de casa dos seus senhores, que os acompanhavam no próprio luto de família. Tal o caso de Isabel, negra seca de corpo que em 1842 desapareceu da Rua da Cadeia "vestida de preto por o Sr. a trazer de luto" (*D. P.*, 31/1/1842). E são numerosos os anúncios de escravos fugidos que nos deixam entrever relações particularmente carinhosas entre gente senhoril e servil, no ambiente de escravidão doméstica, familiar e patriarcal dominante em grande parte do Brasil do século XIX.

Em 1857 vendia-se na Rua do Brum, no Recife, "uma mulata de 28 anos, de bonita figura", que, além de saber muito brasileiramente fazer doce e refinar açúcar, era "muito carinhosa para meninos" (*D. P.*, 3/8/1857). Mulher dengosa e quase tão sinhá quanto as brancas. Também no mesmo ano havia, na mesma cidade, quem, à Rua das Trincheiras, tivesse para vender uma "mulata de linda figura", que, além de saber "labirinto" e ser "engomadeira e costureira", era escrava de "boa conduta" e própria, portanto, "para uma noiva" (*D. P.*, 7/8/1857). Ainda em 1857 e ainda na mesma cidade, havia quem quisesse trocar uma negrota de "bonita figura" e "sadia", com várias habilidades, mas de 14 a 15 anos apenas e talvez tímida, "por outra que tivesse as mesmas bondades com a mais a de engomar e vender na rua" (*D. P.*, 26/9/1857). Indicam os anúncios de jornais terem sido frequentes essas trocas: trocas de um escravo por outro, como valores vivos, diversos nos seus préstimos.

Em 1846, pelo *Diário de Pernambuco*, havia quem anunciasse querer comprar um mulatinho de 12 a 18 anos, mas que fosse um mulatinho "claro". E pelo mesmo jornal aparecia comprador a querer adquirir uma "preta moça" que fosse "perita engomadeira e costureira", não se olhando – acrescentava o anúncio – "o preço" (*D. P.*, 24/2/1846).

A 28 de fevereiro de 1846 anunciava o *Diário de Pernambuco* que se retirava para a Bahia "a preta Faustina, forra, de mais de 60 anos". Talvez se fosse juntar, na Bahia, aos negros forros, que então voltavam à África, em número considerável. É possível até que soubesse escrever e fosse sudanesa. Pois não faltaram ao norte do Império nem escravos de origem sudanesa – são interessantíssimas as pesquisas que, sobre o assunto, vêm realizando os professores René Ribeiro e Waldemar Valente, do Recife – nem escravos que soubessem escrever: talvez por serem descendentes de sudaneses islamizados. Tal o caso do escravo Nereu, que em 1859 fugiu da casa dos seus senhores, na capital de Pernambuco; e que, sapateiro, moço (20 anos), seco de corpo, cara oval e pouco descamada, com todos os dentes da frente limados, ostentava no braço esquerdo "sinais escritos"; e ele próprio sabia ler "sofrivelmente" e escrever, embora "muito errado". Supunha-se do fujão ter-se acoitado "em casa de súcias" (*D. P.*, 24/10/1859).

Às vezes vinha caracterizada a forma do nariz, que variava consideravelmente entre os africanos e, talvez, ainda mais, entre os mestiços. Em 1855 fugiu do Engenho Santo André um "molato por nome Vicente" de "nariz mediano, com as ventas um tanto arregaçadas, espadaúdo, com o peito empinado para diante [...]". De nariz mediano, com as ventas também arregaçadas, era o mulato Vicente, que em 1835 fugiu do Engenho Santo André (*D. P.*, 23/11/1835). De Galdino, que no *Diário de Pernambuco* de 27 de fevereiro de 1835 aparece como negro fugido, informa o anúncio que era "inda muito molecote" e tinha "nariz muito chato" e, além de "calos nos lados das mãos" – marca de seu ofício de sapateiro –, "huma marca abaixo do olho esquerdo de huma pedrada que levou sendo muito ardiloso". Isto é, era, além de moleque, moleque levado dos diabos. Alta, seca, nação Angola, o que assinalava Teresa, que em 1835 fugiu da casa dos seus senhores, era o rosto – inclusive, com certeza, o nariz – "picado de bexigas" (*D. P.*, 3/3/1835). "Nariz chato e um tanto grande" era o de João, mulato de boa estatura e seco de corpo, que, "muito tabaquista, pouca barba e muito ladino", fugiu em 1835 da casa do seus senhores (*D. P.*, 4/9/1835). "Venta furada com corais" distinguia a escrava de nação Costa, que em 1858 fugiu do Beco do Veras, do Recife: negra "bastante alta" e de "dentes grandes e cangulados" (*D. P.*, 3/5/1858). "Nariz chato" – simplesmente chato – era o de Domingas, que deixou seus senhores levando "vestidos de chita escura com saia preta" (*D. P.*,

21/8/1835). "Nariz chato" era, também, o de Luduvina, crioula que desapareceu da casa dos seus senhores em 1835 (*D. P.*, 12/3/1835). "Nariz chato com uma marca de ferro de sua terra em cima" era ainda o de Josefa, negra e seca de corpo e cor fula, que em 1840 fugiu de uma casa do Aterro da Boa Vista (*D. P.*, 20/2/1840). "Nariz chato" era também o de Rosa, negrinha de nação de "andar ligeiro, fala acelerada, e alegre, muito esperta", que em 1836 fugiu do Sítio Santana, do Recife (*D. P.*, 7/10/1836). Com "uns poucos de calombos no nariz, sinal de sua terra", apresentava-se o escravo fugido Luís, de nação Moçambique, fugido do Recife em 1838 (*D. P.*, 28/6/1838). De nariz "um pouco afilado" era o negro de nação Luanda, que a 10 de dezembro de 1856 fugiu do Engenho Sítio do Esteio: nariz um pouco afilado, sobrancelhas bem-feitas, altura regular, seco de corpo, pouca barba (*D. P.*, 30/4/1857). De "nariz chato e pontudo" era o negro de nação chamado Matias, que no dia 4 de fevereiro de 1857 desapareceu da casa de Gustavo José do Rego, à Rua da Aurora, no Recife. Homem de estatura ordinária, magro, rosto comprido, olhos grandes, sobrancelhas fechadas e, ainda que africano, parecendo crioulo "por ter vindo [da África para o Brasil] muito pequeno, ainda mamando" (*D. P.*, 17/3/1857); Matias deve ter escapado aos seus perseguidores: não lhe parecem ter faltado artes já brasileiras para passar por brasileiro livre. "Nariz grosso e achatado" caracterizava o rosto do crioulo chamado Cosme, que fugiu também em 1857 do "sobrado grande da Madalena" (*D. P.*, 28/1/1858); e que, embora "preto bem preto", era "muito ladino". Deste as artes brasileiras devem ter sido ainda mais finas – para compensação do "nariz grosso" – que as do seu contemporâneo Matias, pois estivera na Bahia por três anos "servindo a um estudante". Daí, talvez, sua fala um pouco arrastada e seu andar quase sempre vagaroso, característicos, talvez, de doutor baiano do tipo mais fidalgo. "Nariz regular" e "dentes perfeitos", além de "altura regular" e "braços, pernas e pés pequenos", davam a João da Angola, que, em 1858, fugiu do Igaraçu, um todo de negro eugênico: dele porém dizia o anúncio em que seu senhor caracterizava sua figura que era "muito besta" (*D. P.*, 12/3/1858). Angolano – ao contrário – de "pés grandes" era o preto João, de 28 anos, de "calcanhares puchados alguma coisa para trás"; mas, em compensação, "de barba do queixo crescida por querer andar à moda" (*D. P.*,

8/11/1859). Fugiu, ao que parece, na companhia da preta Maria Cajueira, mulher já de seus 60 anos e de "cabelo pintado de branco" e "cara meia engilhada"; e mariscadeira que "só tirava marisco unha de velho" (*D. P.*, 9/11/1859).

De "altura regular" e "seco de corpo" era o escravo vindo ainda moleque da África para o Brasil, chamado Pedro, que em 1864 "desapareceu do Engenho Pereirinha, de Água Preta" (*D. P.*, 13/1/1865); de estatura alta, "bem alvo e bonito, seco de corpo, braços e pernas compridas, dedos finos e grandes, cabelos corridos e pretos, olhos grandes e bonitos, sobrancelhas pretas e grossas" era o mulatinho de nome Ubaldo, que em 1865 desapareceu de uma casa do Recife (*D. P.*, 21/1/1865); de estatura regular e bem feito de corpo, de rosto comprido e de olhos grandes, tendo apenas o "olhar amortecido", era o crioulo de 18 a 20 anos chamado Pedro (*D. P.*, 5/4/1870); de estatura regular, pés e mãos regulares, grosso de corpo, dentes perfeitos, era o escravo Francisco (*D. P.*, 1/7/1865); alta e seca, de dentes longos e alvos, de mãos grandes, de dedos delgados, de pés finos, era a adolescente Maria Beriguella (*D. P.*, 2/10/1835); adolescente eugênica como muitas das adolescentes e muitos dos adolescentes que passam de andar firme, de dentes perfeitos, de estatura elevada e de bonitas figuras pelos anúncios de escravos fugidos dos jornais brasileiros do tempo do Império, numa confirmação antropologicamente válida – dada a natureza de anúncios em que o empenho do anunciante estava antes em denegrir que em exaltar os escravos desaparecidos de sua casa ou de sua fazenda ou de seu engenho – de ter sido o Brasil favorecido com uma importação de crianças e de adolescentes africanos de físico e de personalidade capazes de concorrer vantajosamente para a formação de uma metarraça sadia, vigorosa e bela em nosso País. Das próprias deformações de corpo que assinalavam muitos dos escravos fugidos, retratados com todos os ff e rr em anúncios de jornais brasileiros do tempo do Império, deve-se salientar que não eram deformações que os definissem como cacogênicos, e sim deformações que, dentro das culturas tribais donde os arrancava o tráfico negreiro, visavam fins estéticos ou objetivos rituais, condicionados pelas mesmas culturas, de modo diferente dos padrões de estética ou de beleza da figura humana, em vigor entre europeus e subeuropeus. Daí "sinais de nação" feitos a fogo em muitos dos corpos de escravos que aparecem nos mesmos anúncios: tatuagens; mutilações; dentes limados; dentes arrancados. Daí, em parte, as próprias nádegas arrebitadas, tão valorizadas na Vênus chamada Hotentote, e que caracterizam muita figura de mulher escrava em anúncio de jornal brasileiro do tempo do Império, com uma crueldade de caricaturista que fixasse os traços ridículos das pessoas. Mas esses traços eram ridículos para os europeus, e não para as sociedades africanas em que se exaltava ou se idealizava aquele tipo de Vênus. O que sugere o caráter relativista da estética que regula as formas de corpo de homem e de mulher, mesmo o homem ou a mulher escrava devendo ser julgados de acordo com esse critério, não de todo inflexível, do que sejam formas ideais de figura humana. A escrava Clara, que em 1859 fugiu de um sítio do Recife, segundo anúncio no *Diário de Pernambuco* de 12 de novembro daquele ano, podia não corresponder ao ideal árabe de mulher gorda e bonita, que dominou boa parte do Brasil naquela época. Mas alta e seca, pés e mãos secos, dedos compridos, tinha característicos que a recomendavam à estima daqueles que já então idealizavam nas mulheres o enxuto de corpo e a esbelteza de formas. São várias as escravas altas e secas que, de tipo semelhante ao dos escravos mais inclinados – segundo os anúncios de jornais brasileiros do século XIX – à aventura da fuga, passam pelos mesmos anúncios.

"Alto e seco", ainda adolescente dos seus 18 anos, Jeremias, que em 1835 fugiu da casa do depositário de uma penhora a que pertencia, tinha um "talho na cabeça" (*D. P.*, 17/11/1835). Com "um taco tirado em uma das orelhas" se apresentava Pedro João, "ladino", cozinheiro, angico, bem preto, cara redonda, altura mediana, os escrotos um pouco crescidos provenientes de "quebradura", que também em 1835 fugiu da casa dos seus senhores (*D. P.*, 14/11/1835). "Quebrado de ambas as virilhas" era o escravo por nome Inácio Catolé, do gentio de Angola, que no dia 26 de março de 1857 desapareceu da casa de Manoel Antônio de Jesus, à Rua Larga do Rosário, nº 18, no Recife: negro, além de "quebrado das virilhas", "um pouco feioso"; e não somente isto: bebendo muito (*D. P.*, 7/4/1857). "Uma cicatriz no beiço superior" parece que distinguia de tal modo a mulata escrava de nome Rosa que, em julho de 1857, continuava desaparecida da casa dos seus senhores, burgueses do Recife, e que parece ter sido uma espécie de equivalente de "homem que ri" do romance célebre: de cor pálida, grossa de corpo, cabelos quase carapinhos, maçãs do rosto altas, a mulata fugida se fazia notar também pela "bunda grande" (*D. P.*, 1/8/1857). De "mão direita aleijada dobrada pelo meio", a negra Rita, de estatura pequena e seca de corpo e de nação Cabinda (*D. P.*, 12/1/1858), deve ter feito prodígios para esconder defeito tão ostensivo em escrava fugida. Raros parecem ter sido, entre os escravos brasileiros do século XIX, os negros calvos: mas não deixam de passar pelos anúncios de pretos fugidos. Um deles fugido do Engenho Massangana em 1858; e talvez tivesse sido escravo da madrinha de Joaquim Nabuco no tempo em que Quincas, o Belo, foi menino de engenho nesse mesmo Massangana. Era magro e tinha pouca barba já "mesclada de branco" (*D. P.*, 15/3/1858). Tinha uma "cicatriz no nariz" o escravo Justino, nação Moçambique, alto, cheio de corpo, bastante fulo, rosto largo, testa estreita, beiços grossos, dentes limados, mãos e pés grandes e grossos, que, ainda em 1835 – a 9 de novembro daquele ano – fugiu de camisa e calça de riscadinho azul e chapéu de palha de um sítio perto da igreja dos Aflitos – talvez aquele onde viria a nascer em 1900 quem escreve estas notas. Quase no mesmo dia fugia, da casa dos seus senhores, Rosa, de nação Angola, moça, "com uma belida no olho esquerdo e uma cruz de cabruchimbos da testa até à ponta do nariz, alta, corpo cheio, fala atravessada" (*D. P.*, 13/11/1835). Em 1849 fugiu da casa dos seus senhores, na Corte, o moleque Antônio, "com falta de um dedo grande em um dos pés" (*J. C.*, 10/12/1849). Seca de corpo, "porém os ossos cobertos", bem espigada e "pés mal feitos", era Josefa, crioula, que fugiu da casa dos seus senhores com um "taboleiro pequeno com arroz doce" (*D. P.*, 10/11/1835). Com "uma grande queimadura de fogo nos peitos" se apresentava Benedita, "de nação Cabinda, estatura regular, cor meio fula, algumas marcas de bexiga na cara, dentes podres, falta de cabelo na coroa da cabeça", que em 1835 fugiu dos seus senhores (*D. P.*, 3/9/1835). No dia 14 de julho de 1849 fugiu da Rua da Prainha, nº 27, na Corte, um moleque chamado Marcelino, de nação Congo, baixo e de pequena figura, de olhos pequenos e "com feridas em ambas as canelas" (*J. C.*, 16/6/1849). O pardinho Guilhermino, que no dia 29 de abril de 1857 fugiu de uma casa da Rua dos

Martírios, no Recife, tinha "uma fenda no dedo grande do pé" (*D. P.*, 4/5/1857). O "andar meio cambado" do mulato Francisco, que em 1838 fugiu de uma casa à Rua dos Quartéis D. 8, do Recife, era devido aos "dedos com feridas de bichos" do coitado: rapaz com princípios de marceneiro e de cozinheiro, que fora escravo de um "francês marceneiro" da mesma cidade (*D. P.*, 28/6/1838): talvez Béringer. Felipe fugiu em 1840 da casa dos seus senhores ainda tão menino e tão boçal – isto é, tão recente no Brasil – que pouco se entendia sua fala; além do que, tinha "uma barroca em um lado do queixo e um dente por cima do outro"; tinha a cabeça e os olhos grandes; o corpo seco; a canela "comprida e fina" (*D. P.*, 10/2/1840).

Havia escravos de senhores ricos que fugiam em grupos. Foi o que fizeram em 1840, em Pernambuco, quatro dos escravos do senhor do Engenho Matapagipe. Foram eles: João Bum-Bum, alto e de bom corpo, de 40 anos, feições grosseiras, dentes abertos, voz alguma coisa grossa, com os ofícios de mestre de açúcar, serrador e carreiro; Francisco Fula, de 26 anos, de estatura baixa, grosso em proporção ao corpo, maçãs do rosto altas, queixo seco, olhos grandes, dentes podres, ofício de carreiro; Inácio Crioulo, de 23 anos, estatura ordinária, grosso em proporção ao corpo, nariz pequeno, algumas marcas de bexiga no nariz, bons dentes, andar com o corpo caindo para a frente; Joaquim Bandeira, de 23 anos, estatura ordinária, seco de corpo, boas feições, dentes bons e abertos, com ofício de destilador. Inácio Crioulo e Joaquim Bandeira haviam fugido de "ferro ao pescoço", mas, "muito ladinos", deviam ter-se libertado dos ferros (*D. P.*, 25/5/1840). Já em 1835, haviam fugido juntos em Pernambuco dois escravos ladinos: um deles, João, alto, cor preta, olhos grandes, semblante alegre, ar um pouco espantado, crioulo do Maranhão; o outro, de nome Manoel, baixo e grosso de corpo, fala descansada, cor retinta, e "com grandes suíças" (*D. P.*, 9/3/1835). Desses não há exagero em dizer-se que um era o seu tanto Dom Quixote, outro o seu tanto Sancho Pança no modo de se completarem. Para a fuga, furtaram do seu senhor grossa quantia em "moedas de prata pelo antigo valor", façanha talvez do Sancho; mas que o Quixote não parece ter desaprovado.

De um moleque de nome Joaquim, que em 1859 fugiu da casa dos seus senhores, não puderam esses senhores destacar outro sinal que atraísse para o adolescente de 14 anos a atenção dos capitães-do-mato senão "o umbigo grande de uma rotura". Joaquim chegara há pouco do "mato", isto é, do interior; e fugira levando "calça azul, camisa branca, chapéu de palha" (*D. P.*, 7/6/1859).

"Uma barroca em um lado do queixo" era a deformação que marcava o moleque Felipe, que a 13 de janeiro de 1839 fugiu da casa dos seus senhores (*D. P.*, 10/2/1840). O escravo de nome Luís, que no dia 30 de abril de 1839 desapareceu de um sobrado do Recife, preto de nação Baca, de 20 anos, pouco mais ou menos, tinha "uma marca no braço direito", que parecia "um B com uma letra miúda dentro" e "no peito" [...] "umas letras" (*D. P.*, 4/4/1839). Antônia, preta de nação Luanda, boa estatura, que no dia 2 de março de 1835 fugiu da casa dos senhores, tinha "dentes limados" – os muito frequentes dentes limados: marca de "nação" – e "nas costas umas costuras de relho": deformação de corpo muito frequente, esta causada pelos castigos ou corretivos patriarcais nos escravos relapsos ou, segundo a disciplina patriarcal, malcomportados (*D. P.*, 3/3/1835). Da negra crioula, de 15 anos, que em 1835 fugiu do Engenho Macaíba, destacava o anúncio de sua fuga que tinha "uma cicatriz no rosto e por cima das costas de uma das mãos uma costura de ferida já muito antiga" (*D. P.*, 19/11/1835). De Maria, ladina, fula e magra, com "peitos batidos", informava o anúncio de sua fuga que ostentava nas costas "marcas de sua terra", além de "um talho sobre o nariz junto à sobrancelha" (*D. P.*, 18/11/1835). O moleque Antônio, que em 1835 fugiu do Pataxo Heroína, apresentava "um pequeno sinal na testa" (*D. P.*, 15/9/1835). Maria, que em 1835 fugiu da casa do seu senhor, um Freire, de Santo Amaro, tinha "marca de fogo no braço direito e no peito esquerdo" (*D. P.*, 21/8/1836). Com "cicatriz junto à fronte" apresentava-se o "negro alto" que, na sexta-feira da Paixão do ano de 1835, fugiu do Engenho Buranhum com uma preta também alta (*D. P.*, 14/5/1835). Maria, de nação Angico e seca de corpo, tinha o rosto "talhado de sua nação" (*D. P.*, 23/3/1835). "Pequena cicatriz em uma das faces", deformação de nação, marcava o africano magro e de rosto comprido, que a 4 de setembro de 1857 fugiu da casa dos seus senhores (*D. P.*, 17/9/1857): cicatriz numa das faces e "outra em uma orelha", mas esta de "um talho que levou". Seco de corpo, rosto comprido, o negro fugido Marcelino, de nação Cabinda, distinguia-se pela "barba serrada" (*D. P.*, 2/3/1857): de "barba serrada, palitó e calçado", parecia negro forro e até fidalgo. A mulata que em 1839 fugiu da casa do seu senhor no Recife – mulata "alguma coisa seca de corpo e cabelos anelados" –, tinha "uma marca de fogo desde os pés até o meio do corpo" (*D. P.*, 17/9/1839). Cor preta, alto, corpo regular, padeiro, o crioulo Laurentino, que em 1859 fugiu de uma padaria do Pátio de Santa Cruz, na cidade do Recife, tinha a assinalar-lhe a figura "a falta de dentes na frente". Além do que tinha "marcas de bexigas, falava muito gago e levava um ferro ao pescoço já por fujão" (*D. P.*, 4/6/1859). Com tais marcas, dificilmente terá escapado aos capitães-do-mato, aos quais o seu proprietário prometia recompensar "generosamente" pela captura do crioulo, com certeza bom, se não excelente, padeiro. Contra igual desvantagem para a fuga deve ter lutado a escrava Claudina que, no mesmo ano de 1859, fugiu da casa do seu senhor, igualmente recifense: esta, moça de 18 anos, vestida de branco com pintas encarnadas e levando ao dorso pano de listras também encarnadas, tinha "dois dedos cortados, um em cada mão, por ter nascido com seis" (*D. P.*, 4/8/1859).

"Pés grandes e chatos, pernas compridas, corpo curto" caracterizavam Antônio, nação Angola, de cerca de 20 anos, que, além disso, era bem preto, de cara redonda, de nariz chato, sem barba e quando andava "embalançava o corpo", talvez por ter sido marítimo (*D. P.*, 30/5/1836); Serafim, negro crioulo de cor bem preta, não tinha outra deformação de corpo senão ser "alto em demasia" (*D. P.*, 14/5/1836); Amaro de Naxo, Moçambique, tinha "abaixo das fontes" uma malha de fogo" e suas mãos eram, além de calejadas, "alcatroadas" (*D. P.*, 27/6/1836); Benedito, Moçambique, alto e seco de corpo, fugiu em 1836 da casa "onde estava alugado" como padeiro, levando brinco na orelha furada (*D. P.*, 17/6/1836); Manoel, Angola, com falta de dentes, tinha "nariz grande e arregaçado", além de ser descadeirado e ter os pés apalhetados (*D. P.*, 11/6/1836); José Congo, já de idade e seco de corpo, fugido de uma engenhoca chamada Floresta, apresentava-se "maltratado" e de "pernas finas" (*D. P.*, 21/9/1836); de mãos bastante grossas e as pernas pelo contrário finas" apresentava-se José, de nação Camundá, de "cara um tanto opada" (*D. P.*, 15/9/1835); "vesga dos olhos" e com "marcas pelos braços", baixa, magra, de peitos grandes, Rosa desapareceu em 1835 da casa dos seus senhores levando consigo "duas crias" (*D. P.*, 28/8/1835); "beiços atrombetados e grossos" distinguiam a mulata de boa estatura e de olhos grandes que no ano de 1835 desapareceu de casa, estando "quase a parir" (*D. P.*, 4/7/1835); Catarina, de gentio da Costa, cheia de corpo e não muito alta, tinha "dois riscos em cada face" (*D. P.*, 13/9/1835); Benedito, africano de 18 anos, baixo e de pernas curtas e escrotos "alguma coisa crescidos", tinha no peito "muitas cicatrizes provenientes de enfeites de que usam gentios de Novo Redondo de onde é natural" (*D. P.*, 15/12/1835); Jerônimo, de nação Calabar, baixo e já idoso, tinha na garganta a marca de uma ferida "que deu para se degolar" (*D. P.*, 24/11/1836); José, de nação Angola, alto e possante, de cerca de 30 anos, cor preta, barbado, nariz afilado, tinha "as pernas bambas" (*D. P.*, 30/4/1836); Viriato, de nação Cabinda, era cego de um olho e faltavam-lhe os dedos aos pés (*D. P.*, 18/4/1836); Antônio Ignácio, de nação Angola, "arrastava-se de um lado em consequência de doença" (*D. P.*, 16/4/1836); Zeferino, de cerca de 25 anos de idade, nação da Costa, de meia estatura, de pernas e de "pés limpos", tinha "dois talhos pequenos, um em cada fronte" (*D. P.*, 2/4/1836); André, crioulo de seus 20 anos, de estatura menos que regular, um tanto cheio de corpo, tinha, "por cima das sobrancelhas, uma marca de coice de cavalo" (*D. P.*, 7/1/1837); Julião, crioulo "muito mesureiro", tinha "um talho no lado esquerdo do rosto" (*D. P.*, 19/2/1835); Matias, mulato, flautista, cabelo cortado à moda, tinha "orelha furada para brincos" como se fosse negro de nação (*D. P.*, 13/2/1835); uma negra moça de dentes "limados à moda Moçambique", que em 1835 fugiu da casa dos seus senhores, era baixa, gorda, de peitos pequenos e "pisava como papagaio" por ter as pernas arqueadas (*D. P.*, 20/2/1835); Francisco, de nação Angola, de bonita figura, um tanto alto e seco de corpo, tinha uma barriga da perna mais seca do que a outra (*D. P.*, 18/4/1837); Maria, Angola, de 26 a 28 anos de idade, baixa e grossa de corpo, tinha "os dedos das mãos, pela parte das palmas, com várias cicatrizes pequenas semelhantes às que costumam ter os negros caranguejeiros" (*D. P.*, 25/11/1837); o mulatinho que em 1837 desapareceu da Ponte da Boa Vista era alvo e de cabelo estirado e louro, mas tinha as "mãos grossas" de escravo (*D. P.*, 16/9/1837); João, de nação Camundongo, "bem parecido posto que carrancudo", tinha "cicatrizes no rosto" (*D. P.*, 23/2/1838); Benedito, de 16 anos, corpo bem reforçado, baixo, pernas curtas, olhos e beiços grandes, com cicatrizes no peito – "enfeites de que usam em Novo Redondo" – ainda adolescente, já tinha "escrotos crescidos fora do natural" (*D. P.*, 20/7/1835); Antônio, pardo claro, oficial de sapateiro, era escravo, além de bonito e de olhos grandes, tão faceiro que, quando falava, fechava os olhos "por faceirice", mas nem por isso deixou de ter "pernas um pouco arqueadas" (*D. P.*, 6/6/1835); a Antônia, Conga, de estatura regular e que não era, segundo o anúncio da sua fuga, nem gorda nem magra e trazia "a carapinha agaforinhada com pentes de marrafa dos lados", faltavam "três dentes de frente no queixo superior" (*D. P.*, 5/6/1835); Antônio, de nação Benguela, alto, espadaúdo, bexigoso, tinha marcas de surra nas nádegas (*D. P.*, 17/3/1838); Francisco, de nação da Costa, alto e de cara redonda, tinha, além de três talhos de nação em cada face, "um piado de peito e tosse" e "embigo grande" (*D.P.*, 7/8/1835); Eva, amatutada e de estatura ordinária, tinha a "língua pegada"; e por isso não se expressava bem (*D.P.*, 24/5/1835); Henrique, de nação Angola, de 18 anos de idade, era magro de "bonita figura" mas "algum tanto corcunda das costas" (*D. P.*, 22/4/1835); João, preto crioulo e magro, natural do Ceará, tinha "as maçãs do rosto aguçadas, testa escanteada e faltavam-lhe dentes da frente" (*D. P.*, 22/1/1838); Pedro, Caçanje, negro moço e de nariz pequeno, apresentava-se com "a ponta de uma orelha rasgada" (*D. P.*, 5/9/1835); Antônio Ramos, pardo, de "rosto abocetado" e "beiços grossos", tinha, na orelha esquerda, furada, uma "pequena argolinha de ouro" (*D. P.*, 10/9/1835).

Seca de corpo, a escrava Josefa, que em 1859 fugiu da casa do seu senhor, era preta bem preta que "começava a pintar". Mesmo assim, apresentava-se com os "dentes todos da frente" (*D. P.*, 14/5/1859). Seco de corpo e, ao que parece, igualmente vigoroso, apresentava-se o escravo crioulo Lourenço, que no mesmo ano fugiu de um Francisco Cavalcanti de Albuquerque, tendo ao pescoço um gancho "fechado a cadeado" e nos braços "algemas", por ter feito já "várias fugidas" (*D. P.*, 14/11/1859).

"Seis dedos em cada mão" tinha o escravo Manoel, que em 1864 fugiu da casa dos seus senhores (*D. P.*, 14/1/1865); "marcas grandes de vacina" assinalavam os braços do escravo Custódio (*D. P.*, 14/2/1865). Rosa, nação Baca, alta, seca, com cicatriz por cima do peito, tinha "a perna esquerda mais grossa do que a outra" (*D. P.*, 21/6/1834); "um tanto acarcunda" e de "mãos calejadas por ser meio-oficial de pedreiro" era Manoel, Congo, de 18 anos e "sem ponta de barba" (*D. P.*, 2/6/1834); Angola de "orelha furada" era o negro de "pernas grossas" chamado José (*D. P.*, 12/6/1834); "seis dedos em cada pé" distinguiam Elias, negro muito preto (*D. P.*, 12/6/1834); "banzeiro das pernas" – talvez por ser canoeiro – era o Angola João Chagas (*D. P.*, 16/6/1834); "Mãos muito calejadas e tortas por ser carpina" assinalavam o Caçanje de 20 a 22 anos chamado Antônio, baixo, grosso e cara redonda (*D. P.*, 16/6/1834); desdentada e fumadora de cachimbo era a preta Pulquéria (*D. P.*, 13/9/1856); marcado de sinais de "castigos recentes" nas nádegas era o adolescente crioulo de "semblante tristonho", de pés grandes e de pernas compridas, chamado Germano, que em 1870 fugiu de um engenho de Sirinhaém (*D. P.*, 6/4/1870); "muitos sinais de queimadura pela barriga", além de "marcas de castigo pelas nádegas", deformavam o corpo do também adolescente de 16 anos chamado Gregório, de cor fula, de olhos vivos, de pés curtos e pequenos e de bonita figura (*D. P.*, 6/4/1870); Manoel, negro espigado e de "canelas finas", usava o chapéu sempre para o lado, a fim de encobrir a falta de um pedaço da orelha (*D. P.*, 1/4/1870); Caçanje de "nádegas um tanto arrebitadas" era a preta Joaquina, que, tendo sido de cozinha, dizia o anúncio de sua fuga que andava "um tanto porca" (*D. P.*, 1/7/1845); canhota era a preta Ricarda, "mais ou menos alta, seca, cabeça chata, cara redonda", que, "muito pachola", gostava de "súcias e batuques" (*D. P.*, 16/7/1845); "talhos em circo no pé das orelhas" marcavam o rosto de Simeão, de nação Moçambique, alto e cheio de corpo (*D. P.*, 24/4/1865); o escravo Francisco, de 23 anos de idade pouco mais ou menos, grosso de corpo e de dentes perfeitos, que em 1865 desapareceu da casa dos seus senhores, tinha no braço direito um "signo-de-salomão", abaixo do qual ostentava – já foi recordado este pormenor romântico – "um coração feito com tinta azul", em cujo centro se viam as iniciais MNIIMN; a 16 de setembro de 1845, Paulino

Augusto da Silva Freire anunciava a fuga do seu preto José de Angola, com "cicatrizes frescas nas nádegas" (*D. P.*, 25/9/1845); cabelos já brancos na cabeça e na cara assinalavam a escrava Bárbara, que costumava levar à cabeça um pano "como usam as Bahianas" (*D. P.*, 18/4/1870); "feições amacacadas" marcavam a pobre preta Rosa, baixa, cheia de corpo, de nádegas empinadas, de andar cambaio (*D. P.*, 30/1/1850).

Muitos os escravos gagos; muitos negros de fala atrapalhada; vários os de "olhar amortecido" a acentuar em rostos tristes o "semblante de quem sofre", a contrastar com os "olhos vivos", "abugalhados", "apitombados" de tantos outros quase caricaturados noutros anúncios. "Semblante de quem sofre", de que fala romanticamente um dos anúncios. Merecem essas falas e esses olhares, assim excepcionais, um estudo à parte. Eram expressões senão de corpos propriamente ditos, de personalidades deformadas: de distúrbios ao mesmo tempo físicos e psíquicos. E há anúncios que nos permitem associar ao arredondado de formas pícnicas, o caráter ciclotímico; à extrema magreza de longilíneos, o ânimo introvertido caracterizado pelo olhar amortecido ou pelos "olhos fundos".

A gagueira de vários dos gagos que passam pelos anúncios de negros fugidos nos jornais brasileiros do tempo do Império talvez resultasse de experiências extremas de medo ou de pavor de crianças ainda inermes, que o despotismo dos seus senhores severamente autoritários tivesse traumatizado ou aterrorizado para sempre. A "fala atrapalhada" tanto podia ser consequência de pavores dessa espécie quanto da dificuldade experimentada por alguns escravos, africanos natos, de ouvido menos agudo, em aprenderem a língua portuguesa. E o "olhar amortecido" é possível que, tendo sido, em alguns casos, o olhar de sofredores no corpo de um regime de trabalho e de vida duramente contrário à sua índole, fosse, noutros casos, o olhar de indivíduos sexualmente insatisfeitos ou sexualmente desajustados nos quais a situação de escravos só fizesse agravar essa insatisfação, separando-os por vezes de malungos que fossem para eles mais do que os "melhores amigos" da tradição de Dahomey.

Deve ser destacado o fato de ter havido mais uma vez apego sentimental da parte de brancos para com filhos de escravos: meninos batizados como forros, que cresceram como filhos de famílias senhoris. Tal o caso do "pardinho Martiniano", acerca de quem apareceu no *Diário de Pernambuco* de 6 de agosto de 1859 não um anúncio, mas uma declaração, em que se assinalava ser o pardinho "forro e como tal já batizado", ainda que filho da escrava Felipa, adquirida por Francisco da Costa Arruda e Mello e Ignácia Maria dos Prazeres Arruda. Enquanto Martiniano era assim mimado por gente branca e sinhá, outro menino de cor – um molequinho de 7 anos de idade – era posto à venda ao lado de um cavalo grande, próprio para cabriolé, na cachoeira de Cláudio Dubeux (*D. P.*, 20/9/1859).

Estevão, moleque crioulo de 15 anos, seco de corpo, bem preto e bonito, tinha "marcas de bacalhau no corpo" (*D. P.*, 8/9/1838); Pedro, nação Longo, além de "cabeça sem cabelo no alto, parecendo [o cabelo] comido pelo trabalho de carregar [peso]", apresentava-se "sem dentes na parte de cima" (*D. P.*, 14/8/1838); Francisco, nação Caçanje, tinha "em cima do peito uma marquinha" (*D. P.*, 25/8/1835); Joaquim, de nação Congo, tinha "os dentes da frente aparados" e "uma marca de sua terra no braço" (*D. P.*, 27/1/1840); Clemente, cabra alto, nascido já em Pajeú, tinha entretanto os "dentes limados" (*D. P.*, 27/1/1840) como se fosse negro de nação; o alegre Apolinário, crioulo a quem faltava cicatriz de qualquer espécie, era "tocador e gostava de andar pelos batuques" (*D. P.*, 14/1/1840), em contraste com o melancólico Domingos, seu companheiro de fuga, nação Angola, que costumava "andar de cabeça baixa" (*D. P.*, 14/1/1840) e talvez se envergonhasse de suas "marcas de nação"; Antônia, alta, cheia de corpo, com "falta de dentes na frente", tinha "uma cicatriz abaixo do queixo" (*D. P.*, 5/9/1857); Francisco, de nação Angola, em uma das orelhas ostentava "uma argola de ouro" (*D. P.*, 3/1/1840). "Brinco na orelha direita" ostentava também Sabino, de 34 anos, altura regular, cor fula, nação Moçambique (*D. P.*, 26/9/1841); a negra, evidentemente faceira, de nação Rebolo, que em 1840 desapareceu da casa dos seus senhores trajando "vestido azul com flores amarelas", ostentava "argolas de ouro pequenas nas orelhas", enquanto nas costas, cobertas pelo vestido azul, guardava "muitas marcas [...] de sinais de nação", além de levar no peito esquerdo "a marca MR" (*D. P.*, 29/8/1840); Paulo, "sujo de cozinha" e pescoço grosso, de nação Camundongo, tinha "a cabeça rapada" (*D. P.*, 18/9/1841); Joaquim, pardo escuro, fugido de um burguês, seco de corpo e de cabelos carapinhos, ainda que jovem de 22 a 24 anos, já o cabelo cortado aliás à nazareno – muito branco e "mãos muito calejadas" (*D. P.*, 30/10/1857); Benedito, crioulo canoeiro, tinha "no meio do rego do peito uma cicatriz grande e levantada" (*D. P.*, 5/9/1841); Isabel, negra de nação Congo, "baixa" e de "pernas finas" e "lábios grossos", era assinalada por "uma cicatriz na testa em cima do nariz fazendo uma pequena meia-lua" (*D. P.*, 5/9/1841) – marca que aparece noutros escravos retratados em anúncios brasileiros da mesma época; a mulata cabra, de nome Valentina, de "corpo seco" e de "olhos de gato", tinha "dentes aparados" (*D. P.*, 16/4/1840); "falta de dentes na frente" ostentava Gabriela, nação Angola, seca "de rosto e de corpo", "com uma marca debaixo do braço esquerdo" (*D. P.*, 10/4/1840); Domingas, nação Baca, tinha "o beiço de cima virado" (*D. P.*, 21/8/1840); Maria tinha a assinalá-la uma cicatriz prosaica: a de uma dentada de cachorro em uma perna, junto ao calcanhar (*D. P.*, 21/8/1840); a escrava de nação Baca que a 6 de agosto de 1840 fugiu da casa dos seus senhores tinha sobre o peito direito uma marca: RX (*D. P.*, 13/8/1840); Joaquim, Angola, de "bonita figura", cerca de 16 anos, tinha "uma cicatriz no dedo imediato ao polegar da mão direita" (*D. P.*, 12/4/1842); Atanásio ostentava na "testa acarneirada [...] duas cicatrizes" (*D. P.*, 14/4/1842); Margarida, de 24 anos, ainda que crioula, tinha "falta de dentes na frente" e, quando ria, franzia "a cara toda" (*D. P.*, 29/4/1842); já Catarina, preta de nação, baixa e grossa, que em 1841 desapareceu da casa do tabelião Coelho, tinha "todos os dentes" e se lhe marcava o peito algum "sinal de nação", escondia-o "o pano da costa de uma lista branca e outra azul", que a "envolvia à moda bahiana" (*D. P.*, 25/11/1841); "uma queimadura de fogo nos peitos" assinalava José (*D. P.*, 12/11/1841); a "bunda empinada" e "os dedos [dos pés] muito curtos" e que pareciam "não ter juntas" eram as principais deformações que caracterizavam o corpo "cheio" e de "estatura regular" da escrava Cristina, crioula (*D. P.*, 11/11/1841); o também crioulo Alexandre, de "fisionomia alegre" e "cheio de corpo", cerca de 24 anos, "bonita figura", tinha "os dentes limados", sua "fisionomia alegre" contrastando com o "semblante triste" do também bonito Roberto, seu companheiro de fuga; um Roberto "seco de corpo", de "pernas finas" e de "pés um tanto grandes" (*D. P.*, 18/9/1841); um "pequeno talho no pé ou canto da boca do lado esquerdo" marcava o rosto do moleque de nação de nome Antônio, de cerca de 18 anos (*D. P.*, 6/9/1841); "uma marca na fonte direita e outra no pulso do braço do mesmo lado" assinalavam a moleca de nome Maria, de nação Benguela (*D. P.*, 4/2/1841); "o melhor sinal" que distinguia o escravo de nome Pedro, nação Angola, era o de "cicatrizes nas nádegas, velhas de surra" (*D. P.*, 23/8/1841); Benedito, nação da Costa, "maior de 50 anos, alto, seco e pele do rosto franzida", tinha "as mãos bastante calejadas e também foveiras em razão de ter sido bastante tempo caranguejeiro" (*D. P.*, 17/2/1842); Catarina, de nação Rebolo, de 25 anos de idade, "baixa" e de "olhos esbugalhados", pano-da-costa ao ombro, tinha pelo corpo todo "marcas de sua terra" (*D. P.*, 17/2/1842); tinha "uma marca bordada em cada um dos braços" o preto de nome Manuel, que a 2 de outubro de 1841 desapareceu da casa dos seus senhores, "levando vestido camisa d'algodão trançado, calças d'estopa e bonet ingles" (*D. P.*, 20/12/1841); Margarida, de "rosto grosseiro e meio beiçuda", tinha "um oito de conta em um dos peitos e nas costas dois ou mais calombinhos", além de falta de dente "na parte de cima da frente da boca" (*D. P.*, 5/7/1841); Félix, cabra e acaboclado, baixo, grosso de corpo, com o sotaque do sertão na fala por ser filho dos "recôncavos do Ceará", tinha "vergões no corpo" que dizia ser "de relho" (*D. P.*, 11/6/1841); Feliciana, de nação Moçambique, baixa, cor fula, ostentava "um buraco em uma das orelhas bastante grande" (*D. P.*, 4/3/1842); Joaquim, de nação Quiçamã, alto, bem feito de corpo, rosto redondo, tinha "uma orelha furada" e "em cima do peito" este sinal: OO; no braço esquerdo, ostentava um R (*D. P.*, 8/3/1842); "falta de dentes na frente da boca" assinalava, como se fosse marca de nação, o rosto de Dimissiana, que entretanto era crioula de seus 30 anos, seca de corpo, estatura média, pernas finas (*D. P.*, 18/7/1839); o moleque Felisberto, que a 25 de junho fugiu do Sítio do Cajueiro, era Angola, ostentando no peito a letra L e nas costas outras cicatrizes (*D. P.*, 12/7/1839); Antônio, de nação Benguela, tinha "pelos peitos dos pés algumas pequenas cicatrizes" (*D. P.*, 4/1/1842); o escravo fulo, alto, seco, que em 1842 fugiu do Engenho Pupicu, apresentava-se "desdentado" (*D. P.*, 10/1/1842); "robusto", "bem feito de corpo", o moleque Joaquim, de nação Angola, tinha entretanto o corpo marcado por "muitas feridas de boubas" (*D. P.*, 15/1/1842); "um talho sobre o olho direito" assinalava o rosto de Maria Benedita, de nação Benguela (*D. P.*, 21/1/1842); tinha "as costas talhadas com a marca de sua nação" o escravo Domingos, que em 1845 fugiu do Sítio do Arraial, da viúva de João Carlos Pereira de Burgos Ponce de Leon (*D. P.*, 29/12/1845); "seco de corpo", o moleque Benedito, de 15 anos, distinguia-se por uma cor amarelada que talvez fosse de doença que também lhe afinasse o corpo (*D. P.*, 23/3/1846); tinha "um calombo em um dos dedos da mão direita" o crioulo de nome Antônio, "cheio de corpo", barbado, "cantos na cabeça", que em anúncio publicado no *Diário de Pernambuco* de 25 de setembro de 1845 José Fernandes da Cruz dizia pertencer-lhe por compra a João Ferreira de Almeida Calado; o moleque que, em 1844, fugiu da casa de Augusto Corbett, no Recife, crioulo de nome Capucá, era baixo, robusto e bem parecido, e "com as duas presas de menos na parte superior por estar em princípio de muda" (*D. P.*, 16/8/1844); "a mão esquerda do Congo de nome Jacob faltava parte do dedo mínimo" e no alto da cabeça ostentava ele um calo, talvez de carregar tabuleiro (*D. P.*, 4/9/1844); Clemência, de "nariz rombo", "seio caído" e "dentes limados", tinha no peito esquerdo uma marca que era "quase a figura de uma folha de árvore" (*D. P.*, 4/9/1844); "mãos grossas e calejadas de trabalhar no ofício de sapateiro" distinguiam o mulato Manoel, grosso de corpo e meio calvo, olhos grandes e nariz um tanto chato, que em 1843 fugiu do Engenho Macaco (*D. P.*, 25/8/1843); alta, avermelhada, magra, com os peitos apenas a saírem ou aparecerem, a Moçambique Joana apresentava o "rosto todo picado da testa para a ponta do nariz, das fontes para as orelhas" (*D. P.*, 24/7/1843); alto e de pernas "um pouco acangalhadas" era o negro crioulo de nome Lucas, oficial de pedreiro (*D. P.*, 9/11/1843); alto, de bom corpo, "peitos saídos para a frente", o negro Estevão, de nação Galo, tinha "a barriga toda bordada e alguns talhos de sua nação num ou em ambos os braços" (*D. P.*, 13/11/1843); Maria, de nação Caçanje, alta e seca de corpo, em um dos braços tinha a marca B e em um dos peitos tinha "dois bicos" (*D. P.*, 10/8/1844); alto, seco de corpo, rosto descarnado, Domingos tinha "as palmas das mãos gretadas de calor de fígado" (*D. P.*, 15/9/1844); "cicatrizes nas nádegas e pelo corpo, de castigo", assinalavam o escravo João, de nação Quilhimane, alto e seco, cor muito retinta, e que era, entretanto, um homem de falas mansas" (*D. P.*,

15/1/1844); de "pernas um tanto cambaias", Benedito, moleque seco de corpo e um tanto fula, era "ronceiro no andar e alguma coisa banzeiro" (*D. P.*, 23/8/1844); Raimundo, que em 1844 fugiu do Engenho Caramba, ainda que de "pernas arqueadas", "era esperto no andar" (*D. P.*, 9/7/1844); João, de nação Caçanje, de 24 anos, "alguma coisa alto", dentes "muito alvos", serrador, pés grossos e chatos, pachola, sempre com um cacetinho na mão, tinha os "dois dentes da frente da parte superior" abertos para os lados (*D. P.*, 15/7/1844); José, de nação Caçanje, seco de corpo, fulo, "ainda bucal", tinha em cima do peito a marca P (*D. P.*, 1/7/1844); "nádegas cicatrizadas de relho" assinalavam o corpo do escravo Antônio, Angola, alto e seco, desdentado na frente (*D. P.*, 11/5/1844); "nádegas saídas para fora" deformavam o corpo da escrava Maria, de nação Caçanje, "baixa e de rosto feio", "os olhos aboticados", mãos fouveiras, ambas muito grandes (*D. P.*, 17/11/1843); barrigudo, o escravo Angola Francisco, por alcunha Chico-Rico, era barrigudo e tinha "os pés redondos" (*D. P.*, 17/11/1843); a negra Teresa, de nação Luanda, sempre de pano-da-costa por vender perfumarias em tabuleiro, tinha as costas "cheias de costuras levantadas" e o dedo mínimo de uma das mãos aleijado (*D. P.*, 27/11/1843); "dois ou três talhos atramelhados nas faces" apresentava o escravo de nome Inácio, de nação Nagô, que em 1844 fugiu do patacho Feliciano (*D. P.*, 12/3/1844); Nicolau, fugido no mesmo ano do lugar Riacho Doce, tinha no pé direito "um dedo cotó" (*D. P.*, 9/3/1844); com "dois dentes de menos na frente da parte superior", José Ponchete, de nação Moçambique, "altura mais que regular e seco de corpo", costumava ter "sempre fumo na boca" (*D. P.*, 8/2/1844); pequena, magra, muito calada, a escrava Catarina, de nação Congo, tinha "um sinal junto ao nariz" (*D. P.*, 30/1/1844); de "dentes acangulados" e com "um caroço em cima do embigo" apresentava-se o preto Antônio, de nação Angola, baixo e de "pés rachados" (*D. P.*, 9/12/1843); "alta e seca de corpo e um pouco corcunda", com argola de pedra em uma orelha, a preta Rosa era das que não se separavam do pano-da-costa (*D. P.*, 2/5/1843); os "pés largos" talvez fizessem de Joaquim, preto marcado de bexigas, homem de "andar vagaroso" e "passo miúdo" (*D. P.*, 6/5/1843); a Francisco, Angola, faltavam os dedos de um dos pés por lhe ter caído em cima "uma caixa de açúcar" (*D. P.*, 12/5/1843); Maria, Congo, alta e magra, com "o cabelo bastante grande e torcido", tinha "alguns dos dedos das mãos tortos" (*D. P.*, 19/5/1843); João, de nação Urubaco ou Carminda, de 26 a 30 anos, alto, bonita figura, rosto redondo, tinha "marcas de chicote nas costas e nas nádegas" (*D. P.*, 6/7/1843); de bonita figura e rosto redondo era também Miguel, de nação Moçambique, que tinha "peitos como os de mulher" (*D. P.*, 6/7/1843); em compensação, a negra Domingas, de nação, vistosa e barriguda, era uma mulher "sem peito" (*D. P.*, 8/7/1843); a escrava moça que em 1843 fugiu de Apipucos era alta, seca de corpo, de olhos fundos, dentes alvos, peito pequeno e "pés um tanto apalhetados" (*D. P.*, 14/7/1843); baixo e de pés longos, o escravo de nome Torquato, fugido do Engenho Arassu, tinha a "boca trombuda com falta de dentes" (*D. P.*, 14/11/1843); o preto Joaquim, além de uma coroa [de carregar peso] no meio da cabeça, tinha "escrotos crescidos" (*D. P.*, 10/11/1843); o moleque Júlio, vendedor de canjica, de nação Benguela, tinha o embigo grande, do tamanho de um laranja" (*D. P.*, 16/11/1843); alto, pernas finas, andando como quem não pudesse andar e falando descansado como quem quisesse chorar, João, de nação Congo, tinha os "olhos vermelhos" (*D. P.*, 18/11/1843).

O escravo Cesário, que em 1835 desapareceu da casa do seu senhor, o barbeiro José da Silva Coelho, de quem era oficial, tinha esta deformação profissional: "as mãos talhadas de fio de barba" (*D. P.*, 17/11/1835). "Cangueiro no andar" era como se apresentava o escravo Antônio, Caçanje, de 36 anos, pouco mais ou menos (*D. P.*, 7/3/1857), o andar quase sempre traindo a profissão de escravo fugido, mas outras vezes caracterizando-lhe principalmente – no caso do "andar banzeiro" – o temperamento ou algum estado patológico: o próprio mal do banzo.

— Havia, porém, muito andar anormal devido a pés deformados. Leandra, por exemplo, crioula de estatura ordinária, de 26 a 30 anos, seca de corpo, cor fula, dentes alvos, pano-da-costa ao ombro, andava "com o curso do pé direito para fora" (*D. P.*, 16/1/1838). Ignácio Crioulo, quando andava, caía "com o corpo para diante": defeito dos pés (*D. P.*, 25/5/1840). José de Angola, fulo de boa altura e pouca barba, tinha "os pés grandes e mal feitos" (*D. P.*, 4/9/1835). João Carneiro, Angola que em 1834 fugiu da cidade de Fortaleza, tinha, além de "olhos papudos e encarniçados", um "rosto comprido e descarnado

[...] canelas curtas, pés grossos e cambados e os dedos inclinados para dentro" (*D. P.*, 27/11/1835). Vários os que, como Vicente, pisavam de modo "um pouco esbarrado e apapagaiado, com os dedos grandes dos pés abertos para dentro" (*D. P.*, 18/4/1850). Joaquim apresentava-se com os dedos dos pés "torados" por "ter amassado cal com os mesmos e a cal lhe ter aberto feridas e comido os dedos" (*D. P.*, 31/3/1845).

Numerosos os negros de "coroa na cabeça [...] de carregar peso". Caetano, Angola que, em 1830, fugiu da casa do senhor (*D. P.*, 23/1/1830), representa um grupo considerável de pretos assim deformados pelo trabalho.

Também os de mãos tortas, além de calejadas pelo ofício: o caso de Antônio, Caçanje, carpinteiro (*D. P.*, 16/6/1834). O de Moraes, que em 1833 aparece num anúncio de negro fugido no *Jornal do Commercio*, do Rio de Janeiro (3/1/1833), com dedos de alfaiate: dedos deformados pelo ofício de costurar roupa de homem.

O negro Luís é outro que surge num anúncio do *Diário do Rio de Janeiro* de 1838 (2 de janeiro) com o dedo picado de agulhas de debruar tamancos. Francisco, Angola, tinha "nas juntas dos dedos das mãos, calos de amassar pão" (*D. P.*, 8/8/1833). Ignora-se o motivo da mão aleijada da escrava Rita, pequena e seca, que em 1858 fugiu da casa dos seus senhores: talvez fosse deformação profissional (*D. P.*, 12/1/1858). Defeito de deformação profissional de corpo parece ter sido igualmente o andar "embalançado e caído para diante" do Angola Tomas, que em 1858 fugiu do Engenho Piabas de Cima (*D. P.*, 19/3/1858); ou o "andar acelerado" do negro Sátiro, que em 1857 fugiu do Engenho Dois Irmãos, em Apipucos (*D. P.*, 14/12/1857). Entretanto, havia escravos fugidos que manquejavam no andar, em consequência de castigos ou surras: o caso de Joaquim, que em 1845 fugiu de Alagoas (*D. P.*, 31/3/1845). Também dos castigos resultavam deformações de corpo entre os negros, que os anúncios de escravos fugidos revelam do mesmo modo como revelam as deformações consequentes de incisões, de furos, de talhos e tatuagens tribais ou rituais – inclusive dentes limados, também por motivos rituais – e as causadas por doenças – inclusive os "peitos de pombos" do raquitismo – e por ofícios e atividades profissionais exercidas sob a constante vigilância de senhores ou feitores exigentes. Isto sem nos referirmos àquelas deformações que caracterizavam, na população das senzalas brasileiras do século passado, grupos étnicos: a esteatopigia das mulheres hotentotes, por exemplo. Suas "nádegas empinadas", "suas bundas grandes", seus traseiros "arrebitados".

As deformações tribais confundiam-se, por vezes, com as marcas de fogo que estigmatizavam os escravos como tais para a vida inteira. Aquelas, eles as ostentavam com orgulho; estas, para alguns, seriam uma humilhação constante, a deformação do corpo juntando-se, nesses casos, à do espírito. Também se confundiam com as tatuagens individuais, por motivos quase sempre amorosos, sem que os profiláticos ou mágicos estivessem ausentes em número considerável de casos. Devia ser deste caráter a tatuagem – um coração feito com tinta azul, tendo no centro as iniciais MNIIMN – que ostentava no braço direito escravo Francisco, negro pachola "que fugiu em 1834 da casa dos senhores". Mágicos eram o signo-de-salomão e a cruz que marcavam o braço de outro Francisco, este "mulato alvo" (*D. P.*, 28/3/1834), ao passo que "os talhos à imitação de pés de galinha" que Teresa, de nação Beni, ostentava, "no lugar das fontes", eram caracterizações de "nação" ou de tribo (*D. P.*, 15/3/1834). "Sinais de sua terra" dizem dessa espécie de deformação numerosos anúncios de escravos fugidos.

Tatuagens de arabescos, flores, símbolos (cruzes, corações, âncoras etc.), monogramas, nomes próprios, chegaram, aliás, até nossos dias, como sobrevivência de pacholice ou de religiosidade não só da parte de escravos negros, como de marujos livres e brancos. Confundiram-se as duas tradições.

Dessas tatuagens, umas azuladas, outras vermelhas, várias eram abertas no peito do indivíduo. Outros, porém, as preferiam nos braços; alguns, em partes mais íntimas ou mais significativas do corpo: nas nádegas, por exemplo. E também nas coxas. Nos peitos, recortavam-se às vezes imagens de mulheres nuas; mas também – em contraste com esse escândalo sexual – cruzes, Cristos, São Jorges, signos-de-salomão. Todas elas deformações de corpo, maiores ou menores, causadas por estilete ou agulha; e que, de costume ou rito, muito seguido no Brasil por escravos – talvez sob a influência das incisões, entre alguns deles quase sagradas –, passou a costume ou ritos seguido por capoeiras, malandros e pivetes livres, mas quase todos, a seu modo, supersticiosos ou adeptos de mágicas ou de ritos secretos, no Rio de Janeiro e noutras cidades do Brasil. Algumas dessas tatuagens, recolheu-as Ernesto Senna de criminosos detidos na Casa de Detenção do Rio de Janeiro, alguns dos quais descendentes de escravos, para documentação – documentação opulenta e de fazer inveja a um moderno antropólogo – do seu estudo, interessantíssimo e hoje raro, *Através do cárcere*, publicado no Rio em 1907. Trabalho de repórter que, extremamente consciencioso em seu modo de trabalhar para o jornal com que se identificou – o *Jornal do Commercio*, do Rio de Janeiro –, deixou-nos nesse e noutros livros material de considerável interesse, ora antropológico, ora histórico.

Ainda sobre mutilações em escravos, reveladas pelos anúncios de jornais brasileiros do século XIX: ao escravo Salvador, preto, alto, marinheiro, que em 1859 fugiu da barca nacional *Santa Maria da Boa Sorte*, faltava uma orelha (*D. P.*, 4/1/1859). O escravo de nome Júlio, que em 1859 fugiu de um armazém de açúcar, apresentava-se com duas marcas no rosto: um talho na testa, "proveniente de um couce de cavalo", e um "meio círculo (marca de Moçambique) entre as sobrancelhas" (*D. P.*, 7/1/1859). E quem visse a preta que em 1858, ao passar por um sítio da Madalena, na cidade do Recife, foi acometida por um pavão, que lhe deu uma bicada na cabeça e lhe fez "duas graves feridas nas faces com risco de cegá-la", talvez a supusesse marcada por mutilações de caráter tribal. A verdade é que a tatuara a sua maneira um pavão de casa de brancos fidalgos, contra o qual clamou naquele ano a imprensa da capital de Pernambuco (*D. P.*, 9/8/1858).

Não são poucos os escravos fugidos que só faltam sorrir para nós dos remotos anúncios onde aparecem, tal a alvura dos seus dentes: "dentes alvos e todos são na frente" como os de Mateus, que a 15 de novembro de 1836 foi encontrado no Engenho Tapera, montado em uma égua ruça que furtara (*D. P.*, 10/12/1836). Negrinho de "dentes largos e nariz xato" era Anacleto, criança de 8 anos que, ainda em 1836, fugiu dos seus senhores; e que, ainda tão menino, já tinha "calos nas mãos e marca de relho nas costas" (*D. P.*, 7/10/1836). "Lábios finos com todos os dentes da frente" eram os do cabra sapateiro, seco de corpo, chamado Antônio, que no mesmo ano de 1836 fugiu da casa de Luís José Sampaio, da mesma cidade do Recife (*D. P.*, 8/8/1836). "Dentes bonitos" eram os de Sofia, que no dia 13 de agosto de 1836 fugiu de uma casa da Rua do Hospício, ainda do Recife (*D. P.*, 20/8/1836). Muitos eram, porém, os escravos fugidos que se apresentavam com "dentes limados": tal o caso de Cristóvão, de nação Angola, que em 1836 fugiu de Francisco José Tupinambá, morador na "cidade da Bahia" (*D. P.*, 16/3/1836). De "dentes limados" se apresentava também o negro "alto bastante e corpulento, bonita figura", chamado Lourenço e de nação da Costa, que em 1838 fugiu da casa do seu senhor, José Apolinário da Cunha (*D. P.*, 28/6/1838). A alguns faltavam os dentes: o caso de Manoela, "alta, cheia de corpo, cabelos amarelados, beiços grossos, sendo o de cima mais grosso que o de baixo", que no mês de março de 1834 fugiu de um sobrado do Pátio do Carmo, no Recife (*D. P.*, 13/3/1834). O caso, também, de Miguel, preto baixo e de pouca barba, nação Moçambique, uma cruz na testa feita na sua terra, que no dia 16 de agosto de 1836 fugiu da casa de Francisco Xavier Cavalcanti, do Recife (*D. P.*, 23/8/1836). Também faltavam dentes no negro de nome Marcelino, nação Cabinda, que na noite de 8 de fevereiro de 1857 fugiu do brigue Melampo: negro de altura regular, seco de corpo, rosto comprido, barba cerrada. O caso, ainda, do escravo conhecido por "Padre Monteiro", que em 1841 desapareceu da casa do seu senhor, Antônio da Silva Gusmão, do Recife: negro magro e sem dentes "por se terem quebrado de uma queda" (*D. P.*, 11/12/1841).

Teresa, nação Angola, de 28 a 30 anos, "estatura proporcional, cabeça redonda, olhos grandes, nariz chato", tinha "dois dentes da frente da mandíbula superior quebrados" (*D. P.* 6/9/1838); Delfina, de nação Baca, corpo proporcional, altura regular, boca grande, dentes muito alvos, tinha no braço direito e no mesmo ombro, quase junto ao pescoço, "umas marcas grossas da sua nação" (*D. P.*, 16/9/1838); Joaquina, nação Benguela, estatura ordinária, cheia de corpo, sobrancelhas fechadas, tinha uma grande cicatriz ou marca de fogo no peito esquerdo – a marca XA –, além de "falta de dois dentes" (*D. P.*, 27/9/1838); seco de corpo, estatura ordinária, o aprendiz de sapateiro Severino tinha "uma cicatriz de um lado do nariz que se estende até a face" (*D. P.*, 25/9/1838); o crioulo Domingos, "muito dançador e cantador de chulas", não tinha o corpo deformado por marca somente de nação ou de propriedade: era também homem de "olhos zarolhos" e de "pés cambados" – talvez deformação por excesso de dança (*D. P.*, 28/9/1838); "muito regrista e afetado", o oficial de sapateiro Vicente andava "meio coxo" (*D. P.*, 26/2/1836); Rita, do gentio da Angola, de 27 a 28 anos, estatura mediana, cara larga, olhos grandes, todos os dentes, beiços finos, pés pequenos, tinha "os calcanhares saídos para fora", além desta curiosa deformação de corpo, que não deve ter sido incomum na sua época: algumas marcas de "mordeduras de sanguessugas acima do peito" (*D. P.*, 17/9/1835); Benedito, de nação Rebolo, de 17 a 18 anos, com "2 sinais pequenos por cima dos olhos", distinguia-se como "ladino muito gigante" (*D. P.*, 1/8/1838); Antônia, de nação Congo, estatura ordinária e seca de corpo, tinha "uma costura no nariz", além de "falta de dentes adiante da parte de cima" (*D. P.*, 23/6/1836); Ricardo, espadaúdo e bem feito de corpo, tinha nos peitos uma "cicatriz pequena de uma suchada que forma um pequeno botão" e os dedos dos pés – "pés pequenos" – tão curtos que pareciam "aparados"; Damião, alto, magro, "algum tanto desdentado", era também "cambado das pernas" (*D. P.*, 14/4/1838); Martinho, oficial de sapateiro, meninote de 14 para 15 anos, seco de corpo, cor fula, boca grande, beiços grossos, tinha "a orelha esquerda repuxada para cima" (*D. P.*, 28/4/1835); Luís de nação Moçambique e fulo, tinha um dedo de menos em um pé" (*D. P.*, 25/2/1839); Francisco, Congo, de 10 a 12 anos, de "olhos muito vivos e abogalhados", tinha "2 ou 3 pequenos talhos pouco abaixo de uma das fontes" (*D. P.*, 15/2/1839); alta e seca, Francisca, de nação Costa, era gaga e tinha "perna direita torta" (*D. P.*, 15/2/1839); Serafim, cabra seco de corpo e de pouca barba, tendo sofrido de "bicho em pequeno", apresentava-se de "dedos arrebitados" (*D. P.*, 28/2/1835); "marcada de bexigas" – o caso de muito escravo fugido – apresentava-se Rosa, de nação Benguela, que tinha também "uma cicatriz de queimadura no pulso do braço esquerdo" (*D. P.*, 14/2/1835); marcas de corrente nos pés e de ferro no pescoço – castigos a negros fugidos quando recapturados pelos senhores – assinalavam Sebastião e Joaquim, que, um seco e outro cheio de corpo, insistiram em 1835 em repetir a aventura da fuga (*D. P.*, 14/2/1835); uma "marca de talho" que principiava num dos cantos da boca e ia até o queixo distinguia José – cabra tão hábil que já tivera a habilidade de ser soldado de primeira linha, tendo servido na Corte (*D. P.*, 19/4/1839); Estevão, crioulo de 40 anos, cheio de corpo e muito ladino, tinha "por sinal mais saliente [...] calombo no pescoço" (*D. P.*, 11/4/1838); a Joaquim, escravo de 16 a 18 anos, faltava um dedo na mão direita (*D. P.*, 30/3/1839); "três calombinhos entre os peitos" assinalavam o escravo Antônio (*D. P.*, 20/12/1838); com "uma marca de relho e várias cicatrizes nas costas" se apresentava o moleque Caetano (*D. P.*, 6/12/1838); o escravo Antônio Benedito, nação Congo, conservava em uma das orelhas furadas "uma argolinha", apresentando também "uma cicatriz junto ao ventre" (*D. P.*, 15/11/1838); quase um João-monstro era o escravo João, que em 1838 desapareceu da casa dos seus senhores, no Recife: "torto de um olho", andava também torto ou de "uma banda" e era "muito mal ageitado", com "os peitos saídos para fora" e os "pés inchados" (*D. P.*, 10/11/1838); alto e seco, semblante alegre, Antônio, de nação Angola e ofício de ferreiro e caranguejeiro, tinha "uma das pernas zambas" (*D. P.*, 8/10/1838); com dentes limados se apresentava o mulato seco de corpo e barbado, de 40 anos, que em 1835 fugiu da casa dos seus senhores (*D. P.*, 29/9/1835); magra e "muito regrista", além de marcas de fogo pelas costas e sinais de chicotadas, a "não mal parecida" Damiana, de 18 anos, apresentava "cicatriz de um talho debaixo da barba, na qual nasceram alguns cabelos" (*D. P.*, 26/9/1835); Maria, de nação Angola, alta e cheia de corpo, tinha "nas costas um matame de calombos da sua terra" (*D. P.*, 27/8/1835); Benedito, nação Angola, de 25 anos, estatura baixa, tinha "um dedo da mão esquerda cortado pelo meio e uma cicatriz em uma das faces" (*D. P.*, 18/1/1839); nariz furado, dentes limados, talhos na testa juntavam-se, como sinais de nação, para distinguir Rosa, do gentio da Angola, 24 anos mais ou menos, grossa de corpo, "camisa toda aberta de renda e bico" (*D. P.*, 7/1/1839); Casimiro, escravo magro que em 1833 fugiu da casa dos seus senhores no Rio de Janeiro, tinha "a perna torta no joelho que hum toca com outro" (*J. C.*, 13/4/1833); Ignácio, nação Inhambane, de cor preta, cara redonda, além de "hum joelho mais grosso que o outro que o faz um tanto coxo", tinha "sinais de sua terra ao lado no nariz" (*J. C.*, 7/2/1833); Firmino, de nação Congo, que em 1833 fugiu da Rua do Sabão, no Rio de Janeiro, tinha na orelha furada "huma argola com uma meia lua pendurada" (*J. C.*, 20/2/1833); Firmino, de nação Congo, alto e magro, era outro que ostentava argola na orelha furada (*J. C.*, 5/4/1833); Luísa, de nação Mongola e de cor retinta, beiços finos, olhos grandes, peitos em pé e grandes, canelas finas e pé pequeno, "muito rapariga" e "espigadinha de corpo" tinha a "cara riscada": sinais de nação (*J. C.*, 8/1/1833); de "ambas as pernas inchadas" se apresentava a escrava Joaquina, "bastante alta e magra", que em 1849 fugiu da Rua do Jenipapeiro, na capital da Bahia (*A Marmota*, 13/6/1849); "pés cheios de bicho" deformavam o moleque José, que em 1849 se sumiu da casa de Antônio Francisco Gerardo, em Salvador (*A Marmota,* 14/8/1849); "cego do olho esquerdo" era o escravo Antônio, de nação Angola, alto e seco de corpo, que em 1830 fugiu da casa dos seus senhores no Recife e que tinha a assinalar-lhe também o corpo, além da "orelha esquerda furada", a boca torta "por lhe ter dado o vento" (*D. P.*, 20/5/1836).

Vários dos anúncios de escravos fugidos fixam pormenores de aspecto e de comportamento dos indivíduos que retratam com uma sagacidade rara em surpreender, dentre esses pormenores, pequenos-nadas expressivos, significativos, esclarecedores. A técnica, mais do que descritiva, interpretativa dos anunciantes, atinge, em alguns casos, uma altura que nos faz pensar em vocações encobertas para romancistas ou para psicólogos: para romancistas ingleses e para psicólogos vienenses. Também para clínicos: para clínicos franceses, do tipo dos que até há pouco levantavam intuitivamente diagnósticos de indivíduos das mais diversas procedências, sem recorrerem a exames nem de urina, nem de fezes, nem de sangue, nem de raios X, em vários casos acertando no diagnóstico e até conseguindo a cura dos enfermos.

"Muito amarelo por estar doente de frialdade", diz-se do escravo Antônio, que no dia 21 de outubro de 1843 fugiu da casa dos seus senhores, levando "camisa e ceroulas de algodão da terra" e uma "baeta encarnada", decerto para se resguardar do sereno (*D. P.*, 24/10/1843). "Meio embaraçado" nos seus modos e "de fala muito vagarosa" era o cabra de 20 anos, que no mesmo ano fugiu do "cirurgião Peixoto, morador no caminho dos Aflitos" (*D. P.*, 19/9/1843). "Olhos apitombados" tinha a evidentemente bem caracterizada (quanto ao seu tipo clínico) escrava Maria Joaquina, de cor "alguma coisa fula" (*D. P.*, 1/7/1842). E de outra Maria informava o anúncio de sua fuga que tinha "as juntas" dos dedos tortos das mãos "enchadas" (*D. P.*, 6/7/1843): pormenor também clínico. De Joaquim, de nação Cabinda, moleque de seus 15 anos, seco e alto, dizia o seu senhor, em anúncio, que era "muito vigilante", além de "bem parecido": moleque atento a quanto se passava em torno dele (*D. P.*, 7/6/1844). De um Dr. Benedito, da Paraíba, fugiu um escravo que era mulato claro e gordo; e, quanto ao caráter, "muito capadócio" e "muito sonso" (*D. P.*, 27/7/1844); a 4 de fevereiro de 1841 fugiu do Engenho Tapicu um escravo de nome Pedro, crioulo, de 40 anos de idade, de olhos "um tanto empapuçados" e pernas "cabelludas", de rosto redondo e altura regular, que era tocador de viola, "amigo de funções" e gostava muito de assobiar e de cantar" mormente "quando trabalhava; e quando olhava para qualquer pessoa a quem tinha respeito" – note-se a finura deste informe – era "sempre de travez", além do que falava de maneira "branda e compassada"; tudo isto não o impedindo de ter às costas "marcas de chicote bem vizíveis" (*D. P.*, 1/2/1844); "fala descansada" – "por ser criado no sertão", adverte o anúncio, precisando a causa antes cultural ou social que constitucional de semelhante fala – tinha o moleque crioulo Roberto, baixo e de pés e mãos grossos (*D. P.*, 21/12/1843); "fala alguma coisa fanhosa" caracterizava o escravo Manoel, de 23 anos, "quase cabra", estatura mediana, grossura proporcionada, sobrancelhas um tanto cerradas, nariz afilado, beiçudo, que talvez fosse cria e mesmo filho, vendido para a Paraíba, de onde fugira, de algum Wanderley, senhor de engenho de Sirinhaém e Rio Formoso – gente famosa pela fala descansada e fanhosa e pelo penhor dos homens alvos e louros para os amores extraconjugais com mulheres de cor; "um tanto caturro" era o moleque Francisco, de nação Bié e de 12 anos pouco mais ou menos, que, entretanto, já falava bem o português e tinha a cabeça e os olhos grandes, os pés pequenos, as pernas curtas, a orelha esquerda furada, bouba nos calcanhares; negro de "fala fina" era Antônio, de "nação Congo, baixo, grosso e de pouca barba", dois dentes faltos na frente do queixo de cima (*D. P.*, 1/8/1843). A "fala fina" era característico de numerosos escravos fugidos: alguns deles talvez efeminados ou eunucóides, a cuja delicadeza de corpo repugnassem trabalhos másculos em engenhos, armazéns, fazendas e mesmo residências; parecendo ser "muito sonso" e sendo "grande capadócio" era o pardo João, que fugiu todo janota da casa do seu senhor, vestido de jaqueta de lila preta, de calças de riscado, calçado de "sapatos abotinados franceses", e levando à cabeça o "chapéu de seda" como se fosse bacharel de Olinda ou doutor da Bahia (*D. P.*, 28/11/1843); de "fala desembaraçada" era o negro Noberto, de olhos grandes e de barba (*D. P.*, 24/10/1843); e de "cabelo cacheado" e de "rosto um tanto gordo" era o escravo pardo acaboclado que a 22 de janeiro de 1844 fugiu da Ladeira da Misericórdia, na cidade de Olinda, da casa de Claudino José dos Santos Leal, estudante de preparatórios (*D. P.*, 27/1/1844); e faltam-nos infelizmente informações de valor além de sociológico, psicológico e até clínico, sobre a figura ou o corpo da escrava da Costa, que no dia 18 de maio de 1844 tentou assassinar, em Pernambuco, sua senhora, uma Santos Neves, dando na mesma um talho de faca no rosto que, "principiando no alto da cabeça e acabando no lábio inferior, lhe partiu o nariz". Tendo a criminosa pretendido, segundo alguns, suicidar-se, havia, com efeito, retalhado a própria cabeça (*D. P.*, 20/5/1844).

Eram, segundo parece, escravos desse tipo agressivo e até perigoso que os senhores das províncias do Norte preferiam vender, na segunda metade do século XIX, para "fora da província". Esses e os feios, os desajeitados, os vadios, embora robustos. Mas sem que os compradores deixassem de estar atentos, senão àquele aspecto, aos mais ostensivamente eugênicos e econômicos: a saúde, a robustez, a mocidade, a própria beleza de corpo. Daí anúncios como este, que se tornaram comuns em jornais do norte do Império durante a segunda metade do século XIX: "Compra-se efetivamente para fora da província mulatos, negros e moleques de 12 a 20 anos, sendo bonitos, pagão bem" (*D. P.*, 22/9/1843).

Vários os escravos quase idealmente eugênicos. Francisco, do gentio Angola, que em 1835 fugiu dos seus senhores, era homem de "bonita figura, estatura mediana, suíça, bem feito de pé e de perna, meio fulo" (*D. P.*, 26/11/1835). "Bem feito de corpo", "alto", de "pés e mãos compridas" era também o pardinho Antônio, oficial de sapateiro que, na mesma época, desapareceu da oficina onde trabalhava (*D. P.*, 27/11/1835). "Bem feito de corpo", de "estatura regular", de "20 anos de idade" era o negro que em 1839 fugiu da Rua da Cadeia, no Recife, vestido de camisa e de calça de brim (*D. P.*, 17/8/1839). "Alto, de bom corpo", era João Bum-Bum, que em 1840 fugiu do Engenho Matapagipe juntamente com Joaquim Bandeira, moço de "estatura ordinária", "seco de corpo", "boas feições", "dentes bons e abertos" (*D. P.*, 25/5/1840). "Molecão de muito bonita figura" era o que se vendia em 1849 na Rua da Alfândega, no Rio de Janeiro (*J. C.*, 11/7/1849). "Bem afigurado" era Gonçalo, que em 1835 fugia do Engenho Congassaru (*D. P.*, 14/5/1835). "Bem feita de corpo" e de "pés secos e bem feitos" era Maria, que em 1836 desapareceu da casa dos seus senhores (*D. P.*, 21/7/1836). "Boa figura" era, ainda, a de Engrácia, crioula de 22 anos, "alta e cheia de corpo" e de "cor meio fula", que em 1835 fugiu dos seus ioiôs, para os quais vendia "miudesas", trajando coquetemente vestido de sinhá: "vestido de mangas muito grandes" (*D. P.*, 3/11/1835). Fula de "pés finos" e vestido de chila era Benedita, que pertencia, ao que parece, a mulher mais preta do que ela: Sabina da Costa, liberta, moradora na Rua do Jardim, no Recife (*D. P.*, 10/2/1840).

Alguns dos fugidos ou expostos à venda, que vêm retratados nos anúncios de jornais brasileiros, podiam não ser figuras eugênicas, mas, ao contrário, cacogênicas: de pés apalhetados, de pernas tortas, de canelas curtas, de bocas sem dentes, de olhos papudos; ou de "bochechas encovadas", como era o caso do escravo João Camero (*D. P.*, 26/11/1835). Mas havia os que se apresentavam quase angélicos sob o aspecto moral. Em 1835 esteve para ser vendida no Recife uma negra crioula que, fiel o anúncio à realidade, era quase um anjo preto, não lhe faltando sequer "a bonita figura": "uma negra de bonita figura, de 25 a 26 anos, cose bem vestidos para senhoras, engoma, lava e trata bem do interior de uma casa, tem estado sempre recolhida e agora aproximadamente saiu do convento da Glória". O curioso, entretanto, é que o dono dessa joia de crioula trocava-a – havia, na época em apreço, muita troca de escravos entre senhores – por "uma negrinha sem defeito que tenha de 16 a 18 anos" (*D. P.*, 23/11/1835). Talvez por desejar, o dono da angélica cria de religiosas, escrava que, em vez de prendada para a vida apenas doméstica, fosse capaz de ir à rua ou ao mercado vender frutas do sítio do senhor: mangas, cajus, sapotis, que era também o ofício de Benedita, de nação da Costa, de 40 anos, que em 1857 desapareceu com frutas e tabuleiro, levando "vestido de algodão riscado, um pano-da-costa e um xale amarrado na cabeça (*D. P.*, 28/12/1857). De trajo quase igual ao dessa Benedita de nação da Costa, fugiu dos seus senhores, na mesma cidade do Recife, e no mesmo ano de 1857, outra Benedita, de nação Angola e de 30 anos, "baixa e grossa, pés grossos e chatos", mas vestida com tal apuro que devia ser negra prendada ou estimada pelo senhor: "vestido de assento branco com listras e pano-da-costa" (*D. P.*, 11/12/1857). É de presumir que os escravos que os senhores mandavam vender, fora de casa, doces, frutas, rendas, miudezas, fossem negros moralmente superiores: merecedores de uma confiança que nem todos os pretos mereciam dos brancos seus donos. Pois não nos esqueçamos de que a variedade de escravos com valores morais do ponto de vista dos seus senhores deve ter sido tão grande quanto a variedade de tipos físicos entre eles.

Curioso não aparecerem, entre os negros fugidos que passam pelos anúncios de jornais brasileiros do século XIX, catimbozeiros ou bruxos que fossem caracterizados como tais. Pelo menos não posso dar notícia de nenhum que fosse descrito por qualquer atividade cabalística: a de curandeiro ou a de feiticeiro ou a de bruxo. Nem negro nem negra. Nem negro velho nem negra velha. Apenas alguns são apresentados como pretos tão feios de feições, tão corcundas ou aleijados das costas, tão tronchos das pernas, tão apalhetados dos pés, tão esfumaçados dos olhos, tão "carregados de semblante", tão tortos das bocas, tão monstruosos de corpo, que diante deles nos vem a suspeita: talvez fossem africanos dados a artes negras trazidas da África para o Brasil nos navios negreiros. Talvez fossem feiticeiros – dos que matavam e aleijavam brancos inermes com seus feitiços ou suas artes. É que não nos furtávamos ao pendor de associar ao feitiço ou à bruxaria dessa espécie aquelas africanas com aparências de "mouras tortas" e aqueles negros com o aspecto de "negros de surrão", consagrados pelo folclore da nossa gente como terríveis mestres de catimbó: conhecedores de ervas venenosas e de pós misteriosos.

Talvez fosse dada a feitiçarias a preta Catarina, de olhos vesgos e com o beiço de cima furado e de pés apalhetados, que em 1834 fugiu da casa dos seus senhores (*D. P.*, 4/1/1834); talvez fosse catimbozeiro já sincretista nas suas práticas o escravo de cara bexigosa Francisco, de cabelo frisado e "com um signo-salomão" num braço e "uma cruz" no outro, que no mesmo ano fugiu de um Guedes da Ilha de Itamaracá (*D. P.*, 28/3/1834); ou o escravo de cor foveira e fisionomia "sevandija" de que fala um anúncio no *Diário de Pernambuco*, de 25 de fevereiro de 1834, recomendando-o aos "capitães de campo". ("Capitães-do-mato" eram chamados os indivíduos que se incumbiam de capturar escravos fugidos, mas em alguns anúncios aparecem como "capitães-de-campo".) Não consta que fosse escravo o preto da Costa que, segundo não anúncio, mas notícia, no *Diário de Pernambuco* de 7 de fevereiro de 1859, se achava "instalado" na Estrada de João de Barros, no Recife; e que "se inculcando amestrado na arte do feitiço, tem conseguido embair boa porção de crédulos que a ele têm feito consultas mediante boa paga!". Sabemos terem sido numerosos os escravos feiticeiros no Brasil, sendo de supor que seus grandes redutos estivessem na Bahia e no Rio de Janeiro, em Pernambuco e no Maranhão. Mas não teriam faltado nem a Minas Gerais nem a outras áreas do Brasil por onde se estendeu o sistema escravocrático, contribuindo, paradoxalmente, não só o escravo como tal, como o negro, sob o aspecto de transmissor de cultura africana, para a unidade brasileira.

Interessante é encontrarmos em jornais do Rio Grande do Sul, como *O Povo* – órgão da República Rio-grandense que se publicava em Caçapava, tendo por lema "Liberdade, Igualdade, Humanidade" –, anúncios de negros fugidos, dos quais, fora um ou outro toque ou tempero regional, o sabor é o mesmo dos anúncios do mesmo gênero que na primeira metade do século XIX se publicavam em diários do Rio de Janeiro, de Salvador e do Recife. O que parece confirmar a tese, que venho há anos defendendo, de que o regime do trabalho escravo foi, no Brasil, pré-nacional e nacional, um poderoso elemento de unidade interprovincial, superior às divergências de ordem política e a outras dessemelhanças de caráter cultural e até étnico entre as várias províncias ou regiões do País.

Nos anúncios de escravos fugidos se exprime um apego ao escravo como instrumento de trabalho que não foi menor entre brasileiros do Rio Grande do Sul, proprietários de estâncias ou grandes fazendas de gado ou de charqueadas, do que entre fazendeiros de café do Rio de Janeiro (e depois de São Paulo) e senhores de engenho da Bahia, de Pernambuco e do próprio Maranhão, um Maranhão a que o folclore escravocrático atribuía, como a Minas Gerais, menos benignidade que a Pernambuco e à Bahia no trato de escravos por senhores. É o que claramente se vê através de anúncios significativos como este, extraído do *O Povo*, de 24 de abril de 1839: "Ao cidadão João Alves de Castro morador no 4º distrito de Paz do Município de Piratini, a 28 de fevereiro passado ha desaparecido hum escravo crotilo de nome Leandro, com sinais seguintes: alto, fula, cabelo ralo, pouca barba, pés grandes, hum dos dedos de huma das mãos arqueado para dentro, canhoto mas a cavalo laça com mão direita, bom domador e campeiro, quem dele souber e avizar ou entregar ao anunciante nesta Villa ou na Fazenda do Arroio Grande, de sua propriedade, ou ao Juiz de Paz do 1º Distrito da Cidade de Piratini, terá boas alviçaras". Ou este, extraído do mesmo *O Povo*, de 13 de julho de 1839: "No dia 2 do corrente fugiu a Joaquim Pereira de Borba, hum escravo de nação, bem falante, de nome João, estatura regular, corpo reforçado terá de idade pouco mais ou menos 26 anos, tem em hum dos pés no dedo grande huma cicatriz: levou vestido huma jaqueta de pano azul, calças de pano mescla e camisa de algodão, quem o agarrar terá o prêmio do seu trabalho". No mesmo jornal de 16 de novembro de 1839 prometia-se recompensa a quem entregasse ao cidadão juiz de Paz Serafim José da Silveira ou a Domingos Antônio Peres ou, em Bagé, ao major Mariano Glória, o "preto creoulo de Pernambuco, oficial de sapateiro, de nome Pancrácio", que desaparecera da casa do seu senhor republicano. Também seria generosamente gratificado quem agarrasse e entregasse ao dono uma negra chamada Maria Rosa, de "estatura regular, cara redonda, olhos pequenos", que, vestida de chita branca e levando à cabeça xale branco, fugira de Caçapava (*O Povo*, 29/1/1840). Mais: em 1840 fugia ao alferes Zeferino Teixeira de Carvalho, fazendeiro, "hum escravo de nome Manoel, de Nação", de "estatura ordinária, delgado de corpo", tendo na testa "humas rodas mui salientes e dois riscos em cada face, marca de nação" (*O Povo*, 9/2/1840). Alto, magro, "surrado de pouco tempo" era o mulato Carioca, de propriedade de Evaristo Fernandes de Sequeira, que no mesmo ano desaparecia da casa do seu dono (*O Povo*, 22/2/1840).

Os redatores de *O Povo* podiam pensar, como pensavam, que o Império brasileiro era, no continente americano, "huma anomalia incompatível com as luzes do século", como se lê num dos seus vibrantes editoriais: o de 6 de maio de 1840. E mais: que "o braço vigoroso dos Rio-grandenses" fora "escolhido" – aparentemente pelo próprio Deus – "para dar o último golpe a este gigante monstruoso sem olhos, que caminha às apalpadelas e tropeça a cada passo": o Império de Pedro II. Ninguém, entretanto, enxergasse "anomalia incompatível com as luzes do século" no regime de trabalho escravo que unia o Brasil de Norte a Sul, permitindo aos senhores rio-grandenses de fazendas de gado ter sob seu jugo negros ou mulatos, quando não importados da África, comprados dos fazendeiros do Rio de Janeiro ou dos senhores de engenho de Pernambuco ou da Bahia: fazendeiros e senhores com os quais os cidadãos estancieiros se sentiam perfeitamente solidários sob a fama de donos de numerosos homens – os seus escravos – tanto quanto de vastas terras – os seus latifúndios.

"As instituições monárquicas ainda que sejam liberais, são insuficientes para os povos", dizia *O Povo* em editorial de 13 de maio de 1840. Mas sem deixar de acolher anúncios de escravos fugidos: anúncios mandados publicar por pequenos reis – os estancieiros mais opulentos – sôfregos pela captura de seus negros cativos. Nisto não havia entre eles, senhores de estâncias, e os senhores de engenho do Maranhão ou os plantadores do Pará a mais leve diferença. Podiam ser os anúncios de estancieiros do Rio Grande anúncios como estes, colhidos no *Diário do Maranhão*: "Fugiu a Antônio Pereira Ramos de Almeida hum mulato côr amarelada por nome Fernando [...] altura regular, idade 22 a 24 anos [...] quem o capturar e entregar a seo Snr. no largo do Palacio caza 20 receberá vinte cinco mil-réis" (*D. M.*, 26/2/1856); "Dezapareceo de Cajapió, em janeiro passado, huma escrava de nome Silveira, idade pouco mais ou menos 25 anos, côr fula, magra, estatura regular, com huma cicatriz no concavo da barba, resultado de hum grande golpe" (*D. M.*, 3/3/1856).

Os anúncios de escravos fugidos, em jornais do extremo sul do Brasil como *O Povo*, vêm confirmar – acentue-se mais uma vez o aparente paradoxo – a extensão atingida na América Portuguesa pelo sistema patriarcal e escravocrático de economia e de sociedade. Sistema que contribuiu notavelmente para que, com substâncias diversas, se alastrassem por uma imensa área formas gerais de convivência humana e de interpenetração de culturas, pouco desenvolvidas no Brasil. É um assunto que merece estudo à parte, embora não nos devamos esquecer nunca do fato de que, na formação brasileira, pastoreio e mineração, diferenciando-se da atividade agrária característica da maior parte da economia, quer pré-nacional, quer nacional, do País, desenvolveram-se, entretanto, dentro do complexo patriarcal, latifundiário, escravocrático e com tendências, quase sempre, à monocultura ou à exclusividade de produção, que envolveu a todas essas várias atividades, dando-lhes uma unidade – a patriarcal-escravocrática – que se sobrepôs a todas as diversidades.

"Vende-se um escravo velho próprio para botar sentido a sítio, pastorar vacas, vender frutas e leite [...]" (*D. P.*, 11/10/1858) é anúncio de sabor antes pastoril que agrário, que nos faz pensar no quase desdém com que o pastoreio era considerado pelos brancos das áreas mais concentradamente agrárias do Império: ocupação que se reservava aos escravos velhos e já inúteis para atividades mais másculas. Precisamente o contrário deveria ocorrer na mesma época nas áreas mais concentradamente pastoris do País: aquelas onde a atividade que melhor caracterizava o homem superiormente válido, viril, másculo era a atividade pastoril, essa caracterização estendendo-se do branco senhoril ao negro ou pardo servis. O bom gaúcho, destro no manejo do laço e no domínio do cavalo, era "o homem" por excelência, quer fosse senhor, quer fosse escravo: cada um, é claro, conforme sua categoria social de homem; mas sem que a diferenciação social entre senhor e escravo, igualmente perito na cavalaria, fosse tão acentuada como entre senhor e escravo nas áreas agrárias, onde o senhor era o cavaleiro; o escravo, o peão. E a esta altura convém nos lembrarmos de ter um etnólogo alemão, Max Schmidt, atribuído uma importância decisiva ao escravo negro no desenvolvimento da economia pastoril no Brasil. Também nos devemos lembrar a esta altura ter-se verificado, no norte do Império, considerável movimento de fuga ou de transferência de escravos, da atividade agrária para a pastoril; ou dos engenhos de açúcar para as fazendas de criar. Nas fazendas de criar, o escravo fugido dos engenhos de açúcar encontrava oportunidade de afirmar-se homem mais próximo do branco que nas áreas agrárias e eminentemente feudais do País, embora essa proximidade se limitasse ao seu valor por assim dizer técnico e houvesse, de ordinário, da parte do sertanejo branco, mesmo pobre, aversão ao contato social demasiadamente íntimo com o negro. É o que indica, de modo particularmente expressivo, o folclore da sub-região sertaneja. O sertanejo branco talvez se protegesse, por meio dessa atitude, da suspeita de ser um branco inferior ao das áreas agrárias, cujas casas-grandes, de engenhos, deixavam as suas, de fazendas, reduzidas a casinholas só simbolicamente "casas-grandes". Mas isso é evidentemente outra história; e história sem muita ligação com a antropologia dos negros que os anúncios de escravos fugidos fixam de modo tão sugestivo, que a propósito deles se pode divagar quase indefinidamente.

Acresce que ao trabalho pastoril não era tão necessário o escravo quanto ao trabalho agrário. De modo que, mesmo como "ventre gerador", a escrava não se apresentava tão valiosa ao sertanejo, criador de gado, ou mesmo ao gaúcho de estância, quanto ao fazendeiro de café ou ao plantador de cana e fabricante de açúcar: o clássico senhor de engenho. A estes a condição biológica da escrava fugida ou à venda, como "ventre gerador", apresentava-se como um valor socioeconômico sempre considerável.

Já eram numerosos, ao principiar a segunda metade do século XIX, os escravos nas estâncias, nas charqueadas e nas fazendas do extremo sul do Brasil: escravos que, aliás, nunca faltaram de todo àquela parte do Império: nem mesmo quando foi república. Vários desses escravos foram consequência do chamado tráfico interprovincial: comprados por brancos do sul de brancos do norte do Império. "Vende-se um escravo pardo, de 36 anos de idade, boa figura e muito desembaraçado e inteligente para todo o serviço", lê-se no *Correio do Sul*, do Rio Grande do Sul, de 1º de janeiro de 1860. E no mesmo jornal: "No dia 2 de dezembro fugiu na vila de Cachoeira uma escrava de nome Camilla, crioula, cor fula, com falta de dentes na frente e sinais de uma queimadura no braço". No mesmo jornal, de 27 de janeiro de 1860, encontra-se este anúncio de escravo fugido: "Abel [...] nação Mina, cara lanhada, muito retinto, pés grandes, tem as pernas meio tortas, fala bem desembaraçado [...]". E no *Jornal do Commercio*, que se publicou no Rio Grande do Sul, na década 1870, são vários os escravos que passam pelos anúncios de negros fugidos como se fossem as mesmas figuras de africanos e sobretudo de crioulos que os anúncios dos jornais da Corte e do Recife fixam numa linguagem de caracterização antropológica dos fujões, que parece ter fornecido modelos à imprensa do Império inteiro: "fugiu [...] o escravo João, crioulo, cor preta, estatura regular, idade 36 anos mais ou menos, tem ambas as pernas inchadas e trabalha pelo ofício de pintor" (*J. C.*, 5/1/1877). "Anda fugido [...] o escravo Oriel [...] baixo, fula, rosto miúdo, com 40 anos pouco mais ou menos, tem a perna esquerda mais curta do que a direita, é muito contador de histórias e diz ser forro" (*J. C.*, 13/4/1877). Vários os escravos fixados no Rio Grande do Sul peritos em pastorar gado, como vários foram os peritos em mineração que os senhores das minas das Gerais parecem ter importado da África, via Bahia e, depois, via Rio, especialmente para aquele fim; e que foram escravos que atuaram como pioneiros de indústrias – a pastoril e a mineira – e mestres de técnicas – a do pastoreio e a da mineração.

Há anúncios em que se procura ou se exalta na escrava antes a condição biológica que as virtudes de caráter social: "compra-se para uma encomenda uma escrava com alguma cria fêmea, que seja de boa conduta e tenha alguma habilidade", lê-se no *Diário de Pernambuco* de 29 de setembro de 1859. "Vende-se na rua do Sebo, casa defronte do n. 24, nos dias úteis, das 4 às 6 horas da tarde, uma negra crioula, idade 25 anos, parida há 10 meses, com leite, sem cria, cozinha, faz doce, engoma, cose: ao comprador se dirá o motivo da venda", diz outro anúncio no mesmo jornal, de 3 de fevereiro de 1859. "Vende-se uma escrava boa cozinheira, engomma bem e ensaboa, com uma cria de 3 anos, peça muito linda, propria de se fazer um mimo della; e tambem se vende só a escrava, no caso que o comprador não queira com a cria", informa um anúncio, ainda do *Diário de Pernambuco*, de 28 de abril de 1859. Da escrava Maria, crioula de seus 40 anos, que fugiu do Engenho Curado, não se destaca nenhuma habilidade nem prenda nem virtude: só que era quarentona de "altura regular, bom corpo, cabelo grande", tendo no "braço direito [...] um lobinho ou caroço do tamanho de um limão" (*D. P.*, 16/9/1858). Muitas são as escravas das quais só se destaca, nos anúncios de negros fugidos, "o bom corpo". Ou "o sadio do físico sem defeitos". O animal bom, sadio, às vezes de "bonita figura".

Houve, também, dentro do sistema de comércio de escravos, "casa de comissão de escravos", onde se recebiam escravos para serem vendidos por conta de seus senhores. Na que no meado do século XIX funcionou na capital de Pernambuco – então metrópole do norte do Império inteiro – havia sempre, para vender – dizem os anúncios de jornais da época –, "escravos de diferentes idades, de ambos os sexos, com habilidades e sem elas". Segundo os vendedores, seriam negros sempre sadios e perfeitos ou quase perfeitos de corpo: mito de reclame comercial desmentido por grande número de anúncios de escravos fugidos, embora confirmado pela maioria deles.

Outro aspecto curioso do comércio de escravos, tal como foi praticado no Brasil durante grande parte do século XIX: a incorporação de escravos a outros valores postos à venda e, para tal efeito, anunciados nos jornais. Em 1860 vendia-se no Recife um sítio com duas casas, uma delas com uma padaria; e à padaria acrescentava-se "um prêto padeiro para a mesma padaria", tudo "barato", uma vez que o dono do sítio, das casas, da padaria e do escravo padeiro precisava "fazer uma viagem para fora da Província".

Em 1857 já se vendiam escravos "a prazo" (*D. P.*, 20/11/1857). Tornou-se comum, no meado do século, nas províncias do Norte, a venda de escravos a compradores de províncias do Sul. "Escravos de ambos os sexos, com habilitações ou sem elas, não sendo velhos, para fora da Província", comprava-os A. F. dos Santos Braga no seu armazém à Rua da Moeda, n. 142, no Recife, segundo anúncio que apareceu com frequência no *Diário de Pernambuco* de 1840 a 1850.

Hipotecavam-se escravos, como sucedeu à preta de meia-idade, que sabia "cozinhar e engomar", anunciada no mesmo *Diário* de 4 de novembro de 1858. Num anúncio, ainda no *Diário de Pernambuco*, de 18 de dezembro de 1858, lia-se: "Precisa-se de 800$000 a premio por 6 mezes, hipotecando-se um escravo que vale 2:000$000 ou mais do que um". E a 10 setembro de 1861 anunciava-se no mesmo jornal precisar-se de "600$000 sobre hipoteca de um moleque que faz todo o serviço de uma casa e algum de rua, cujos serviços serão dados pelos juros".

Vendiam-se escravos em "praça". Que sirva de exemplo este anúncio de "escravo cabra" no mesmo jornal, de 20 de outubro de 1859: "No dia 21 do corrente, às 11 horas do dia, depois da audiência do Sr. Dr. Juiz de órfãos, se há de arrematar um escravo cabra, sadio e de boa conduta, avaliado em 800$000, pertencente aos herdeiros do finado Jeronymo de Abreu. É a última praça".

A cor predominante é, em Pernambuco e na Bahia, nos escravos registrados em anúncios de negros fugidos, a fula. Raros os escravos retintamente pretos. É desde os princípios do século XIX que se observa, através dos anúncios, a intensa mestiçagem entre os escravos, frequentes vezes aparecendo os mulatos e as mulatas alvas, aças, sararás, claras, de cabelo liso, cacheado, ruço, ruivo, louro. Era o sangue das casas-grandes escorrendo pelas senzalas. Sabe-se que em 1773 já um alvará d'El-Rei de Portugal falava de pessoas "tão faltas de sentimentos de Humanidade e de Religião" que guardavam "nas suas casas Escravas, humas mais brancas do que elas, com os nomes de Pretas e de Negras". Essa situação parece ter sido comum no Brasil do século XIX. Os anúncios de escravos fugidos nos deixam às vezes surpreender escravos alvos, que hoje passariam por brancos finos. Antônio, que na noite de 15 de fevereiro de 1865 desapareceu da casa do seu senhor, era um mulatinho tão claro que tinha os cabelos corridos e um pouco louros e os olhos azuis (*D. P.*, 15/2/1865). Não me atrevo a dizer que tivesse fugido da casa do inglês Davis, de quem pela mesma época desapareceu um escravo "com falta da mão esquerda, tendo sido cortada pela munheca" – talvez em moenda de engenho – "e gostando exageradamente do álcool". Vício talvez pegado com seu senhor. A propósito de escravos sararás, recordarei que Walsh diz ter conhecido no Brasil estrangeiros louros que vendiam por excelentes preços seus bastardos alourados e de olhos azuis.

Os anúncios de escravos fugidos e de compras e vendas de negros nos deixam às vezes diante de mistérios profundos. Serão os tais dramas em três linhas de que fala Santo Tirso? Os tais romances em duas linhas e meia? Lê-se num anúncio de 24 de setembro de 1830: "Vende-se [...] Huma escrava crioula, idade 16 anos, engoma lizo, lava roupa de sabão, cozinha o diário de huma caza, faz pandeló, coze xão, e sabe tratar de meninos, sem vício, muito sadia, bonita figura: a cauza porque se vende dir-se-ha ao comprador e he para fora da Província". Que causa seria essa?

Mistério ainda maior é o que nos faz sentir, à distância de um século, este anúncio de 1835: "A pessoa que no Recife conservar em sua casa huma ama de nome Joana, mulata bem alva, cabelos soltos, já assimilhando-se a branca, com uma filha, anuncie imediatamente a sua morada, e nome para se lhe prestar os motivos porque não deve conservá-la; por cujas razões, dadas a princípio, não deve estar, visto ignorar o que é passado e ser ela suspeita. A pessoa a quem se dirige este anúncio não deverá dar parte a dita ama, porque todos os princípios lhe servirá de encomodo inesperado" (*D. P.*, 11/5/1835). Que motivos seriam estes? Deve haver, na verdade, muito drama escondido por trás dos anúncios de vendas e fugas de escravos.

Dos escravos já se recordou que no Brasil do século XIX nem sempre se vendiam: às vezes se trocavam, como os santos, sendo frequentes os anúncios de troca deste sabor: "troca-se uma negra muito boa lavadeira e vendedeira de rua por uma que engome e couza" (*D. P.*, 4/5/1835).

Os escravos, igualmente, já vimos que vêm muitas vezes anunciados, para venda, nos jornais brasileiros do século passado, entre animais e no meio de diversos objetos; entre cavalos, cabras, foles para oficinas ou ouvires, um *Don Quixote* em espanhol, uma espingarda de passarinhar de meia coronha, um fardamento para pajem em bom uso, as obras de Voltaire a 3$. Cabra, quando é o animal que se tem para vender, sempre se diz, nos anúncios, cabra-bicho. Que é para não se confundir com a cabra-mulher. Do contrário, o leitor ficaria na dúvida sobre as "cabras de bom leite" que aparecem frequentemente nos anúncios. Os anúncios de cabras, isto é, negras, mulheres de cor, amas de leite, são numerosos; às vezes negras "com abundante leite aprovado pelos Professores" (*D. P.*, 3/9/1830).

Se de certas mulatinhas dizia-se nos anúncios de venda, como já foi observado, que eram mulheres paridas há um mês, doutras se destacava a condição de donzelas e boas para se dar de presente às meninas. Encontra-se num anúncio de 1850: "Vende-se uma linda mulatinha de 14 anos, com muito bons princípios de costura e engomando, optima para se fazer uma dadiva a alguma menina por ser donzela" (*D. P.*, 9/4/1850). Noutros, insinua-se estar a mulata ou a negra – vistosa, dentes alvos, sabendo reger uma casa – em excelentes condições para ser escrava de homem solteiro. Ou faz-se o apelo ao solteirão: "Algum homem solteiro que estiver em circunstâncias de precisar de huma ama de casa para todo serviço necessário etc." (*D. P.*, 30/1/1830). Foram os anúncios desse gênero que escandalizaram o Rev. Creary, missionário anglo-americano, quando esteve no Brasil, por meados do século XIX; e que registrou suas observações num diário, conservado em ms. na Biblioteca do Congresso, em Washington. Expressões como "todo o serviço" pareceram-lhe sugerir préstimos sexuais, que não deviam ser negociados tão às vistas do público.

Qual o destino do negro vendido, do negro trocado, do negro fugido, do negro dos anúncios de jornal? Da maioria dos anúncios de jornal? Da maioria dos vendidos ou trocados o destino terá sido o de continuarem a trabalhar. A mourejar para o branco. A mudança de dono lhes terá alterado o gênero de vida.

O negro fugido, este, às vezes conseguia ganhar os sertões, as matas, os quilombos. Sobretudo os sertões que, por isso mesmo, parecem ter sido marcados com a presença antes de negros altos e magros – os que, segundo os anúncios de jornais, mais fugiam – do que de pretos baixos e gordos: talvez os que melhor se acomodavam não só à rotina patriarcal de vida como à do próprio trabalho agrário, sedentário e seguro. Os negros altos e magros – os "secos de corpo" dos anúncios de escravos fugidos, longilíneos, portanto, em contraste com brevilíneos, porventura menos aventurosos e mais sedentários – teriam levado consigo para sertões e quilombos um ânimo de aventura, à custa do próprio gosto de segurança ou do próprio espírito de rotina, que teria feito deles cúmplices de brancos igualmente andejos e aventurosos. É um assunto a estudar – o destino dos escravos fugidos que se embrenharam em ermos ou se espalharam pelos sertões pastoris. Alguns evidentemente se tornaram bandidos, jagunços, rebeldes.

O negro "muito poeta no falar" não raro terá conseguido passar por livre nas cidades grandes. Ou então acoitar-se em outros engenhos.

Mas muito negro atrevido, apanhado pelos capitães de campo, voltava ao senhor de quem fugira ou desaparecera. E era, então, surrado, castigado, posto em ferros, marcado a fogo como fujão.

Os instrumentos mais comuns de castigo eram o azorrague, a gargalheira, a pega, o tronco, o vira-mundo, a corda de sedenho, os anjinhos, o colete de couro. Mas havia senhores mais exigentes. Não se contentavam com castigos tão suaves. Empregavam contra os negros as navalhas seguidas da salgadeira, o suplício dos insetos, o das urtigas, o da roda-d'água, o de pingos de cera e de lacre às costas em carne viva do escravo, o de queimar o corpo do negro com água fervendo. Havia senhores que mandavam amarrar os punhos do escravo, por meio de cordas, a traves altas; depois untar o corpo nu de mel ou salmoura, a fim de que os insetos viessem picar e ferretear aquela carne inerme. Anselmo da Fonseca* conta que de um senhor baiano desapareceu uma escrava. Quando foi capturada, o malvado trancou-a num quarto. No dia seguinte, a negra, já com fome, pediu que lhe dessem de comer. O próprio dono desceu então à cafua e à força de martírios obrigou a negra a ingerir as maiores porcarias deste mundo. E de outro senhor do Norte, sabe-se pelo mesmo cronista que, quando lhe desaparecia escravo, era um deus-nos-acuda. Mandava caçar os negros fugidos pelas matas e pelos engenhos vizinhos como se fossem uns cães danados. Não respeitava nem o engenho do sogro. Uma vez um bando de oito negros fugiu-lhe de casa. Foram apanhados no engenho do sogro se apadrinhando com o velho. Mas não houve padrinho que servisse: o senhor botou-os todos no tronco e mandou o feitor quebrar-lhes os ossos de relho. Era para eles "conhecerem seu verdadeiro senhor", dizia. Dois dos oito negros fugidos foram de fato conhecer seu verdadeiro Senhor; mas noutras paragens e outro Senhor, se é que existe e gosta de negro. Porque ali mesmo morreram espedaçados numa lama de carne e sangue.

Tal o destino de alguns escravos fugidos, nossos conhecidos dos anúncios de jornal: o de confirmarem as palavras do Pe. Vieira sobre o martírio do escravo no Brasil. No dia de São João Evangelista, o padre bradou, com a sua grande voz, na presença dos senhores de

* L. Anselmo da Fonseca, *A escravidão, o clero e o abolicionismo*. Bahia, 1887.

engenho do Maranhão e dirigindo-se aos negros: "Não há trabalho nem gênero de vida no mundo mais parecido à Cruz e à Paixão de Cristo que o vosso...".

Mas esse aspecto do drama do escravo fugido é aqui introduzido à revelia do assunto que serve de tema a estas notas: os anúncios dos jornais nem sequer registram instrumentos de suplício ou de castigo de escravo que se vendessem em lojas ou armazéns. Talvez fossem artigos fabricados principalmente pelos próprios senhores, em oficinas particulares de engenhos e de fazendas. Os anúncios de jornais referem-se, é certo, a cera, a lacre, a couro, a navalhas, a cordas, a traves, mas para outros fins – não para o castigo de escravos fugidos. E, nestas notas, o meu maior afã foi o de procurar reconstituir a figura e recompor a personalidade do escravo brasileiro do século XIX – africano ou descendente de africano – através dos anúncios de jornais: exclusivamente dos anúncios de jornais. Quase desprezando outras fontes de informação. Ou só as utilizando como simples temperos da substância recolhida de fonte até hoje ignorada pelos antropólogos interessados em matéria tão complexa: a presença do escravo africano na civilização ou na vida brasileira.

Anexos

1. Iconografia: comentário

O estudo *O escravo nos anúncios de jornais brasileiros do século XIX*,* agora publicado em 2ª edição pela Companhia Editora Nacional, ficaria incompleto sem uma iconografia da época, capaz de apresentar ao leitor autênticas figuras, se não de escravos africanos, ou de origem africana, dentre os no século XIX mais integrados no Brasil, de ex-escravos, quer ainda racialmente e, por vezes, culturalmente africanos, quer já, em parte, transculturados em afro-brasileiros. Num e noutro caso, caracterizados, quase todos, por uma dignidade e até por um aspecto senhoril de homens que testemunhassem, ao ser fotografados, terem envelhecido, no Brasil, atingindo uma evidente superação de sua condição servil pela de afro-brasileiros, se não plenos, quase plenos no *status* de súditos íntegros e livres do Imperador Pedro II, tais os seus sentimentos ostensivos – tão evidentes nas fotografias – de altivez e, por vezes, de consciência de se sentirem tão bons como tão bons

* A primeira edição da obra data de 1963 e foi lançada pela Imprensa Universitária do Recife. Em 1980, sairia a 2ª edição, publicada pela Companhia Editora Nacional. A terceira viria à lume em 1984, editada pela CCBA/Propeg. (N.E.)

em relação com os brasileiros caucásicos na sua origem e no seu *status* socioeconômico.

Certamente não seriam assim todos os escravos ou ex-escravos que pudessem ser fotografados no Brasil quando já superado o daguerreótipo pela fotografia, na década de 1860. Os fotografados seriam uma elite a destacar-se, por aparências correspondentes à sua efetiva situação social, da massa: uma aparência e uma situação de indivíduos que tivessem alcançado, pela alforria, o *status* de livres; ou fossem, como ainda escravos, mucamas, bás ou "tios" sociológicos, dentro de hierárquicas casas-grandes brasileiramente patriarcais, e, como tal, indivíduos ou pessoas recipientes de privilégios quase de livres. Escravos paradoxalmente superiores, sob vários aspectos – no trajo, nos adornos, no trato aparente ou ostensivo de suas pessoas –, a não poucos brancos livres da época.

Por aí se explicaria que, no grupo de indivíduos ainda africanos ou já um tanto abrasileirados, dos quais se apresentam aqui fotografias de um século atrás – e, portanto, raríssimas –, o aspecto dominante seja o de pessoas antes senhoris do que servis; ou, antes socialmente codominadoras que dominadas; sem mostras de ressentimentos; como que típicas daqueles outros ex-escravos ou negros livres que, de volta, no mesmo século XIX, a terras africanas de origem, aí se notabilizaram como brasileiros em vários casos dinasticamente fidalgos, além de economicamente, social e culturalmente capazes de se tornarem, como se tornaram, uma presença abrasileirante e cristianizante entre negros africanos, seus ancestrais. Os "brasileiros" estudados magistralmente por Pierre Verger – antropólogo e fotógrafo – em Lagos e aos quais me refiro, quer no ensaio "Acontece que são baianos", no livro *Problemas brasileiros de antropologia*, em 2ª edição, pela José Olympio, quer no opúsculo sobre "túmulos afro-cristãos de Moçamedes", publicado pela Imprensa da Universidade Federal da Bahia, quer, ainda, em páginas dos livros *Aventura e rotina* – uma busca de constantes de comportamento de portugueses noutros trópicos, além do brasileiro – e *Um brasileiro em terras portuguesas*, editados também, no Rio, pela José Olympio e, em Lisboa, por Souza Pinto, e ainda no *Arte, ciência e trópico*, publicado por Martins, em São Paulo, e a aparecer breve, em nova edição da editora Cátedra, do Rio, em convênio com o Instituto Nacional do Livro.

A propósito das fotografias, aliás raríssimas, agora publicadas – algumas oferecidas ao autor por Ana Amélia e Marcos Carneiro de Mendonça: casal tão cheio de valiosos serviços à cultura brasileira, outras de sua própria coleção –, recorde-se o que, acerca do porte, da figura, do semblante de escravos negros no Brasil do meado do século XIX vem testemunhado, com maior ênfase do que por outros observadores estrangeiros da época, por C. B. Mansfield, M. A. de Cambridge, no seu *Paraguay, Brazil and the Plate* (Cambridge, MDCCCLVI). Relembre-se este trecho, quase específico sobre o assunto: "*Pernambuco... might be made a magnificent town... Two-thirds of the population seem to be naked Negroes, in cotton drawers. They are, generally, splendid specimens of muscular development, at least about the chest and arms, with skins shinning like velvet: most of them are slaves*". E com toda a nitidez do seu bom inglês de *scholar*: "*Now, the first thing that strikes me about these slaves, so far as I have seen them, is the dignity and independent look which they preserve*". Mais: "*... I only wish such cheerful faces were to be seen among our English poor*". Para concluir: "*If what we see here is anything like a fair specimen of slavery, my opinion is that the cause against slavery as raised in England, is a vile sham and lip-worship; for I do believe we in England are fully as real slave-holders as these people*". O que o levaria a adiantar, já depois de um contato com o Rio de Janeiro, ter sido sua impressão das relações de senhores com escravos no Brasil a de que os escravos foram tratados "*considerably better than labourers in England*". Daí: "*There are even among the Blacks here some noble-looking fellows; and there is a curious air of independence about most of them; and they have a real independence...*".

Informe-se de C. B. Mansfield ter sido talvez o mais intelectual, o mais culto, o mais lúcido dos ingleses que na primeira metade do século XIX observaram o Brasil. Que seu relato de viagem é precedido por um perfil biográfico do autor pelo Rev. Charles Kingsley Jun. Que nesse perfil, traçado por outro *scholar*, Mansfield é apresentado como inglês que "começava a dar ao mundo evidências de faculdades extraordinárias". Que seu forte era a ciência. Que, entretanto, desde seus dias de estudante em Cambridge, fascinava condiscípulos e mestres pelo brilho do seu pensamento, pelo seu *humour* e pela sua honestidade intelectual.

Teria sido característico do Brasil patriarcal e escravocrático um tratamento de escravos como mucamas, como pajens, como malungos, como bás, como crias e mesmo como trabalhadores de campo, dentro do modelo escravocrático árabe, seguido pelo português e diferente do da escravidão mais industrial que patriarcal – o das minas, na América espanhola, o dominante em algumas áreas do próprio Brasil. Uma tendência para fazer deles uns como quase filhos sociológicos de patriarcas ou, como em Massangana, de sinhás-donas equivalentes de patriarcas: equivalentes de que a madrinha de Joaquim Nabuco pode ser considerada exemplo de um tipo weberianamente ideal.

Não existe, entretanto, um confronto, em termos sistemáticos, na América quando escravocrática, desses dois ou três tipos de relações senhor-escravo, ainda que seus contextos nos permitam entrevê-los. E esses contextos socioculturais ou socioeconômicos são sugeridos pelo professor norte-americano Bolton, empenhado em que se traçasse uma história geral das Américas, atenta a semelhanças maiores sem ser indiferente a dessemelhanças talvez menores; pelo magistral historiador mexicano Silvio Zavala, que chega a sugerir confrontos psicoculturais; pelo peruano Francisco García Calderón; pelo também mexicano Carlos Pereyra; pelo alemão Ernst Samhaber, em sua tentativa de tratar, segundo ele próprio, a biografia de todo um continente. Seu critério, porém, foi o de considerar, nessa difícil biografia pancontinental, mais os aspectos políticos e econômicos que os socioeconômicos ou os socioculturais.

Daí não apresentar aquele confronto, que teria sido de tanto interesse antropossocial, vindo de um historiador alemão do porte de Samhaber e de sua relativa objetividade, entre aqueles tipos de relações entre senhores e escravos, na América escravocrática: confronto que teria envolvido as relações entre diferentes tipos de europeus e diferentes tipos de não-europeus. Em torno do assunto existe estudo magnífico: o do indiano Pannikar acerca dos contatos de diferentes europeus, dos dias mais caracteristicamente imperiais e colonizadores, com nativos do Oriente. É um confronto, este, por sociólogo oriental, no qual o português é considerado, dentre os vários europeus – o francês, o inglês, o holandês, o espanhol –, o que teria mais bem valorizado a gente oriental sob seu domínio, valorização em termos humanos que teriam sido menos estimados por franceses e ingleses e até, segundo o sociólogo indiano, desprezados pelos holandeses que, entretanto, teriam-se destacado pela eficiência na utilização técnica tanto de produtos tropicais do Oriente como dos nativos sob o aspecto de animais de trabalho. Porém animais como que subumanos: indignos daquela perspectiva abrangentemente humanística, inclusive cristocêntrica, que segundo Pannikar, até através da Inquisição, estabelecida em Goa, teria revelado que, para os portugueses, os indianos eram, tanto quanto eles e os demais europeus, almas e não apenas animais de trabalho. Estendendo-se essa hipótese – tratemo-la discretamente como hipótese – à América escravocrática, onde o critério sociologicamente humanístico-cristocêntrico, nos contatos de europeus com não-europeus, de dominadores com dominados, terá sido mais expressivo do que no Brasil, em comparação com os outros, não só colonizadores europeus, em geral, porém com os senhores patriarcais de terras tropicais e de escravos africanos em particular?

Vários, porém, os depoimentos de estrangeiros idôneos – insista-se no valor desses depoimentos – que nos permitem entrever, no Brasil patriarcal, um tipo de convivência senhor-escravo como tendo sido, de modo geral – admitidas exceções de modo algum desprezíveis – relativamente benigna. E contrastante, sob esse aspecto, com o talvez acentuadamente menos benigno nas Américas inglesa, francesa e até espanhola. Acentue-se que não só o inglês Koster mas numerosos outros observadores, dentre os mais respeitáveis pela sua ciência ou pelo seu saber e pelo seu honesto espírito crítico, depõem a favor da relativa benignidade no tratamento de escravos por senhores no Brasil: do francês Frézier ao inglês Lindley; do sábio Burton à cosmopolita Ida Pfeiffer; do norte-americano comandante da U. S. N. Wilkes ao francês Tollenare. De Wilkes é este comentário, representativo de numerosos outros, à situação dos escravos no Brasil, em livro publicado em seu país em 1852: "*In general they* [*the slaves*] *are kindly treated and become firmly attached to their masters*". Quase o mesmo diz na mesma época o clérigo também inglês Clark.

De Lindley, em livro publicado no remoto ano de 1805, é este reparo mais que expressivo, por proceder de inglês de todo hostil ao Brasil que conheceu no fim do século XVIII: "*From the unusual quantity*" [de escravos negros no Brasil] "*one would conceive the public tranquillity to be somewhat endangered, on a recollection of the late events in St. Domingos. But it is otherwise: for indulged to licentious-*

ness, not overworked, and enjoying their native vegetable food, the negroes are cheerful and content". Situação que Lindley atribuiu ao fato de terem os portugueses no Brasil recebido "terrível lição" dos negros de Palmares supondo que, antes de Palmares (século XVII), os escravos negros no Brasil não fossem tratados com tanta benignidade: no que o contradiz Frézier em livro publicado em 1699. Escrevendo sobre o que vira no Brasil no fim do século XVII – cem anos antes de Lindley –, Frézier, francês, já abolicionista, notara, em livro publicado no remoto ano de 1699, que a condição de um escravo negro, naquela época, no Brasil, nada tinha de idílico. Mas honestamente destacando: o tratamento que aos escravos dispensam os portugueses era menos cruel que o dispensado aos seus cativos, também negros, pelos espanhóis e pelos ingleses: "*Les Espagnoles & les Anglais les traitent encore plus cruellement*". Observação repetida pelo Sieur D. na sua *Voyage de Marseille à Lima*, publicada em Paris alguns anos depois. São inúmeros os depoimentos desse teor provenientes de observadores insuspeitos: pouco simpáticos aos portugueses, uns; outros francamente hostis a Portugal, como bons franceses ou ingleses no século XVII e nos séculos XVIII e XIX.

Quem, porém, mais se destacaria, dentre observadores estrangeiros do Brasil patriarcal e escravocrático, em anotar o para ele excepcionalmente generoso tratamento ao escravo, no Brasil, seria nada menos que o erudito, o sábio, o intelectualmente, literariamente, parassociologicamente mais responsável de quantos estranhos se detiveram na observação e na análise desse Brasil na sexta década do século: o inglês capitão Richard Burton. Mais, até, do que Mansfield, mais maduro que Mansfield. Nunca – depõe Burton, um antecipado Lawrence da Arábia pelo seu valor literário – viu tratamento igual, nos seus contatos com diferentes partes do mundo. Salienta, em livro clássico, *Explorations in the highlands of Brazil*, publicado em Londres em 1869, ter encontrado um escravo, no Brasil patriarcal – caracterização que tanto parece incomodar brasilianistas menos perceptivos – que, segundo o exato Burton, por lei não escrita, desfrutava de muitos dos direitos de um homem livre. Podia educar-se a si mesmo e era solicitado (pelos senhores) a educar-se. Era-lhe dispensada assistência religiosa. "Não lhe faltavam oportunidades para tornar-se livre." A "manumissão era considerada dever de católico". Além do que, pelo seu trabalho, poderia tornar-se livre e adquirir propriedade como qualquer outro. Muito inglesa sua observação de que o inglês, como senhor, era indiferente aos escravos sob seu domínio, enquanto o brasileiro, dentro da tradição portuguesa, os admitia, para o objetivo Burton, a uma "excessiva familiaridade (*far greater familiarity*)", com resultados que, etnocêntrico, não podia aprovar. Mais escreveu Burton: "Atualmente [na década de 1860], o negro [escravo] brasileiro não precisa invejar a liberdade acompanhada de fome do pobre na maior parte dos países do mundo civilizado". Evidentemente – adivinha-se –, além do intercâmbio no plano cultural, a mistura de sangue no plano biológico favorecia no Brasil o africano e o seu descendente. O depoimento do insigne Burton sobre o escravo africano no Brasil patriarcal vem no capítulo XXVIII, do volume I, do seu livro, hoje clássico.

Estranha-se ter-se o Brasil retardado, entre outras nações, na abolição de escravos. O paradoxo parece estar no fato de que essa abolição total, oficial, solene, retardou-a o fato de que, em contraste com outras sociedades escravocráticas, a brasileira destacou-se, aos olhos de idôneos observadores estrangeiros, como a mais benigna, a mais suave, até, segundo alguns – o próprio Burton – excessivamente suave no trato dos seus cativos. De onde os clamores pela libertação dos escravos não terem sido tão fortes nem tão insistentes nem tão impacientes como noutras partes da América. De onde restarem como evidências de não ter sido, no Brasil, o tratamento de escravos africanos por senhores patriarcais no Brasil tipicamente agrário – que terá sido o mais tipicamente brasileiro e o mais ecologicamente extenso dos Brasis escravocráticos – deformador do semblante, da fisionomia, dos olhos, da expressão de escravos africanos como seres humanos, em indivíduos destituídos de dignidade e de brio; e crispados em ressentidos; cheios de ódio aos senhores; de todo inconformados, todos eles, com sua condição de escravos. Que o digam fotografias desses escravos dos dias de maior vigor do regime de trabalho escravo no Brasil agrário-patriarcal como as que constam do arquivo do Museu do Açúcar do Instituto Joaquim Nabuco de Pesquisas Sociais – Coleção Francisco Rodrigues – e da coleção particular Gilberto Freyre, outrora do casal Ana Amélia-Marcos Carneiro de Mendonça. São fotografias que, com relação a esse período tão característico do que foi, em termos gerais, a relação senhor-escravo no Brasil, ilustram depoimentos dos aqui invocados observadores estrangeiros, dentre os mais idôneos, sobre o assunto.

Vários os testemunhos sobre portes, semblantes, aparências, aspectos significativos, característicos expressivos, que se juntam ao de Mansfield e ao do capitão Richard Burton – como que retratos escritos de escravos de modo algum do número dos que evidentemente houve, sem terem sido, em todas as áreas do País, os típicos, isto é, os duramente maltratados por senhores um tanto sádicos – e aos apresentados pela tese universitária (Columbia, 1922) *Social life in Brazil in the middle of the 19th century* – em tradução para o português, pelo Professor Waldemar Valente, *Vida social no Brasil nos meados do século XIX*, com duas edições, a mais recente lançada no Rio este ano pela Artenova – com a sugestão de os escravos terem sido tratados no Brasil agrário-patriarcal, de modo geral, com uma benignidade – relativa, é claro – que lhes teria faltado nas Américas inglesa, francesa e espanhola. Mais do que isso: segundo alguns testemunhos de observadores europeus idôneos – observadores como Tollenare, Koster, Pfeiffer –, com uma humanidade que teria faltado na Europa neoindustrialista e neocapitalista da primeira metade do século XIX ao trato de operários – inclusive as crianças – nas fábricas de industriais do norte da Europa na mesma época.

Dois desses observadores – os ingleses Barnington Brown e William Lindstone, coautores do livro *Fifteen thousand miles on the Amazon and its tributaries*, publicado em Londres em 1878 – chegaram a destacar terem encontrado no Brasil senhores de escravos africanos que não se referiam a eles como escravos, de tal modo os consideravam – o caso de certo Senhor O. – membros de suas famílias patriarcais: "*as belonging to his household*". Lembre-se, a esse respeito, que os primeiros negros levados por portugueses da África para Portugal, no século XV – sob a orientação cristocêntrica do infante dom Henrique –, foram, quando ainda crianças, incorporados a famílias portuguesas e aí tratados como membros dessas famílias. O critério patriarcalizante e cristianizante, através da família, que já seria, então, o dos maometanos com relação a nativos da África. Aspectos do problema que parecem escapar, pelo que neles talvez seja sutileza difícil de ser considerada por submarxistas demasiadamente simplistas na aplicação do seu submarxismo, à consideração de problemas, além de socioeconômicos, psicoculturais. Simplismo contra o qual adverte alguns dos seus correligionários menos lúcidos, o marxista norte-americano e afro-americanólogo Eugene Genovese, autor do recente e excelente *The world the slaves made*, ao considerar, em grande parte, válidos estudos como alguns dos brasileiros e os do professor Tannenbaum, em que se reconhece a benignidade portuguesa e, depois, brasileira, no tratamento patriarcal de escravos no Brasil. Que marxistas mais ciosos do seu monoeconomismo aplicado a interpretações sociais e histórico-sociais agridam a quem não se apresentar, a seus olhos cheios de escamas doutrinárias, nos melhores casos acusando-os de "líricos" ou de "românticos" – como se o senso poético tivesse faltado ao sob vários aspectos tão cheio desse senso, como notou um insigne crítico, Edmund Wilson, Karl Marx; que tais marxistas, assim lineares, agridam não marxistas, mesmo quando esses não marxistas não rejeitem de todo perspectivas marxistas, compreende-se no momento em que as ortodoxias marxistas, a exemplo do que acontece com as católicas, atravessam crises tão profundas. As marxistas, quase mortais para filosofias que se consideravam definitivas.

Seria interessante confrontar fotografias, quer de operários norte-europeus dessa época, quer de escravos africanos, também do século XIX, em plantações e minas das Américas inglesa, francesa e espanhola com as de escravos no Brasil agrário-patriarcal, aqui apresentadas. Interessantíssimo, até, dado o fato de a iconografia da espécie fotográfica ser tão expressivamente exata como documentação.

Dá-se muito relevo ao horror que teria causado a Charles Darwin o espetáculo da escravidão em países como o Brasil e até, especificamente, no Brasil. Do que se sabe de Charles Mansfield, não terá sido inferior a Darwin nem na sua formação científica de aluno notável, sobretudo em ciências físicas e naturais, de Cambridge, nem no seu poder de observação do comportamento humano e de relações intra-humanas: fenômenos talvez mais difíceis de serem analisados e interpretados por observadores científicos do que os intra-humanos. E por ventura mais bem observados pelo M. A. de Cambridge do que por Charles Darwin.

O testemunho deixado por Mansfield, a respeito da "dignidade" e até da "nobreza" de semblante, de porte, de atitudes – aspectos suscetíveis de serem captados através de fotografias – de escravos africanos ou de origem africana, que conheceu no Brasil – em Pernambuco e no Rio de Janeiro –, pode ser dado como complementar dessa outra espécie de testemunho, no mesmo sentido, formado pelo conjunto de fotografias que, neste livro, acrescenta-se ao estudo dos escravos retratados em anúncios de jornais brasileiros do século XIX relativos aos mesmos tipos socioantropológicos: escravos. Escravos, alguns dos retratados com palavras nesses anúncios, com evidências de maus-tratos. Com sinais de castigos. Com traços de sobrecarga de trabalho. Mas escravos também – vários deles – eugênicos, estéticos, de "bonita figura", como numerosas vezes se diz nesses anúncios. E não poucos, dentre eles, repita-se – transculturados no sentido de abrasileirados. Vários, mestiços: transraciais, portanto. Pode-se mesmo sugerir: já metarraciais a respeito de uma condição – a servil – que convencionalmente os associaria, em muitos casos, a uma condição étnica: a de africanos.

Lembre-se, à margem do que vem sendo notado sobre assunto antropológica, sociológica e historicamente tão relevante, que, tanto quanto Mansfield, no meado do século XIX, Max Radiguet – de quem é o livro *Souvenirs de l'Amérique espagnole* (Paris, 1856) – observou, no Rio de Janeiro, escravos, quase todos, tratados com "mansuetude", dos quais, se não destaca a "dignidade" do porte, recorda haver surpreendido a dançarem e a rirem, contentes do calor e da vida, ao som de uma espécie de "mandoline". Desmentido ao "mito" – segundo ele – de predominarem contra os escravos, no Brasil, maus-tratos. Ao que outro francês, D'Assier, em livro, *Le Brésil contemporain*, que apareceu, também em Paris, em 1867, não tardaria a acrescentar sua impressão de escravos minas, no Brasil. Escravos que às suas figuras – narizes e bocas regulares – e às suas "formas atléticas" com alguma coisa de sensual – talvez característico, segundo esse observador francês, de "sua constituição anatômica" – juntavam uma "*nature forte et intelligente*". Daí os livres – ex-escravos – já poderem ser observados como rivalizando com os brancos sob o aspecto de negociantes, padres, médicos, advogados. Alguns deles, mulatos que, educados, apresentavam-se sob aquele característico de *gentlemen* tão destacado por Mansfield e tão evidenciado pelas fotografias que se apresentam neste livro.

Acrescente-se que pode ser considerado um retrato-síntese de escrava negra mina – das famosas, no Brasil escravocrático, pelo porte, pelo garbo, pela beleza – o que o insuspeito Charles Expilly, tão pouco simpático ao Brasil, apresenta no seu *Les femmes et les moeurs du Brésil* (Paris, 1863), dando à escrava assim simbólica o nome de "Senhora Manuela do Bom Jesus". Uma Manuela – note-se o "Senhora" que precede o seu nome – de cerca de 25 anos. Alta. Formas "esplêndidas". Corpo como que talhado em bronze. Linhas perpendiculares como, em geral, as das escravas minas. Olhar claro: expressão de "inteligência e de energia". Cabelos coquetemente arranjados. Palavras de Expilly. Do insuspeito Expilly.

Escravas semelhantes a essa Manuela-síntese, viram-nas europeus como Walsh e Tollenare, à venda, no Rio de Janeiro ou em Pernambuco. Podiam ser examinadas, amolegadas por compradores exigentes. Dentes, os dessas escravas, quase sempre de fazerem aquela inveja a sinhás brancas que constam de histórias de ciúmes por vezes trágicos: sinhás enciumadas de mucamas.

Será que, pela ação de climas menos asperamente tropicais, negros vindos de Áfricas mais quentes e também em consequência de novos regimes de alimentação tornarem-se menos negros africanos nas aparências a ponto de fotografias como as que se apresentam neste livro serem, algumas delas, de africanos já abrasileirados nas suas próprias formas de corpo, como que evidências da teoria de Boas a esse respeito, isto é, quanto à influência de meios ou ambientes sobre formas de corpo? Dentre os observadores europeus que nos informam sobre portes, semblantes, aspectos talvez já tão antropossociais como antroporraciais, destaque-se como um quase precursor da teoria associada ao nome de Boas – a das transformações de formas até de cabeça de seres humanos como efeito de fatores ambientais – certo suíço chamado Charles Pradez que, tendo vindo para o Brasil em 1843, em 1872 publicaria em Paris um nada desprezível, do ponto de vista antropossocial, *Nouvelles études sur le Brésil*: estudos apoiados sobre quase 30 anos de residência no Brasil. Aí ele diz poder-se observar nos escravos de origem africana e negros, do Brasil, uma "cor de pele menos negra" e "uma grande regularidade nos traços do rosto". E acrescenta desses escravos mostrarem-se gente de uma "bela saúde" e de uma "viva inteligência". E destacando de anúncios de jornais evidências históricas dessa inteligência lembra, de algumas escravas de cor, refinamentos como o de saber uma negrinha de apenas 14 anos servir chá e cuidar de crianças; como o de outra, que seria "alegre, simpática, elegante"; como de uma terceira, "pardinha": costureira, hábil em fazer crochê e hábil, também, em pentear e, mais, conhecedora de todo serviço doméstico. É evidente que qualquer dessas mucamas, como os malungos e pajens, escravos de elite – os de serviço doméstico – apresentados neste livro, se deles nos restassem fotografias como as de mães negras da Coleção Francisco Rodrigues, hoje do Instituto Nabuco, e as de africanos já brasileiros e já libertos que se publicam neste livro, nos encantariam pela graça do porte e também de sua transculturação e até pelas suas aparências já antropossocialmente brasileiras. Ou ainda – talvez se deva admitir, já ou ainda – afro-brasileiros.

De S. Dutot é outro livro de observador europeu da situação social do Brasil no meado do século XIX – livro publicado em Paris em 1857 – em que se reconhece ter havido no Brasil de então uma atitude de brancos para com gente de cor de todo diferente da dominante nos Estados Unidos. Tal atitude permitia que se antevisse completa fusão, no Brasil, de brancos e não-brancos no futuro, enquanto nos Estados Unidos tudo fazia crer que, uma vez livres, os negros se constituiriam em "implacáveis inimigos dos brancos". Futurologia da mais sociologicamente idônea.

Já era, no meado do século XIX, considerável, no Império de Pedro II, a mistura das duas ou das três etnias: a caucásica, a negro-africana, a ameríndia. Dutot conheceu grande número de mestiços, segundo ele, com sangue africano em vários graus, entre súditos do imperador, tão bem situados na vida quanto os brancos. Impossível, portanto, não se reconhecer no Brasil, ao contrário do que sucedia nos Estados Unidos, já existir nos dias de Pedro II uma evidente dignificação, tanto pessoal como socioeconômica, de ex-escravos ou de africanos ou descendentes de africanos quando tornados membros da sociedade nacional. Daí – a conclusão se impõe – as evidências fotográficas desse fenômeno que um Sorokin de nossos dias situaria entre os de mobilidade social vertical, presentes em renovações ou acréscimos ou distensões de elites: no caso, uma formação transracial, importando em elevação de *status*, com os transferidos de um *status* a outro adquirindo, do *status* socioeconômica ou socioculturalmente superior, característicos – vários deles, note-se através dos fotografáveis ou fotografados na coleção apresentada neste livro – de porte, de semblante, de expressão senhoris e não-servis. Juntem-se a essas evidências as do direito, concedido no Brasil a ex-escravos, ao uso de insígnias – inclusive as de trajo, as de profissão, as de classe – desse outro e dignificante *status*. Dignificação para a qual lhes faltariam, aliás, predisposições.

Parece, assim, de todo possível, sem desapreço pelo que se considere objetividade científica no trato do assunto, admitir-se, nas relações predominantes – embora não exclusivas – entre senhores e escravos no Brasil patriarcalmente escravocrático, ter havido aspectos positivos a favor do que possa ser considerado brasileiramente humanitário ou benigno nessas relações: e que teria tornado possível, em pleno viço daquele sistema de convivência entre senhores e escravos, que emergissem, dentre escravos, ou negros recentemente ou já há algum tempo livres, tipos socioantropológicos tão evidentemente caracterizados por uma "dignidade" e até por uma "nobreza" de porte, por uma inconfundível ausência de ressentimento ou de humilhação nessas expressões de porte e em semblantes, fisionomias, sorrisos. Expressões das quais existem testemunhos fotográficos tão persuasivos.

2. Fotos do século XIX relativas a escravos e alforriados brasileiros

As fotos que se seguem são todas das décadas de 1860 e 1870, relativas a escravos ou alforriados da época: algumas – as primeiras 16 – das muitas oferecidas ao autor pelo ilustre casal Ana Amélia-Marcos Carneiro de Mendonça, ele, historiador conhecido e admirado pelos seus trabalhos, sempre idôneos, tanto quanto por documentos valiosos de que é possuidor; outras – as 15 seguintes – da Coleção

Francisco Rodrigues, pertencente à Divisão de Iconografia do Instituto Joaquim Nabuco de Pesquisas Sociais, cujas numerosas fotos, tanto de senhores como de escravos do Brasil canavieiro do século XIX, são material de importância, além de histórica, antropológica do Brasil. Muitas, dentre elas, constituem evidências do que se sugere neste livro quanto àquela dignidade de porte de escravos e ex-escravos do Brasil agrário-patriarcal, notada ou salientada por não poucos observadores estrangeiros dentre os que conheceram o Brasil escravocrático. As reunidas por Ana Amélia-Marcos Carneiro de Mendonça referem-se ao Sul do então Império; as da Coleção Rodrigues, ao Nordeste canavieiro.

3. Panos à cabeça: em torno de sua possível importância antropológica para a determinação de origens regionais ou tribais africanas de escravos brasileiros*

Vários são os anúncios de negros fugidos, na imprensa brasileira dos dias de Dom João e do tempo do Império, nos quais se descreve o trajo que levavam os negros em suas fugas quase sempre românticas. Esse tipo variava da simples tanga ao refolhudo vestido à moda das "baianas"; da camisa de ganga amarela à de grosseira estopa.

Em alguns anúncios se fala de panos à cabeça ou aos ombros usados por escravas. É tradição que, pelos diferentes modos de usarem essas escravas tais panos, elas se deixavam identificar quanto à sua origem africana e à sua condição de casadas ou de solteiras. Era uma "linguagem", a dos panos amarrados à cabeça ou lançados aos ombros, pelas mulheres africanas, ou descendentes de africanas, no Brasil, semelhante àquela outra "linguagem" por intermédio da qual se exprimiam, na mesma época, sinhás ou iaiás brancas: sinais de lenços e de leques.

Como esses diferentes modos de usarem, entre nós, mulheres do povo, descendentes de escravos africanos, panos à cabeça, "panos-da-costa", xales, subsistem em Pernambuco como na Bahia, no Rio de Janeiro como no Maranhão, talvez seja possível, através dessas diferenças como que rituais e às vezes simbólicas, e não simples expressões de caprichos individuais, estabelecer-se – apurando-se predominâncias – a procedência de populações de origem africana nas diversas áreas do país. Daí ter eu pedido (1934) a colaboração de Cícero Dias, desenhista e pintor, para uma pesquisa de caráter antropológico que durante meses nos fez anotar, ele em desenhos colori-

---

* Rascunho de trabalho apresentado ao Congresso de Estudos Afro-brasileiros reunido no Teatro Santa Isabel, no Recife, em 1934, por iniciativa do autor. Tanto o ms. como os numerosos desenhos do pintor Cícero Dias que o acompanhavam foram extraviados, por ocasião de um assalto da Polícia do Estado de Pernambuco ao ateliê do mesmo pintor, pouco tempo depois da realização daquele hoje histórico Congresso, no qual houve quem idiotamente enxergasse "manobra comunista".

dos, eu em apontamentos colhidos segundo os conselhos do prof. Franz Boas, quantos estilos de panos à cabeça e de "panos da-costa" e xales de cor, lançados aos ombros de modos os mais diversos, por mulheres moças e não apenas já velhas, pudemos surpreender no Recife e nos seus arredores de população mais plebeia: nas ruas, nos pátios, nos mercados, nas feiras, nos subúrbios, às portas de igrejas e de conventos. Isto sem nos esquecermos de registrar a sobrevivência, na subárea pernambucana, do trajo que nos anúncios de negros fugidos de há um século já vem descrito como "baiano" e que era um trajo de negras crioulas como que privilegiadas, dentro da sua categoria de escravas: quase rivais das negras e mulatas forras que, vestindo-se de "baianas", ostentavam uma elegância de princesas do mundo afro-brasileiro: o mundo afro-brasileiro da sua época. Também o trajo de "baiana" era – e continua a ser – coroado por um turbante ou uma rodilha ou um pano atado em asas de borboleta à cabeça, que parece insígnia de uma grandeza social animada de alguma coisa de superiormente sexual – tratando-se de mulher de cor –, característica da mesma "baiana", dentro daquele mundo.

A variedade nos modos de usarem, ainda hoje, mulheres brasileiras do povo, panos atados à cabeça e panos caídos pelos ombros, mostra ter sido – e continuar a ser – o trajo da "baiana" o centro, no Brasil, de um vasto sistema de mantas ecologicamente protetoras de africanas e de descendentes de africanas contra os excessos de sol do trópico. Não só isto, porém: de um vasto sistema antropológico ou sociológico em que, a essa proteção, juntaram-se, ao que parece, outros motivos, como que litúrgicos uns, outros, talvez profiláticos, ligados de início às origens tribais de mulheres importadas da África, pelo Brasil, como escravas e ao seu possível resguardo de mau-olhado e de outros malefícios psíquicos. Por inércia – principalmente – se teriam prolongado esses diferentes estilos ou modos de uso de panos à cabeça e aos ombros, nas descendentes de tais escravas: descendentes incapazes, até hoje, de outro arranjo dos mesmos panos, senão o que vêm seguindo quase religiosamente, geração após geração, por motivos que elas próprias não sabem atualmente explicar. De qualquer modo, essa variedade de arranjos corresponde a uma variedade de procedências regionais de africanos que se foram fixando promiscuamente no Brasil, desde que estava no interesse dos seus senhores essa promiscuidade quanto às tribos de origem dos escravos.

4. Tipos constitucionais e tipos étnicos entre os negros e mestiços descritos nos anúncios de escravos fugidos*

Não é difícil ao antropólogo que analise antropologicamente o rico material que os anúncios de negros fugidos, publicados em jornais brasileiros do século XIX, oferecem à sua curiosidade científica, verificar que, por esses anúncios, ao lado de bantos, passam sudaneses; ao lado de angolas, benguelas, congos, nagôs, minas, jorubas. Nem lhe é de todo impossível reconhecer por vezes sudaneses, nos mesmos anúncios de negros fugidos, pela estatura elevada, pelas formas alongadas de cabeça e de corpo, pelos tons acinzentados da pele negra; e por aquelas desproporções de membros já assinaladas por mestres da Antropologia Física: antebraço e pernas mais longas que as do europeu, ao lado de uma bacia relativamente pequena: circunstância de que se origina o chamado índice de Lapicque. Essas formas e esses característicos em contraste com os dos bantos, quase sempre com tendências à pequena estatura, ao tronco possante, aos membros curtos, à pantorrilha bem desenvolvida, tornando possível que se diga dos sudaneses que, dentro da concepção de Krestschmer, são "atletas", enquanto os bantos seriam "pícnicos".

Entretanto, o que nessas formas pode ser apresentado como característico de *stock* racial, talvez possa ser interpretado, numa análise antropológica menos em superfície que em profundidade dos negros fugidos fixados nos anúncios de jornais brasileiros do século XIX, menos como expressão de *stock* racial do que de tipo constitucional e de situação cultural: o tipo e a situação dos negros que mais fre-

* Rascunho de um trabalho apresentado em 1938 em seminário em torno da Antropologia, da História e da Sociologia dos Sistemas da Escravidão, dirigido pelo prof. Wasteman, em curso de doutorado e pós-doutorado na Universidade de Columbia, sendo o Dr. Wasteman considerado, na época, o maior especialista em assuntos de História Social da Escravidão no Mundo Antigo. O autor já seguira o curso sobre Escravidão na Grécia, professado com igual proficiência pelo prof. Sir Alfred Zimmern, da Universidade de Oxford.

quentemente fugiam da sedentariedade do trabalho escravo e do regime patriarcal de vida. As predominâncias, nos mesmos anúncios, de negros altos, magros, secos de corpo, parecem corresponder antes a um tipo constitucional de personalidade e a uma situação cultural de negro que a um *stock* racial: o de sudanês que se revelasse, só por esse fato, mais rebelde ao regime brasileiro de trabalho escravo e de rotina de vida que o banto. Em outras palavras: aquelas predominâncias de negros altos, secos, magros, entre os negros fugidos fixados pelos anúncios de jornais, incluiriam bantos de um tipo constitucional e de uma situação cultural semelhante à da maioria dos sudaneses: dos sudaneses considerados como *stock* racial. Esta a tese principal que esta nota levanta ou propõe, contrariando ideias estabelecidas em torno do assunto e sugerindo a revisão de tais ideias por um critério que, sem deixar de ser antropológico, deixaria de ser etnocêntrico para tornar-se antropocêntrico.

A diversidade de grupos étnicos na composição da parte africana da população brasileira assinalou-a Nina Rodrigues nos seus estudos pioneiros sobre o assunto, infelizmente prejudicados pelo critério de que quem estudasse a antropologia do negro africano, realizava obra de Antropologia Patológica. Só nos nossos dias, com Roquette-Pinto e Froes da Fonseca, os estudos de antropologia do brasileiro de origem africana se libertariam desse preconceito.

A interpretação biotipológica do brasileiro de origem africana pode concorrer para essa libertação necessária e já tardia. É um brasileiro – esse – que pode ser classificado em escalas antropológicas gerais, sua presença, nessas escalas, não se fazendo sentir como expressão de inferioridade étnica, mas sob a forma de tipos constitucionais que, com a crescente miscigenação, cada dia parecem corresponder menos a tipos étnicos. Algumas das deformações de corpo ostentadas por negros fugidos acusam ainda essa correspondência. Outras, sendo já ostentadas por escravos mestiços – alguns até louros –, dificilmente se prestam a uma identificação rígida de característicos de tipo constitucional com característicos de tipo étnico. Donde termos que atribuir maior importância, em alguns casos, às predominâncias de tipo constitucional como possíveis expressões de um maior ânimo aventureiro que teria sido revelado pelos escravos fugidos, em harmonia com suas formas, não de grupo étnico, mas de tipo constitucional. A estas formas de tipo constitucional estariam também ligadas certas deformações de corpo, ostentadas por escravos fugidos; e também algumas das suas doenças, nem sempre definidas através daquelas deformações ou dos característicos de físico ou de comportamento registrados nos anúncios em que vêm descritos os mesmos negros fugidos.

5. Deformações de corpo nos negros fugidos*

Nos anúncios de negros fugidos, de que estão cheios os jornais do tempo do Reino e do Império, encontra-se muito sinal de deformação de corpo do homem, da mulher e do menino escravo. Deformação por excesso de trabalho, por doença, por tatuagem, por condições anti-higiênicas de vida e talvez de alimentação em certas senzalas. Também cicatrizes de açoite e de ferro quente.

Salientaremos aqui algumas das deformações de corpo que ocorrem com mais frequência, e de modo mais impressionante, nos anúncios de negros fugidos, e também nos de escravos à venda, dos quais nos ocupamos em conferência lida na Sociedade Felipe d'Oliveira, no Rio de Janeiro, em 1934.

São numerosos os casos de negros "rendidos" e "quebrados"; de pretos com "veias estouradas" ou calombos no corpo; os de escravos de andar cambaio ou banzeiro; vários os de negros fugidos com máscaras ou mordaças de flandres na boca: máscaras, algumas, deformadoras das fisionomias dos negros. Às vezes máscaras ou mordaças fechadas com cadeado. Essas mordaças seriam menos castigo que medida profilática contra o chamado vício de comer terra. As máscaras eram usadas – informa em artigo nos *Anais Brasilienses de Medicina* o médico Gama Lobo – contra a voracidade por toda a espécie de

* Comunicação feita ao já referido I Congresso de Estudos Afro-brasileiros, reunido no Recife em 1934, poucos meses após a conferência do autor sobre "O escravo nos anúncios de jornais brasileiros ao tempo do Império", proferida no Rio de Janeiro, na Sociedade Felipe d'Oliveira.

frutas, até as verdes, dos escravos sofrendo de oftalmia a que denominou de *brasiliana*. Doença que seria causada pela má alimentação em certas fazendas do Império.

Nesse médico Gama Lobo, seja dito de passagem, que surpreende, quase assombra, a intuição poderosa. Escrevendo em 1865, já associava várias doenças de negros a defeitos de alimentação; já falava em "princípios vitais" necessários à "nutrição do organismo". A intuição clara das vitaminas.

Outros negros aparecem nos anúncios de jornais com os olhos doentes: sapiranga, olhos vermelhos de cachaceiros ou de bebedeiras de fumo – e talvez de maconha –, alguns cegos de um olho, outros zarolhos, vários com "carne sobre os olhos".

Aparecem negros de braço esquerdo mais comprido que o direito, alguns com seis dedos nos pés, outros faltando o dedo mindinho, velhos puxando pela perna, talvez inchada. Não são raros os doentes de boubas, úlceras, os pés cheios de bichos, os de postemas pelo corpo, os de "feridas que nunca saram" no pé ou na perna. E surgem uma vez por outra os negros lesos ou malucos, os inclinados à violência, ou valentões, tristonhos, sorumbáticos e calados que nem caboclos – efeito, talvez, em alguns casos, de influências sociais deformadoras da alma, e não apenas do corpo.

Sem falar nos gagos e canhotos, e num ou noutro corcunda, nos homens de fala de mulher, nas mulheres de barba no queixo, nas molecas fortes – talvez bosquímanas – que quase não se distinguiam dos homens, os peitos duros e pequenos contrastando com os grandes ou murchos de outras negras, passam pelos anúncios de jornal pretalhões excessivamente cabeludos no peito, barba cerrada que nem australianos; alguns encabelados por peito e pernas; um até de "fisionomia sevandija", "suíças e barbas acabanadas". Esse excesso de cabelo acusava, talvez, mestiçagem, ou hamita-semita, ou mais recente, do mesmo modo que a acusava o cabelo liso, como de caboclo, e o sarará, com que se apresentavam outros "negros" fugidos, nos anúncios de jornais.

Vários os casos de esteatopigia: nádegas arrebitadas para trás, nádegas empinadas, nádegas salientes. "Bundas grandes." Evidência da importação de hotentotes e bosquímanos.

Fotos do século XIX relativas a escravos e alforriados brasileiros.

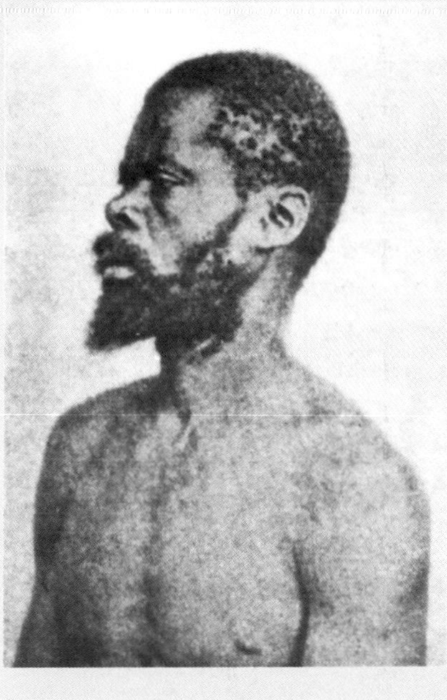

Fotos: Coleção Carneiro de Mendonça. Acervo da Fundação Gilberto Freyre.

Fotos: Coleção Carneiro de Mendonça. Acervo da Fundação Gilberto Freyre.

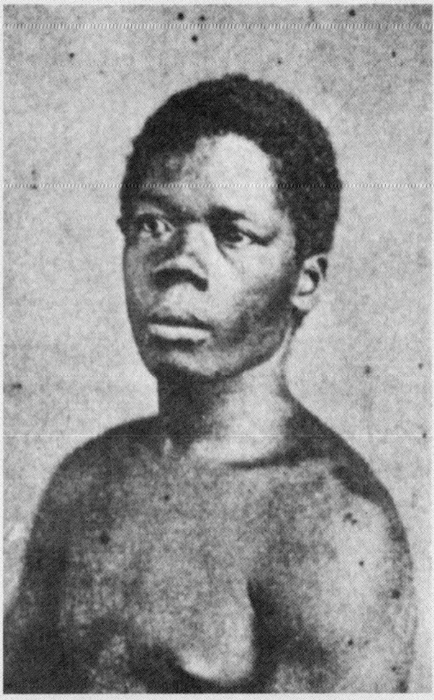

Fotos: Coleção Carneiro de Mendonça. Acervo da Fundação Gilberto Freyre.

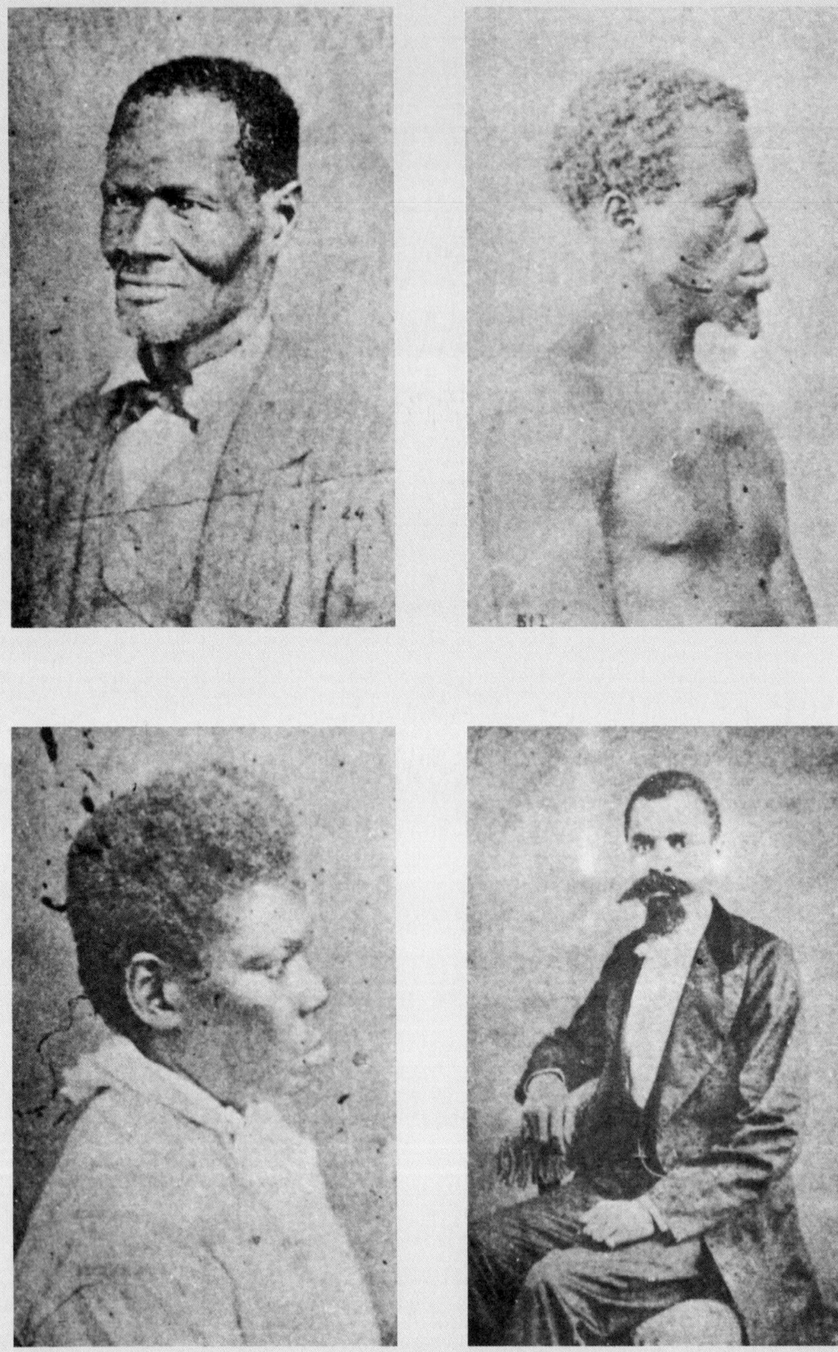

Fotos: Coleção Carneiro de Mendonça. Acervo da Fundação Gilberto Freyre.

Fotos: Coleção Francisco Rodrigues. Acervo da Fundação Joaquim Nabuco.

Fotos: Coleção Francisco Rodrigues. Acervo da Fundação Joaquim Nabuco.

Fotos: Coleção Francisco Rodrigues. Acervo da Fundação Joaquim Nabuco.

Fotos: Coleção Francisco Rodrigues. Acervo da Fundação Joaquim Nabuco.

Numerosos os casos de deformações do corpo por tatuagem, sinais de nação, marcas de fogo que não devem ser confundidas com as de ferro quente – castigo dos negros fujões. As tatuagens africanas eram, ao longo do nariz, talhos à imitação de pés de galinha; na testa e nas faces, talhinhos ou recortes, verdadeiras rendas, pelo rosto todo. Outros negros aparecem com tatuagens já abertas no Brasil, umas líricas, outras religiosas: corações feitos com tinta azul e, no meio dos corações, iniciais, signo-salomão; a cruz.

Vários pretos surgem, dos anúncios de jornal, com orelhas furadas para argolas ou brincos, um deles, um pretalhão Caçanje, de "suíças voltadas". Outro, de nação Congo, com uma meia-lua pendurada no buraco da orelha. São também frequentes os escravos com dentes limados.

Aparecem pretos com a cara picada de bexiga; vários banguelos – outra marca de nação; alguns com dentes podres. De outros se anunciam doenças venéreas.

Numerosos os que apresentam, nas coxas ou nas costas, letras, sinais ou carimbo de propriedade, como hoje o gado, ou então, marcas de surra e castigo, o corpo deformado pela crueldade dos senhores brancos: uns manquejando, os quartos arreados em consequência de surras tremendas; outros com cicatriz de relho pelas costas ou nas nádegas; ou então cicatriz de "anjinho", de tronco, de corrente no pescoço, de ferro nos pés, de lubambo no tornozelo. Alguns com queimaduras na barriga.

Também surgem dos anúncios negros com o corpo deformado, não por castigo ou surra dos senhores, mas pelos golpes ou "talhos que deram em si", na garganta ou no peito. Tentativas fracassadas de suicídio, nos momentos de banzo ou de raiva.

Grande número de pretos fugidos apresentavam deformações das pernas. Algumas dessas deformações devem ser atribuídas ao hábito de as mães escravas trazerem os molequinhos de mama escanchados às costas durante horas e horas de trabalho. Das deformações de cabeça, certo número talvez resultasse da dormida em esteiras, sobre o chão duro das senzalas. Mas é também admissível que parte dessas deformações acusem possíveis efeitos de raquitismo, como já sugerimos na conferência lida na Sociedade Felipe d'Oliveira.

O certo é que os anúncios de negros fugidos, no *Jornal do Commercio*, do Rio, no *Diário de Pernambuco*, no *Diário do Rio de Janeiro*, em outras gazetas brasileiras do tempo do Império, por nós examinados, estão cheios de negros de "pernas cambaias", "joelho tocando um no outro", "pernas tortas para dentro", "joelhos metidos para dentro", "pernas e braços exageradamente finos", "zambos", arqueados, peitos estreitos, cabeças puxadas para trás ou achatadas de lado. O fato de virem da África para o Brasil, em viagens que duravam meses, e aos magotes, uns por cima dos outros, nos porões úmidos, tantos negros ainda moleques e até molequinhos, torna admissível que fossem efeitos de raquitismo algumas daquelas frequentes deformações das pernas e da cabeça. Também o regime de trabalho e de alimentação em certas fazendas e para certo número de escravos – trabalho desde quase a madrugada até o sol posto, debaixo de telheiros acachapados e acrescido de alimentação deficiente e de dormida no chão, em senzalas úmidas e fechadas – talvez favorecesse o raquitismo, apesar de todo o desfavor dos trópicos.

Resta salientar nos anúncios de jornais de escravos fugidos as deformações de corpo por especialização, vamos dizer, profissional e por precocidade ou excesso de trabalho. São inúmeros os casos de deformação profissional das mãos, dos pés, da cabeça, do corpo inteiro do negro. Vários negrinhos, meninos de 10, 12 anos, já aparecem de coroa na cabeça, não raspada com todo o ritual como a dos meninos brancos que iam estudar para padre, mas feita à força pelo peso de carretos brutos: tabuleiro, tijolo, areia, pipa, barril. "Croas na moleira de carregar areia", diz-se de dois molequinhos fugidos de uma casa do Recife em 1830, cada um com sua coroa de martírio. E felizes os que só carregavam à cabeça areia ou tijolo.

Há casos de negros com os dedos dos pés torados por serem amassadores de cal e a cal lhes ter aberto feridas e comido os dedos; outros de dedos e munhecas inteiras comidos – talvez pelas moendas dos engenhos. Vários de "mãos muito calejadas e tortas" por serem carpinteiros; oficiais de alfaiate com os dedos deformados pela agulha, alguns com o dedo picado de debruar tamancos; outros de "dedos da mão com calos de amassar pão". Quase todos de pés e mãos enormes, deformados pelo trabalho.

Os anúncios de negros fugidos destacados como típicos, neste resumo, e examinados com mais vagar na conferência lida na Sociedade Felipe d'Oliveira sobre o escravo nos anúncios de jornal do tempo do Império (na qual também nos ocupamos de outros aspectos do assunto) apresentam o negro importado da África para o Brasil não como o elemento cacogênico ou transmissor de doenças e males africanos, de que tanto se fala, mas desprestigiado nas suas qualidades eugênicas e nas suas virtudes nativas por deformações, na grande maioria, de causas nitidamente sociais e brasileiras: excesso de trabalho em plantações e em casas burguesas, às vezes má dormida, má alimentação e más condições de vida nas senzalas, castigos, vícios, acidentes de trabalho, precocidade no esforço bruto.

Em contraste com esse negro socialmente patológico – sem desconhecermos, é claro, casos de portadores de taras e de doenças africanas, mas em número bem menos significativo que os portadores de doenças e vícios aqui adquiridos –, passam, em grande número, pelos anúncios, figuras admiravelmente eugênicas: negros e negras fortes, altas, bonitas, bem-feitas de corpo, os dentes alvos e perfeitos.

Evitando certa tendência brasileira para a parcialidade e para o extremismo intelectual ou doutrinário – porque na açao somos, ou, pelo menos, temos sido até hoje, antes contemporizadores que intransigentes –, não vamos fazer do cocolonizador negro do Brasil um semideus, que só nos teria trazido virtudes e qualidades. Mas já é tempo de não lhe atribuirmos males e doenças que se desenvolvera nele, como se teriam provavelmente desenvolvido noutra raça importada e sujeita ao mesmo regime de escravidão em país monocultor.

Biobibliografia de Gilberto Freyre

1900 Nasce no Recife, em 15 de março, na antiga Estrada dos Aflitos (hoje Avenida Rosa e Silva), esquina de Rua Amélia (o portão da hoje residência da família Costa Azevedo está assinalado por uma placa), filho do dr. Alfredo Freyre – educador, juiz de direito e catedrático de Economia Política da Faculdade de Direito do Recife – e de Francisca de Mello Freyre.

1906 Tenta fugir de casa, abrigando-se na materna Olinda, desde então, cidade muito de seu amor e da qual escreveria, em 1939, o *2º Guia prático, histórico e sentimental*.

1908 Entra no jardim de infância do Colégio Americano Gilreath. Lê as *Viagens de Gulliver* com entusiasmo. Não consegue aprender a escrever, fazendo-se notar pelos desenhos. Tem aulas particulares com o pintor Telles Júnior, que reclama contra sua insistência em deformar os modelos. Começa a aprender a ler e escrever em inglês com Mr. Williams, que elogia seus desenhos.

1909 Primeira experiência da morte: a da avó materna, que muito o mimava por supor que o neto tinha *deficit* de aprendizado, pela dificuldade em aprender a escrever. Temporada no engenho São Severino do Ramo, pertencente a parentes seus. Primeiras experiências rurais de menino de engenho. Mais tarde escreverá sobre essa temporada uma das suas melhores páginas, incluída em *Pessoas, coisas & animais*.

1911 Primeiro verão na Praia de Boa Viagem, onde escreve um soneto camoniano e enche muitos cadernos com desenhos e caricaturas.

1913 Dá as primeiras aulas no colégio. Lê José de Alencar, Machado de Assis, Gonçalves Dias, Castro Alves, Victor Hugo, Emerson, Longfellow, alguns dramas de Shakespeare, Milton, César, Virgílio, Camões e Goethe.

1914 Ensina latim, que aprendeu com o próprio pai, conhecido humanista recifense. Toma parte ativa nos trabalhos da sociedade literária do colégio. Torna-se redator-chefe do jornal impresso do colégio *O Lábaro*.

1915 Tem lições particulares de francês com Madame Meunieur. Lê La Fontaine, Pierre Loti, Molière, Racine, *Dom Quixote*, a Bíblia, Eça de Queirós, Antero de Quental, Alexandre Herculano, Oliveira Martins.

1916 Corresponde-se com o jornalista paraibano Carlos Dias Fernandes, que o convida a proferir palestra na capital do Estado vizinho. Como o dr. Freyre não apreciava Carlos Dias Fernandes, pela vida boêmia que levava, viaja autorizado pela mãe e lê no Cine-Teatro Pathé sua primeira conferência pública, dissertando sobre Spencer e o problema da educação no Brasil. O texto foi publicado no jornal *O Norte*, com elogios de Carlos Dias Fernandes. Influenciado pelos mestres do colégio e pela leitura do *Peregrino* de Bunyan e de uma biografia do dr. Livingstone, toma parte em atividades evangélicas e visita a gente miserável dos mucambos recifenses. Interessa-se pelo socialismo cristão, mas lê, como espécie de antídoto a seu misticismo, autores como Spencer e Comte. É eleito presidente do Clube de Informações Mundiais, fundado pela Associação Cristã de Moços do Recife. Lê ainda, nesse período, Rui Barbosa, Joaquim Nabuco, Oliveira Lima, Nietzsche e Sainte-Beuve.

1917 Conclui o curso de Barechal em Ciências e Letras do Colégio Americano Gilreath, fazendo-se notar pelo discurso que profere como orador da turma, cujo paraninfo é o historiador Oliveira Lima, daí em diante seu amigo (ver referência ao primeiro encontro com Oliveira Lima no prefácio à edição de suas *Memórias*, escrito a convite da viúva e do editor José Olympio). Leitura de Taine, Renan, Darwin, Von Ihering, Anatole France, William James, Bergson, Santo Tomás de Aquino, Santo Agostinho, São João da Cruz, Santa Teresa, Padre Vieira, Padre Bernardes, Fernão Lopes, São Francisco de Assis, São Francisco de Sales e Tolstoi. Começa a estudar grego. Torna-se membro da Igreja Evangélica, desagradando a mãe e a família católica.

1918 Segue, no início do ano, para os Estados Unidos, fixando-se em Waco (Texas) para matricular-se na Universidade de Baylor. Começa a ler Stevenson, Pater, Newman, Steele e Addison, Lamb, Adam Smith, Marx, Ward, Giddings, Jane Austen, as irmãs Brönte, Carlyle, Mathew Arnold, Pascal, Montaigne, Euclides da Cunha e Monteiro Lobato. Inicia sua colaboração no *Diário de Pernambuco*, com a série de cartas intituladas "Da outra América".

1919 Ainda na Universidade de Baylor, auxilia o geólogo John Casper Branner no preparo do texto português da *Geologia do Brasil*. Ensina francês a jovens oficiais norte-americanos convocados para a guerra. Estuda Geologia com Pace, Biologia com Bradbury, Economia com Wright, Sociologia com Dow, Psicologia com Hall e Literatura com A. J. Armstrong, professor de Literatura e crítico literário especializado na filosofia e na poesia de Robert Browning. Escreve os primeiros artigos em inglês publicados por um jornal de Waco. Divulga suas primeiras caricaturas.

1920 Conhece pessoalmente, por intermédio do professor Armstrong, o poeta irlandês William Butler Yeats (ver, no livro *Artigos de jornal*, um capítulo sobre esse poeta), os "poetas novos" dos Estados Unidos: Vachel Lindsay, Amy Lowell e outros. Escreve em inglês sobre Amy Lowell. Como estudante de Sociologia, faz pesquisas sobre a vida dos negros de Waco e dos mexicanos marginais do Texas. Conclui, na Universidade de Baylor, o curso de Bacharel em Artes, mas não comparece à solenidade da formatura: contra as praxes acadêmicas, a Universidade envia-lhe o diploma por intermédio de um portador. Segue para Nova York e ingressa na Universidade de Colúmbia. Lê Freud, Westermarck, Santayana, Sorel, Dilthey, Hrdlicka, Keith, Rivet, Rivers, Hegel, Le Play, Brunhes e Croce. Segundo notícia publicada no *Diário de Pernambuco* de 5 de junho, a Academia Pernambucana de Letras, por proposta de França Pereira, elege-o sócio-correspondente.

1921 Segue, na Faculdade de Ciências Políticas (inclusive as Ciências Sociais Jurídicas) da Universidade de Colúmbia, cursos de graduação e pós-graduação dos professores Giddings, Seligman, Boas, Hayes, Carl van Doren, Fox, John Basset Moore e outros. Conhece pessoalmente Rabindranath Tagore e o príncipe de Mônaco (depois reunidos no livro *Artigos de jornal*), Valle-Inclán e outros intelectuais e cientistas famosos que visitam a Universidade de Colúmbia e a cidade de Nova York. A convite de Amy Lowell, visita-a em Boston (ver, sobre essas visitas, artigos incluídos no livro *Vida, forma e cor*). Segue, na Universidade de Colúmbia, o curso do professor Zimmern, da Universidade de Oxford, sobre a escravidão na Grécia. Visita a Universidade de Harvard e o Canadá. É hóspede da Universidade de Princeton, como representante dos estudantes da América Latina que ali se reúnem em congresso. Lê Patrick Geddes, Ganivet, Max Weber, Maurras, Péguy, Pareto, Rickert, William Morris, Michelet, Barrès, Huysmans, Verlaine, Rimbaud, Baudelaire, Dostoievski, John Donne, Coleridge, Xenofonte, Homero, Ovídio, Ésquilo, Aristóteles e Ratzel. Torna-se editor associado da revista *El Estudiante Latinoamericano*, publicada mensalmente em Nova York pelo Comitê de Relações Fraternais entre Estudantes Estrangeiros. Publica diversos artigos no referido periódico.

1922 Defende tese para o grau de M. A. (*Magister Artium* ou *Master of Arts*) na Universidade de Colúmbia sobre *Social life in Brazil in the middle of the 19th Century*, publicada em Baltimore pela Hispanic American Historical Review (v. 5, n. 4, nov. 1922) e recebida com elogios pelos professores Haring, Shepherd, Robertson, Martin, Oliveira Lima e H. L. Mencken, que aconselha o autor a expandir o trabalho em livro. Deixa de comparecer à cerimônia de formatura, seguindo imediatamente para a Europa, onde recebe o diploma, enviado pelo reitor Nicholas Murray Butler. Vai para a França, a Alemanha, a Bélgica, tendo antes passado pela Inglaterra, estabelecendo-se em Oxford. Vai para a França, atravessa a Espanha e conhece Portugal, onde se fixa. Lê Simmel, Poincaré, Havelock Ellis, Psichari, Rémy de Gourmont, Ranke, Bertrand Russel, Swinburne, Ruskin, Blake, Oscar Wilde, Kant e Gracián. Tem o retrato pintado pelo modernista brasileiro Vicente do Rego Monteiro. Convive com ele e com outros artistas modernistas brasileiros, como Tarsila do Amaral e Brecheret. Na Alemanha conhece o Expressionismo; na Inglaterra, estabelece contato com o ramo inglês do Imagismo, já seu conhecido nos Estados Unidos. Na França, conhece o anarcossindicalismo de Sorel e o federalismo monárquico de Maurras. Convidado por Monteiro Lobato – a quem fora apresentado por carta de Oliveira Lima –, inicia sua colaboração na *Revista do Brasil* (nº 80, p. 363-371, agosto de 1922).

1923 Continua em Portugal, onde conhece João Lúcio de Azevedo, o Conde de Sabugosa, Fidelino de Figueiredo, Joaquim de Carvalho e Silva Gaio. Regressa ao Brasil e volta a colaborar no *Diário de Pernambuco*. Da Europa escreve artigos para a *Revista do Brasil* (São Paulo), a pedido de Monteiro Lobato.

1924 Reintegra-se no Recife, onde conhece José Lins do Rego, incentivando-o a escrever romances, em vez de artigos políticos (ver referências ao encontro e início da amizade entre o sociólogo e o futuro romancista do Ciclo da Cana de Açúcar no prefácio que este escreveu para o livro *Região e tradição*). Conhece José Américo de Almeida através de José Lins do Rego. Funda-se no Recife, a 28 de abril, o Centro Regionalista do Nordeste, com Odilon Nestor, Amaury de Medeiros, Alfredo Freyre, Antônio Inácio, Morais Coutinho, Carlos Lyra Filho, Pedro Paranhos,

Júlio Bello e outros. Excursões pelo interior do Estado de Pernambuco e pelo Nordeste com Pedro Paranhos, Júlio Bello (que a seu pedido escreveria as *Memórias de um senhor de engenho*) e seu irmão, Ulysses Freyre. Lê, na capital do Estado da Paraíba, conferência publicada no mesmo ano: Apologia pro generatione sua (incluída no livro *Região e tradição*).

1925 Encarregado pela direção do *Diário de Pernambuco*, organiza o livro comemorativo do primeiro centenário de fundação do referido jornal, *Livro do Nordeste*, onde foi publicado pela primeira vez o poema modernista de Manuel Bandeira "Evocação do Recife", escrito a seu pedido (ver referências no capítulo sobre Manuel Bandeira no livro *Perfil de Euclydes e outros perfis*). O *Livro do Nordeste* consagra, também, o até então desconhecido pintor Manuel Bandeira e publica desenhos modernistas de Joaquim Cardoso e Joaquim do Rego Monteiro. Lê na Biblioteca Pública do Estado de Pernambuco uma conferência sobre D. Pedro II, publicada no ano seguinte.

1926 Conhece a Bahia e o Rio de Janeiro, onde faz amizade com o poeta Manuel Bandeira, os escritores Prudente de Morais, neto (Pedro Dantas), Rodrigo M. F. de Andrade, Sérgio Buarque de Holanda, o compositor Villas-Lobos e o mecenas Paulo Prado. Por intermédio de Prudente, conhece Pixinguinha, Donga e Patrício e se inicia na nova música popular brasileira em noitadas boêmias. Escreve um extenso poema, modernista ou imagista e ao mesmo tempo regionalista e tradicionalista, do qual Manuel Bandeira dirá depois que é um dos mais saborosos do ciclo das cidades brasileiras: "Bahia de todos os santos e de quase todos os pecados" (publicado no Recife, no mesmo ano, em edição da *Revista do Norte*, reeditado em 20 de junho de 1942, na revista *O Cruzeiro* e incluído no livro *Talvez poesia*). Segue para os Estados Unidos como delegado do *Diário de Pernambuco*, ao Congresso Pan-Americano de Jornalistas. Convidado para redator-chefe do mesmo jornal e para oficial de gabinete do governador eleito de Pernambuco, então vice-presidente da República. Colabora (artigos humorísticos) na *Revista do Brasil* com o pseudônimo de J. J. Gomes Sampaio. Publica-se no Recife a conferência lida, no ano anterior, na Biblioteca Pública do Estado de Pernambuco: A propósito de Dom Pedro II (edição da *Revista do Norte*, incluída, em 1944, no livro *Perfil de Euclydes e outros perfis*). Promove no Recife o 1º Congresso Brasileiro de Regionalismo.

1927 Assume o cargo de oficial de gabinete do novo governador de Pernambuco, Estácio de Albuquerque Coimbra, casado com a prima de Alfredo Freyre, Joana Castelo Branco de Albuquerque Coimbra. Conhece Mário de Andrade no Recife e proporciona-lhe um passeio de lancha no rio Capibaribe.

1928 Dirige, a pedido de Estácio Coimbra, o jornal *A Província*, onde passam a colaborar os novos escritores do Brasil. Publica no mesmo jornal artigos e caricaturas com diferentes pseudônimos: Esmeraldino Olímpio, Antônio Ricardo, Le Moine, J. Rialto e outros. Lê Proust e Gide. Nomeado pelo governador Estácio Coimbra, por indicação do diretor A. Carneiro Leão, torna-se professor da Escola Normal do Estado de Pernambuco: primeira cadeira de Sociologia que se estabelece no Brasil com moderna orientação antropológica e pesquisas de campo.

1930 Acompanhando Estácio Coimbra ao exílio, visita novamente a Bahia, conhece parte do continente africano (Dacar, Senegal) e inicia, em Lisboa, as pesquisas e os estudos em que se basearia *Casa-grande & senzala* ("Em outubro de 1930 ocorreu-me a aventura do exílio. Levou-me primeiro à Bahia; depois a Portugal, com escala pela África. O tipo de viagem ideal para os estudos e as preocupações que este ensaio reflete", como escreverá no prefácio do mesmo livro).

1931 A convite da Universidade de Stanford, segue para os Estados Unidos, como professor extraordinário daquela universidade. Volta, no fim do ano, para a Europa, permanecendo algum tempo na Alemanha, em novos contatos com seus museus de antropologia, de onde regressa ao Brasil.

1932 Continua, no Rio de Janeiro, as pesquisas para a elaboração de *Casa-grande & senzala* em bibliotecas e arquivos. Recusando convites para empregos feitos pelos membros do novo governo brasileiro – um deles José Américo de Almeida – vive, então, com grandes dificuldades financeiras, hospedando-se em casas de amigos e em pensões baratas do Distrito Federal. Estimulado pelo seu amigo Rodrigo M. F. de Andrade, contrata com o poeta Augusto Frederico Schmidt – então editor – a publicação do livro por 500 mil-réis mensais, que recebe com irregularidades constantes. Regressa ao Recife, onde continua a escrever *Casa-grande & senzala*, na casa do seu irmão, Ulysses Freyre.

1933 Conclui o livro, enviando os originais ao editor Schmidt, que o publica em dezembro.

1934 Aparecem em jornais do Rio de Janeiro os primeiros artigos sobre *Casa-grande & senzala*, escritos por Yan de Almeida Prado, Roquette-Pinto, João Ribeiro e Agrippino Grieco, todos elogiosos. Organiza no Recife o 1º Congresso de Estudos Afro-Brasileiros. Recebe o prêmio da Sociedade Felipe d'Oliveira pela publicação *Casa-grande & senzala*. Lê na mesma sociedade conferência sobre O escravo nos anúncios de jornal do tempo do Império, publicada na revista *Lanterna Verde* (v. 2, fev. 1935). Regressa ao Recife e lê, no dia 24 de maio, na Faculdade de Direito e a convite de seus estudantes, conferência publicada, no mesmo ano, pela Editora Momento: O estudo das ciências sociais nas universidades americanas. Publica-se no Recife

(Oficinas Gráficas The Propagandist, edição de amigos do autor, tiragem de apenas 105 exemplares em papel especial e coloridos a mão por Luís Jardim) o *Guia prático, histórico e sentimental da cidade do Recife*, inaugurando, em todo o mundo, um novo estilo de guia de cidade, ao mesmo tempo lírico e informativo e um dos primeiros livros para bibliófilos publicados no Brasil. Nomeado em dezembro diretor do *Diário de Pernambuco*, cargo que exerceu por apenas quinze dias por causa da proibição, por Assis Chateaubriand, da publicação de uma entrevista de João Alberto Lins de Barros.

1935 A pedido dos alunos da Faculdade de Direito do Recife e por designação do ministro da Educação, inicia na referida escola superior um curso de Sociologia com orientação antropológica e ecológica. Segue, em setembro, para o Rio de Janeiro, onde, a convite de Anísio Teixeira, dirige na Universidade do Distrito Federal o primeiro Curso de Antropologia Social e Cultural da América Latina (ver texto das aulas no livro *Problemas brasileiros de antropologia*). Publica-se no Recife (Edições Mozart) o livro *Artigos de jornal*. Profere, a convite de estudantes paulistas de Direito, no Centro XI de Agosto, da Faculdade de Direito de São Paulo, a conferência Menos doutrina, mais análise, tendo sido saudado pelo estudante Osmar Pimentel.

1936 Publica-se no Rio de Janeiro (Companhia Editora Nacional, v. 64 da Coleção Brasiliana) o livro que é uma continuação da série iniciada com *Casa-grande & senzala*, *Sobrados e mucambos*. Viagem à Europa, permanecendo algum tempo na França e em Portugal.

1937 Viaja de novo à Europa, dessa vez como delegado do Brasil ao Congresso de Expansão Portuguesa no Mundo, reunido em Lisboa. Lê conferências nas Universidades de Lisboa, Coimbra e Porto e na de Londres (King's College), publicadas no Rio de Janeiro no ano seguinte. Regressa ao Recife e lê conferência política no Teatro Santa Isabel, a favor da candidatura de José Américo de Almeida à Presidência da República. A convite de Paulo Bittencourt inicia colaboração semanal no *Correio da Manhã*. Publica-se no Rio de Janeiro (José Olympio) o livro *Nordeste* (aspectos da influência da cana sobre a vida e a paisagem do Nordeste do Brasil).

1938 É nomeado membro da Academia Portuguesa de História pelo presidente Oliveira Salazar. Segue para os Estados Unidos como lente extraordinário da Universidade de Columbia, onde dirige seminário sobre sociologia e história da escravidão. Publica-se no Rio de Janeiro (Serviço Gráfico do Ministério da Educação e Saúde) o livro *Conferência na Europa*.

1939 Faz primeira viagem ao Rio Grande do Sul. Segue, depois, para os Estados Unidos, como professor extraordinário da Universidade de Michigan. Publica-se no Rio de Janeiro (José

Olympio) a primeira edição do livro *Açúcar* e no Recife (edição do autor, para bibliófilos) *Olinda, 2º guia prático, histórico e sentimental de cidade brasileira*. Publica-se em Nova York (Instituto de las Españas en los Estados Unidos) a obra do historiador Lewis Hanke, *Gilberto Freyre, vida y obra*.

1940 A convite do governo português, lê no Gabinete Português de Leitura do Recife a conferência (publicada no Recife, no mesmo ano, em edição particular) Uma cultura ameaçada: a luso-brasileira. E, em Aracaju, na instalação da 2ª Reunião da Sociedade de Neurologia, Psiquiatria e Higiene Mental do Nordeste, lê conferência publicada no ano seguinte pela mesma sociedade; no dia 29 de outubro, na Biblioteca do Ministério das Relações Exteriores e a convite da Casa do Estudante do Brasil, profere conferência sobre Euclides da Cunha, publicada no ano seguinte; no dia 19 de novembro, na Biblioteca do Estado do Rio Grande do Sul, faz uma conferência por ocasião das comemorações do bicentenário da cidade de Porto Alegre, publicada em 1943. Participa do 3º Congresso Sul-Rio-grandense de História e Geografia, ao qual apresenta, a pedido do historiador Dante de Laytano, o trabalho Sugestões para o estudo histórico-social do sobrado no Rio Grande do Sul, publicado no mesmo ano pela Editora Globo e incluído, posteriormente, no livro *Problemas brasileiros de antropologia*. Publica-se em Nova York (Columbia University Press) o opúsculo Some aspects of the social development on Portuguese America, separata da obra coletiva *Concerning Latin American culture*. Publicam-se no Rio de Janeiro (José Olympio) os livros *Um engenheiro francês no Brasil* e *O mundo que o português criou*, com longos prefácios, respectivamente, de Paul Arbousse-Bastide e Antônio Sérgio. Prefacia e anota o *Diário íntimo do engenheiro Vauthier*, publicado no mesmo ano pelo Serviço do Patrimônio Histórico e Artístico Nacional.

1941 Casa-se no Mosteiro de São Bento do Rio de Janeiro com a senhorita Maria Magdalena Guedes Pereira. Viaja ao Uruguai, Argentina e Paraguai. Torna-se colaborador de *La Nación* (Buenos Aires), dos *Diários Associados*, do *Correio da Manhã* e de *A Manhã* (Rio de Janeiro). Prefacia e anota as *Memórias de um Cavalcanti*, do seu parente Félix Cavalcanti de Albuquerque Melo, publicadas pela Companhia Editora Nacional (volume 196 da Coleção Brasiliana). Publica-se no Recife (Sociedade de Neurologia, Psiquiatria e Higiene Mental do Nordeste) a conferência Sociologia, psicologia e psiquiatria, depois ampliada e incluída no livro *Problemas brasileiros de antropologia*, contribuição para uma psiquiatria social brasileira que seria destacada pela Sorbonne ao doutourá-lo H.C. Publica-se no Rio de Janeiro (Casa do Estudante do Brasil) e em Buenos Aires a conferência Atualidade de Euclydes da Cunha (incluída, em 1944, no livro *Perfil de Euclydes e outros perfis*). Ao ensejo da publicação, no Rio de Janeiro (José Olympio), do livro *Região e tradição*, recebe homenagem de grande número de intelectuais brasileiros, com um almoço no Jóquei Clube, em 26 de junho, do qual foi orador o jornalista Dario de Almeida Magalhães.

1942 É preso no Recife, por ter denunciado, em artigo publicado no Rio de Janeiro, atividades nazistas e racistas no Brasil, inclusive as de um padre alemão a quem foi confiada, pelo governo do Estado de Pernambuco, a formação de jovens escoteiros. Com seu pai reage à prisão, quando levado para "a imunda Casa de Detenção do Recife", sendo solto, no dia seguinte, por interferência direta de seu amigo general Góes Monteiro. Recebe convite da Universidade de Yale para ser professor de Filosofia Social, que não pôde aceitar. Profere, no Rio de Janeiro, discurso como padrinho de batismo de avião oferecido pelo jornalista Assis Chateaubriand ao Aeroclube de Porto Alegre. É eleito para o Conselho Consultivo da American Philosophical Association. É designado pelo Conselho da Faculdade de Filosofia da Universidade de Buenos Aires Adscrito Honorário de Sociologia e eleito membro correspondente da Academia Nacional de História do Equador. Discursa no Rio de Janeiro, em nome do sr. Samuel Ribeiro, doador do avião Taylor à campanha de Assis Chateaubriand. Publica-se em Buenos Aires (Comisión Revisora de Textos de Historia y Geografía Americana) a 1ª edição de *Casa-grande & senzala* em espanhol, com introdução de Ricardo Saenz Hayes. Publicam-se no Rio de Janeiro (José Olympio) o livro *Ingleses* e a 2ª edição de *Guia prático, histórico e sentimental da cidade do Recife*. A Casa do Estudante do Brasil divulga, em 2ª edição, a conferência Uma cultura ameaçada: a luso-brasileira, proferida no Gabinete Português de Leitura do Recife (1940).

1943 Visita a Bahia, a convite dos estudantes de todas as escolas superiores do Estado, que lhe prestam excepcionais homenagens, às quais se associa quase toda a população de Salvador. Lê na Faculdade de Medicina da Bahia, a convite da União dos Estudantes Baianos, a conferência Em torno de uma classificação sociológica e no Instituto Histórico da Bahia, por iniciativa da Faculdade de Filosofia do mesmo Estado, a conferência A propósito da filosofia social e suas relações com a sociologia histórica (ambas incluídas, com os discursos proferidos nas homenagens recebidas na Bahia, no livro *Na Bahia em 1943*, que teve quase toda a sua tiragem apreendida, nas livrarias do Recife, pela Polícia do Estado de Pernambuco). Recusa, em carta altiva, o convite para ser catedrático de Sociologia da Universidade do Brasil. Inicia colaboração no *O Estado de S.Paulo* em 30 de setembro. Por intermédio do Itamaraty, recebe convite da Universidade de Harvard para ser seu professor, que também recusa. Publicam-se em Buenos Aires (Espasa-Calpe Argentina) as 1ªs edições, em espanhol, de *Nordeste* e de *Uma cultura ameaçada* e a 2ª, na mesma língua, de *Casa-grande & senzala*. Publicam-se no Rio de Janeiro (Casa do Estudante do Brasil) o livro *Problemas brasileiros de antropologia* e o opúsculo Continente e ilha (conferência lida, em Porto Alegre, no ano de 1940 e incluída na

2ª edição de *Problemas brasileiros de antropologia*). Publica-se também, no Rio de Janeiro (Livros de Portugal), uma edição de *As farpas*, de Ramalho Ortigão e Eça de Queirós, selecionadas e prefaciados por ele, bem como a 4ª edição de *Casa-grande & senzala*, livro publicado a partir desse ano pelo editor José Olympio.

1944 Visita Alagoas e Paraíba, a convite de estudantes desses Estados. Lê na Faculdade de Direito de Alagoas conferência sobre Ulysses Pernambucano, publicada no ano seguinte. Deixa de colaborar nos *Diários Associados* e em *La Nación*, em virtude da violação e do extravio constantes de sua correspondência. Em 9 de junho de 1944, comparece à Faculdade de Direito do Recife, a convite dos alunos dessa escola, para uma manifestação de regozijo em face da invasão da Europa pelos Exércitos Aliados. Lê em Fortaleza a conferência Precisa-se do Ceará. Segue para os Estados Unidos, onde profere, na Universidade do Estado de Indiana, seis conferências promovidas pela Fundação Patten e publicadas no ano seguinte, em Nova York, no livro *Brazil:* an interpretation. Publicam-se no Rio de Janeiro os livros *Perfil de Euclydes e outros perfis* (José Olympio), *Na Bahia em 1943* (edição particular) e a 2ª edição do guia *Olinda*. A Casa do Estudante do Brasil publica, no Rio de Janeiro, o livro *Gilberto Freyre*, de Diogo Melo Menezes, com prefácio consagrador de Monteiro Lobato.

1945 Toma parte ativa, ao lado dos estudantes do Recife, na campanha pela candidatura do brigadeiro Eduardo Gomes à Presidência da República. Fala em comícios, escreve artigos, anima os estudantes na luta contra a ditadura. No dia 3 de março, por ocasião do primeiro comício daquela campanha no Recife, começa a discursar, na sacada da redação do *Diário de Pernambuco*, quando tomba a seu lado, assassinado pela Polícia Civil do Estado, o estudante de Direito Demócrito de Sousa Filho. A UDN oferece, em sua representação na futura Assembleia Nacional Constituinte, um lugar aos estudantes do Recife, que preferem que seu representante seja o bravo escritor. A Polícia Civil do Estado de Pernambuco empastela e proíbe a circulação do *Diário de Pernambuco*, impedindo-o de noticiar a chacina em que morreram o estudante Demócrito e um popular. Com o jornal fechado, o retrato de Demócrito é inaugurado na redação, com memorável discurso de Gilberto Freyre: Quiseram matar o dia seguinte (cf. *Diário de Pernambuco*, 10 de abril de 1945). Em 9 de junho, comparece à Faculdade de Direito do Recife, como orador oficial da sessão contra a ditadura. Publicam-se no Recife (União dos Estudantes de Pernambuco) o opúsculo de sua autoria em apoio à candidatura de Eduardo Gomes: *Uma campanha maior do que a da abolição* e a conferência lida, no ano anterior, em Maceió: Ulysses. Publica-se em Fortaleza (edição do autor) a obra *Gilberto Freyre e alguns aspectos da antropossociologia no Brasil*, de autoria do médico Aderbal Sales. Publica-se em Nova York (Knopf) o livro *Brazil:* an interpretation.

A Editora mexicana Fondo de Cultura Económica publica *Interpretación del Brasil*, com orelhas escritas por Alfonso Reyes.

1946 Eleito deputado federal, segue para o Rio de Janeiro, a fim de participar nos trabalhos da Assembleia Constituinte. Em 17 de junho, profere discurso de críticas e sugestões ao projeto da Constituição, publicado em opúsculo: Discurso pronunciado na Assembleia Nacional Constituinte (incluído na 2ª edição do livro *Quase política*). Em 22 de junho lê no Teatro Municipal de São Paulo, a convite do Centro Acadêmico XI de Agosto, conferência publicada no mesmo ano pela referida organização estudantil Modernidade e modernismo na arte política (incluída, em 1965, no livro *6 conferências em busca de um leitor*). Em 16 de julho, na Faculdade de Direito de Belo Horizonte, a convite de seus alunos, apresenta conferência publicada no mesmo ano: Ordem, liberdade, mineiralidade (incluída em 1965, no livro *6 conferências em busca de um leitor*). Em agosto inicia colaboração no *Diário Carioca*. Em 29 de agosto profere na Assembleia Constituinte outro discurso de crítica ao projeto da Constituição (incluído na 2ª edição do livro *Quase política*). Em novembro, a Comissão de Educação e Cultura da Câmara dos Deputados indica, com aplauso do escritor Jorge Amado, membro da Comissão, o nome de Gilberto Freyre para o Prêmio Nobel de Literatura de 1947, com o apoio de numerosos intelectuais brasileiros. Publica-se no Rio de Janeiro a 5ª edição de *Casa-grande & senzala* e em Nova York (Knopf), a edição do mesmo livro em inglês, *The masters and the slaves*.

1947 Apresenta à Mesa da Câmara dos Deputados, para ser dado como lido, discurso sobre o centenário de nascimento de Joaquim Nabuco, publicado no ano seguinte. Em 22 de maio, lê no auditório da Associação Brasileira de Imprensa, a convite da Sociedade dos Amigos da América, conferência sobre Walt Whitman, publicada no ano seguinte. Trabalha ativamente na Comissão de Educação e Cultura da Câmara dos Deputados. É convidado para representar o Brasil no 19º Congresso dos Pen Clubes Mundiais, reunido em Zurique. Publica-se em Londres a edição inglesa de *The masters and the slaves*, em Nova York, a 2ª impressão de *Brazil: an interpretation* e no Rio de Janeiro, a edição brasileira deste livro, em tradução de Olívio Montenegro: *Interpretação do Brasil* (José Olympio). Publica-se em Montevidéu a obra *Gilberto Freyre y la sociología brasileña*, de Eduardo J. Couture.

1948 A convite da Unesco, toma parte, em Paris, no conclave de oito notáveis cientistas e pensadores sociais (Gurvitch, Allport e Sullivan, entre eles), reunidos pela referida Organização das Nações Unidas por iniciativa do então diretor Julian Huxley para estudar as Tensões que afetam a compreensão internacional, trabalho em conjunto depois publicado em inglês e francês. Lê, no Ministério das Relações Exteriores, a convite do Instituto Brasileiro de Educação, Ciência e Cultura (Comissão Nacional da Unesco), conferência sobre o conclave de Paris. Repete na Escola de Comando do Estado-Maior do Exército a conferência lida no Ministério das Relações Exteriores. Inicia em 18 de setembro sua colaboração em *O Cruzeiro*. Em dezembro, profere na Câmara dos Deputados discurso justificando a criação do Instituto Joaquim Nabuco de Pesquisas Sociais, com sede no Recife (incluído na 2ª edição do livro *Quase política*). Lê no Museu de Arte de São Paulo duas conferências: uma sobre Emílio Cardoso Ayres e outra sobre d. Veridiana Prado. Apresenta mais uma conferência na Escola de Comando do Estado-Maior do Exército. Publicam-se no Rio de Janeiro (José Olympio) o livro *Ingleses no Brasil* e os opúsculos O camarada Whitman (incluído, em 1965, no livro *6 conferências em busca de um leitor*), Joaquim Nabuco (incluído, em 1966, na 2ª edição do livro *Quase política*) e *Guerra, paz e ciência* (este editado pelo Ministério das Relações Exteriores). Inicia sua colaboração no *Diário de Notícias*.

1949 Segue para os Estados Unidos, a fim de participar, na categoria de ministro, como delegado parlamentar do Brasil, na 4ª Conferência Internacional da Organização das Nações Unidas. Lê conferências na Universidade Católica da América (Washington, D.C.) e na Universidade de Virgínia. Profere, em 12 de abril, na Associação de Cultura Franco-Brasileira do Recife, conferência sobre Emílio Cardoso Ayres (apenas pequeno trecho foi publicado no *Bulletin* da Associação). Em 18 de agosto, apresenta na Faculdade de Direito do Recife conferência sobre Joaquim Nabuco, na sessão comemorativa do centenário de nascimento do estadista pernambucano (incluída no livro *Quase política*). Em 30 de agosto, profere na Câmara dos Deputados discurso de saudação ao Visconde Jowitt, presidente da Câmara dos Lordes do Reino Unido da Grã-Bretanha e Irlanda do Norte (incluído em *Quase política*). No mesmo dia, lê, no Instituto Histórico e Geográfico Brasileiro, conferência sobre Joaquim Nabuco. Publica-se, no Rio de Janeiro (José Olympio), a conferência apresentada no ano anterior, na Escola de Comando do Estado-Maior do Exército: Nação e Exército (incluída, em 1965, no livro *6 conferências em busca de um leitor*).

1950 Profere na Câmara dos Deputados, em 17 de janeiro, discurso sobre o pernambucano Joaquim Arcoverde, primeiro cardeal da América Latina, por ocasião da passagem do primeiro centenário de seu nascimento (incluído em *Quase política*). Apresenta na Câmara dos Deputados, em 5 de abril, discurso sobre o centenário de nascimento de José Vicente Meira de Vasconcelos, constituinte de 1891 (incluído em *Quase política*). Profere na Câmara dos Deputados, em 28 de abril, discurso de definição de atitude na vida pública (incluído em *Quase política*). Discursa na Câmara dos Deputados, em 2 de maio, sobre o centenário da morte de Bernardo Pereira de Vasconcelos (incluído em *Quase política*). Profere na Câmara dos Deputados, em 2 de junho, discurso contrário à emenda parlamentarista (incluído em *Quase política*). Apresenta na Câmara dos Deputados, em 26 de junho, discurso no qual transmite apelo que recebeu de três parlamentares ingleses, em favor de um governo supranacional (incluído em *Quase política*). Discursa na Câmara dos Deputados, em 8 de agosto, sobre o centenário de nascimento de José Mariano (incluído em *Quase política*). Profere no Parque 13 de Maio, do Recife, discurso em favor da candidatura do deputado João Cleofas de Oliveira ao governo do Estado de Pernambuco (incluído na 2ª edição de *Quase política)*. Em 11 de setembro inicia colaboração diária no *Jornal Pequeno*, do Recife, sob o título Linha de fogo, em prol da candidatura João Cleofas ao governo do Estado de Pernambuco. Profere, em 8 de novembro, na Câmara dos Deputados, discurso de despedida por não ter sido reeleito para o período seguinte (incluído na 2ª edição de *Quase política*). Publica-se em Urbana (University of Illinois Press) a obra coletiva *Tensions that cause wars*, em Paris, em 1948. Contribuição de Gilberto Freyre: Internationalizing social sciences. Publicam-se no Rio de Janeiro (José Olympio) a 1ª edição do livro *Quase política* e a 6ª de *Casa-grande & senzala*.

1951 Publicam-se no Rio de Janeiro (José Olympio) a seguinte edição de *Nordeste* e de *Sobrados e mucambos* (esta refundida e acrescida de cinco novos capítulos). A convite da Universidade de Londres, escreve, em inglês, estudo sobre a situação do professor no Brasil, publicado, no mesmo ano, pelo *Year book of education*. Publica-se em Lisboa (livros do Brasil) a edição portuguesa de *Interpretação do Brasil*.

1952 Lê, na sala dos capelos da Universidade de Coimbra, em 24 de janeiro, conferência publicada, no mesmo ano, pela Coimbra Editora: Em torno de um novo conceito de tropicalismo. Publica-se em Ipswich (Inglaterra) o opúsculo editado pela revista *Progress* de Londres com o ensaio: Human factors behind Brazilian development. Publica-se no Recife (Edições Região) o *Manifesto regionalista de 1926*. Publicam-se no Rio de Janeiro (Serviço de Documentação do Ministério da Educação e Cultura) o opúsculo *José de Alencar* (José Olympio) e a 7ª edição de *Casa-grande & senzala* em francês, organizada pelo professor Roger Bastide, com prefácio de Lucien Fèbvre: *Maîtres et esclaves* (volume 4 da Coleção La Croix du Sud, dirigida por Roger Caillois). Viaja a Portugal e às províncias ultramarinas. Em 16 de abril, inicia colaboração no *Diário Popular* de Lisboa e no *Jornal do Commercio* do Recife.

1953 Publicam-se no Rio de Janeiro (José Olympio) os livros *Aventura e rotina* (escritos durante a viagem a Portugal e às províncias luso-asiáticas, "à procura das constantes portuguesas de caráter e ação") e *Um brasileiro em terras portuguesas* (contendo conferências e discursos proferidos em Portugal e nas províncias ultramarinas, com extensa "Introdução a uma possível luso-tropicologia").

1954 Escolhido pela Comissão das Nações Unidas para o estudo da situação racial na união sul-africana, como o antropólogo estrangeiro mais capacitado a opinar sobre essa situação, visita o referido país e apresenta à Assembleia Geral da ONU um estudo publicado pela organização nessa nação em: *Elimination des conflits et tensions entre les races*. Publica-se no Rio de Janeiro a 8ª edição de *Casa-grande & senzala*; no Recife (Edições Nordeste), o opúsculo *Um estudo do prof. Aderbal Jurema* e, em Milão (Fratelli Bocca), a 1ª edição, em italiano, de *Interpretazione del Brasile*. Em agosto é encenada no Teatro Santa Isabel a dramatização de *Casa-grande & senzala*, feita por José Carlos Cavalcanti Borges. O professor Moacir Borges de Albuquerque defende, em concurso para provimento efetivo de uma das cadeiras de português do Instituto de Educação de Pernambuco, tese sobre *Linguagem de Gilberto Freyre*.

1955 Lê, na sessão inaugural do 4º Congresso Brasileiro de Neurologia, Psiquiatria e Higiene Mental, conferência sobre Aspectos da moderna convergência médico-social e antropocultural (incluída na 2ª edição de *Problemas brasileiros de antropologia*). Em 15 de maio profere no encerramento do curso de treinamento de professores rurais de Pernambuco discurso publicado no ano seguinte. Comparece, como um dos quatro conferencistas principais (os outros foram o alemão Von Wreie, o inglês Ginsberg e o francês Davy) e na alta categoria de convidado especial, ao 3º Congresso Mundial de Sociologia, realizado em Amsterdã, no qual apresenta a comunicação, publicada em Louvain, no mesmo ano, pela Associação Internacional de Sociologia: *Morals and social change*. Para discutir *Casa-grande & senzala* e outras obras, ideias e métodos de Gilberto Freyre, reúnem-se em Cerisy-LaSalle os escritores e professores M. Simon, R. Bastide, G. Gurvitch, Leon Bourdon, Henri Gouhier, Jean Duvignaud, Tavares Bastos, Clara Mauraux, Nicolas Sombart e Mário Pinto de Andrade: talvez a maior homenagem já prestada na Europa a um intelectual brasileiro; os demais seminários de Cerisy foram dedicados a filósofos da história, como Toynbee e Heidegger. Publicam-se no Recife (Secretaria de Educação e Cultura) os opúsculos Sugestões para uma nova política no Brasil: a rurbana (incluído, em 1966, na 2ª edição de *Quase política*) e *Em torno da situação do professor no Brasil*; em Nova York (Knopf) a 2ª edição de *Casa-grande & senzala*, em inglês: *The masters and the slaves*, e em Paris (Gallimard) a 1ª edição de *Nordeste* em francês: *Terres du sucre* (volume 14 da Coleção La Croix du Sud, dirigida por Roger Caillois).

1957 Lê, em 4 de agosto, na Escola de Belas Artes da Universidade Federal de Pernambuco, em solenidade comemorativa do 25º aniversário de fundação daquela instituição, conferência publicada no mesmo ano: Arte, ciência social e sociedade. Dirige, em outubro, curso sobre Sociologia da Arte na mesma escola. Colabora novamente no *Diário Popular* de Lisboa, atendendo a insistentes convites do seu diretor, Francisco da Cunha Leão. Publicam-se no Recife os opúsculos *Palavras às professoras rurais do Nordeste* (Secretaria de Educação e Cultura do Estado de Pernambuco) e *Importância para o Brasil dos institutos de pesquisa científica* (Instituto Joaquim Nabuco de Pesquisas Sociais); no Rio de Janeiro (José Olympio), a 2ª edição de *Sociologia*; no México (Editorial Cultural), o opúsculo *A experiência portuguesa no trópico americano*; em Lisboa (Livros do Brasil), a 1ª edição portuguesa de *Casa-grande & senzala* e a obra *Gilberto Freyre's "luso-tropicalism"*, de autoria de Paul V. Shaw (Centro de Estudos Políticos Sociais da Junta de Investigações do Ultramar).

1958 Lê, no Fórum Roberto Simonsen, conferência publicada no mesmo ano pelo Centro e Federação das Indústrias do Estado de São Paulo: Sugestões em torno de uma nova orientação para as relações intranacionais no Brasil. Publicam-se em Lisboa (Centro de Estudos Políticos e Sociais da Junta de Investigações do Ultramar) o livro, com texto em português e inglês, *Integração portuguesa nos trópicos/Portuguese integration in the tropics*, e no Rio de Janeiro (José Olympio), a 9ª edição brasileira de *Casa-grande & senzala*.

1959 Lê, em abril, conferências no Instituto Joaquim Nabuco de Pesquisas Sociais, iniciando e concluindo cursos de Ciências Sociais promovidos pelo referido órgão. Em julho, apresenta na Faculdade de Direito da Universidade Federal de Minas Gerais conferência publicada pela mesma universidade, no ano seguinte. Publicam-se em Nova York (Knopf) *New world in the tropics*, cujo texto contém, grandemente expandido e praticamente reescrito, o livro (publicado em 1945 pelo mesmo editor) *Brazil:* an interpretation; na Guatemala (Editorial de Ministério de Educación Pública José de Pineda Ibarra), o opúsculo *Em torno a algunas tendencias actuales de la antropología*; no Recife (Arquivo Público do Estado de Pernambuco), o opúsculo *A propósito de Mourão, Rosa e Pimenta:* sugestões em torno de uma possível hispanotropicologia; no Rio de Janeiro (José Olympio), a 1ª edição do livro *Ordem e progresso* (terceiro volume da Série Introdução à história patriarcal no Brasil, iniciada com *Casa-grande & senzala*, continuada com *Sobrados e mucambos* e finalizada com *Jazigos e covas rasas*, livro nunca concluído) e *O velho Félix e suas memórias de um Cavalcanti* (2ª edição, ampliada, da introdução ao livro *Memórias de um Cavalcanti*, publicado em 1940); em Salvador (Universidade da Bahia), o livro *A propósito de frades* e o opúsculo *Em torno de alguns túmulos afrocristãos de uma área africana contagiada pela cultura brasileira*; e em São Paulo (Instituto Brasileiro de Filosofia), o ensaio A filosofia da história do Brasil na obra de Gilberto Freyre, de autoria de Miguel Reale.

1960 Viaja pela Europa, nos meses de agosto e setembro, lendo conferências em universidades francesas, alemãs, italianas e portuguesas. Publicam-se em Lisboa (Livros do Brasil) o livro *Brasis, Brasil e Brasília*; em Belo Horizonte (edições da *Revista Brasileira de Estudos Políticos*), a conferência Uma política transnacional de cultura para o Brasil de hoje; no Recife (Imprensa Universitária), o opúsculo *Sugestões em torno do Museu de Antropologia do Instituto Joaquim Nabuco de Pesquisas Sociais*, e no Rio de Janeiro (José Olympio), a 3ª edição do livro *Olinda*.

1961 Em 24 de fevereiro recebe em sua casa de Apipucos a visita do escritor norte-americano Arthur Schlesinger Junior, assessor e enviado especial do presidente John F. Kennedy. Em 20 de abril profere na Faculdade de Medicina da Universidade Federal de Pernambuco uma conferência sobre Homem, cultura e trópico, iniciando as atividades do Instituto de Antropologia Tropical, criado naquela faculdade por sugestão sua. Em 25 de abril é filmado e entrevistado em sua residência pela equipe de televisão e cinema do Columbia Broadcasting System. Em junho viaja aos Estados Unidos, onde faz conferência no Conselho Americano de Sociedades Científicas, no Centro de Corning, no Centro de Estudos de Santa Bárbara e nas Universidades de Princeton e Colúmbia. De volta ao Brasil, recebe, em agosto, a pedido da Comissão Educacional dos Estados Unidos da América no Brasil (Comissão Fulbright), para uma palestra informal sobre problemas brasileiros, os professores norte-americanos que participam do II Seminário de Verão promovido pela referida comissão. Em outubro, lê, no Instituto Joaquim Nabuco de Pesquisas Sociais, quatro conferências sobre sociologia da vida rural. Ainda em outubro e a convite dos corpos docente e discente da Escola de Engenharia da Universidade Federal de Pernambuco, lê na mesma escola três conferências sobre Três engenharias inter-relacionadas: a física, a social e a chamada humana. Viaja a São Paulo e lê, em 27 de outubro, no auditório da Academia Paulista de Letras, sob os auspícios do Instituto Hans Staden, conferência intitulada Como e porque sou sociólogo. Em 1º de novembro, apresenta no auditório da ABI e sob os auspícios do Instituto Cultural Brasil-Alemanha, conferências sobre Harmonias e desarmonias na formação brasileira. Em dezembro, segue para a Europa, permanecendo três semanas na Alemanha Ocidental, para participar, como representante do Brasil, no encontro germano-hispânico de sociólogos. Publicam-se em Tóquio (Ministério da Agricultura do Japão, série de Guias para os emigrantes em países estrangeiros), a edição japonesa de *New world in the tropics*: *Atsuitai no sin sekai*; em Lisboa (Comissão Executiva das Comemorações do V Centenário da Morte do Infante D. Henrique) – em português, francês e inglês –, o livro *O luso e trópico*: les Portugais et les tropiques e *The portuguese and the tropics* (edições separadas); no Recife (Imprensa Universitária), a obra *Sugestões de um novo contato com universidades europeias*; no Rio de Janeiro (José

Olympio), a 3ª edição brasileira de *Sobrados e mucambos* e a 10ª edição brasileira (11ª em língua portuguesa) de *Casa-grande & senzala*.

1962 Em fevereiro, a Escola de Samba de Mangueira desfila, no Carnaval do Rio de Janeiro, com enredo inspirado em *Casa-grande & senzala*. Em março é eleito presidente do Comitê de Pernambuco do Congresso Internacional para a Liberdade da Cultura. Em 10 de junho, lê, no Gabinete Português de Leitura do Rio de Janeiro, a convite da Federação das Associações Portuguesas do Brasil, conferência publicada, no mesmo ano, pela referida entidade: *O Brasil em face das Áfricas negras e mestiças*. Em agosto reúne-se em Porto Alegre o 1º Colóquio de Estudos Teuto-brasileiros, organizado por sugestão sua. Ainda em agosto é admitido pelo Presidente da República como Comandante do Corpo de Graduação da Ordem do Mérito Militar. Por iniciativa do Banco Interamericano de Desenvolvimento, o professor Leopoldo Castedo profere em Washington, D.C., no curso Panorama da Civilização Ibero-Americana, conferência sobre La valorización del tropicalismo en Freyre. Em outubro, torna-se editor-associado do *Journal of Interamerican Studies*. Em novembro, dirige na Faculdade de Letras da Universidade de Coimbra um curso de seis lições sobre Sociologia da História. Ainda na Europa, lê conferências em universidades da França, da Alemanha Ocidental e da Espanha. Em 19 de novembro recebe o grau de doutor *honoris causa* pela Faculdade de Letras de Coimbra. Publicam-se no Rio de Janeiro (José Olympio) os livros *Talvez poesia* e *Vida, forma e cor*, a 2ª edição de *Ordem e progresso* e a 3ª de *Sociologia*; em São Paulo (Livraria Martins Editora), o livro *Arte, ciência e trópico*; em Lisboa (Livros do Brasil), as edições portuguesas de *Aventura e rotina* e de *Um brasileiro em terras portuguesas*; no Rio de Janeiro (José Olympio), a obra coletiva *Gilberto Freyre:* sua ciência, sua filosofia, sua arte (ensaios sobre o autor de *Casa-grande & senzala* e sua influência na moderna cultura do Brasil, comemorativos do vigésimo quinto aniversário de publicação desse livro).

1963 Em 10 de junho, inaugura-se no Teatro Santa Isabel do Recife uma exposição sobre *Casa-grande & senzala*, organizada pelo colecionador Abelardo Rodrigues. Em 20 de agosto, o governo de Pernambuco promulga a Lei Estadual nº 4.666, de iniciativa do deputado Paulo Rangel Moreira, que autoriza a edição popular, pelo mesmo Estado, de *Casa-grande & senzala*. Publicam-se em *The American Scholar*, Chapel Hill (United Chapters of Phi Beta Kappa e University of North Caroline) o ensaio On the Iberian concept of time; em Nova York (Knopf), a edição de *Sobrados e mucambos* em inglês, com introdução de Frank Tannenbaum: *The mansions and the shanties (the making of modern Brazil)*; em Washington, D.C. (Pan American Union), o livro *Brazil*; em Lisboa, a 2ª edição do opúsculo *Americanism and latinity America!* (em inglês e francês); em Brasília (Editora Universidade de Brasília), a 12ª edição brasileira de *Casa-grande & senzala* (13ª edição em língua portuguesa) e no Recife (Imprensa Universitária), o livro *O escravo nos anúncios de jornais brasileiros do século XIX* (reedição muito ampliada da conferência lida, em 1935, na Sociedade Felipe d'Oliveira). O professor Thomas John O'Halloran apresenta à Graduate School of Arts and Science, da New York University, dissertação sobre *The life and master writings of Gilberto Freyre*. As Editoras A. A. Knopf e Random House publicam em Nova York a 2ª edição (como livro de bolso) de *New world in the tropics*.

1964 A convite do governo do Estado de Pernambuco, lê na Escola Normal do mesmo Estado, em 13 de maio, conferência como orador oficial da solenidade comemorativa do centenário de fundação daquela Escola. Recebe em Natal, em julho, as homenagens da Fundação José Augusto pelo trigésimo aniversário da publicação de *Casa-grande & senzala*. Recebe, em setembro, o Prêmio Moinho Santista para Ciências Sociais. Viaja aos Estados Unidos e participa, em dezembro, como conferencista convidado, do seminário latino-americano promovido pela Universidade de Colúmbia. Publicam-se em Nova York (Knopf) uma edição abreviada (*paperback*) de *The masters and the slaves*; em Madri (separata da *Revista de la Universidad de Madrid*) o opúsculo De lo regional a lo universal en la interpretación de los complejos socioculturales; no Recife (Instituto Joaquim Nabuco de Pesquisas Sociais), em tradução de Waldemar Valente, a tese universitária de 1922, *Vida social no Brasil nos meados do século XIX* e o opúsculo (Imprensa Universitária) *O Estado de Pernambuco e expressão no poder nacional:* aspectos de um assunto complexo; no Rio de Janeiro (José Olympio), a seminovela *Dona Sinhá e o filho padre*, o livro *Retalhos de jornais velhos* (2ª edição, consideravelmente ampliada, de *Artigos de jornal*), o opúsculo *A Amazônia brasileira e uma possível-luso tropicologia* (Superintendência do Plano de Valorização Econômica da Amazônia) e a 11ª edição brasileira de *Casa-grande & senzala*. Recusa convite do presidente Castelo Branco para ser ministro da Educação e Cultura.

1965 Viaja a Campina Grande, onde lê, em 15 de março, na Faculdade de Ciências Econômicas, a conferência (publicada no mesmo ano pela Universidade Federal da Paraíba) *Como e porque sou escritor*. Participa no Simpósio sobre Problemática da Universidade Federal de Pernambuco (março/abril), com uma conferência sobre a conveniência da introdução na mesma universidade, de "Um novo tipo de seminário (Tannenbaum)". Viaja ao Rio de Janeiro, onde recebe, em cerimônia realizada no auditório de *O Globo*, diploma com o qual o referido jornal homenageou, no seu quadragésimo aniversário, a vida e a obra dos Notáveis do Brasil: brasileiros vivos que, "por seu talento e capacidade de trabalho de todas as formas invulgares, tenham tido uma decisiva participação nos rumos da vida brasileira, ao longo dos quarenta anos conjuntamente vividos". Em 9 de novembro, gradua-se, *in absentia*, doutor pela Universidade de Paris (Sorbonne), em solenidade na qual também foram homenageados outros sábios de categoria internacional, em diferentes campos do saber, sendo a consagração por obra que vinha abrindo "novos caminhos à filosofia e às ciências do homem". A consagração cultural pela Sorbonne juntou-se à recebida das Universidades da Colúmbia e de Coimbra e às quais se somaram as de Sussex (Inglaterra) e Münster (Alemanha), em solenidade prestigiada por nove magníficos reitores alemães. Publicam-se em Berlim (Kiepenheur & Witsch) a 1ª edição de *Casa-grande & senzala* em alemão: *Herrenhaus und Sklavenhütte* (*Ein Bild der Brasilianischen Gesellschaft*); no Recife (Imprensa Oficial do Estado de Pernambuco), o opúsculo *Forças Armadas e outras forças*, e no Rio de Janeiro (José Olympio), o livro *6 conferências em busca de um leitor.*

1966 Viaja ao Distrito Federal, a convite da Universidade de Brasília, onde lê, em agosto, seis conferências sobre Futurologia, assunto que foi o primeiro a desenvolver no Brasil. Por solicitação das Nações Unidas, apresenta ao United Nations Human Rights Seminar on Apartheid (realizado em Brasília, de 23 de agosto a 5 de setembro) um trabalho de base sobre Race mixture and cultural interpenetration: the Brazilian example, distribuído na mesma ocasião em inglês, francês, espanhol e russo. Por sugestão sua, inicia-se na Universidade Federal de Pernambuco o Seminário de Tropicologia, de caráter interdisciplinar e inspirado pelo seminário do mesmo tipo, iniciado na Universidade de Colúmbia pelo professor Frank Tannenbaum. Publicam-se em Barnet, Inglaterra, *The racial factor in contemporary politics*; no Recife (governo do Estado de Pernambuco), o primeiro tomo da 14ª edição brasileira (15ª em língua portuguesa) de *Casa-grande & senzala* (edição popular, para ser comercializada a preços acessíveis, de acordo com a Lei Estadual nº 4.666, de 20 de agosto de 1963); e no Rio de Janeiro (José Olympio), a 13ª edição do mesmo livro.

1967 Em 30 de janeiro, lançamento solene, no Palácio do Governo do Estado de Pernambuco, do primeiro volume da edição popular de *Casa-grande & senzala*. Em julho, viaja aos Estados Unidos, para receber, no Instituto Aspen de Estudos Humanísticos, o Prêmio Aspen do ano (30 mil dólares e isento de imposto sobre a renda) "pelo que há de original, excepcional e de valor permanente em sua obra ao mesmo tempo de filósofo, escritor literário e antropólogo." Recebe o Nobel dos Estados Unidos na presença de embaixador, enviado especial do presidente Lyndon B. Johnson, que se congratula com Gilberto Freyre pela honraria na qual o autor foi precedido por apenas três notabilidades internacionais: o compositor Benjamin Britten, a dançarina Martha Graham e o urbanista Constantino Doxiadis por obras reveladoras de "criatividade genial". Em dezembro, lê na Academia Brasileira de Letras, no Instituto Histórico e Geográfico Brasileiro e no Instituto Joaquim Nabuco de Pesquisas Sociais, conferências sobre Oliveira Lima, em sessões solenes comemorativas do centenário de nascimento daquele historiador (ampliadas no livro *Oliveira Lima, Dom Quixote gordo*). Publicam-se em Lisboa (Fundação Calouste Gulbenkian) o livro *Sociologia da medicina*; em Nova York (Knopf), a tradução da "seminovela" *Dona Sinhá e o filho padre*: *Mother and son,* a Brazilian tale; no Recife (Instituto Joaquim Nabuco de Pesquisas Sociais), a 2ª edição de *Mucambos do Nordeste* e a 3ª edição do *Manifesto Regionalista de 1926*; em São Paulo (Arquimedes Edições), o livro *O Recife, sim*! *Recife não*!, e no Rio de Janeiro (José Olympio), a 4ª edição de *Sociologia.*

1968 Em 9 de janeiro, lê, no Palácio do Governo do Estado de Pernambuco, a primeira da série de conferências promovidas pelo governador do Estado para comemorar o centenário de nascimento de Oliveira Lima (incluída no livro *Oliveira Lima, Dom Quixote gordo*, publicado no mesmo ano pela Imprensa da Universidade de Recife). Viaja à Argentina onde faz conferência sobre Oliveira Lima na Universidade do Rosário, e à Alemanha Ocidental, onde recebe o título de Doutor *Honoris Causa* pela Universidade de Münster por sua obra comparada à de Balzac. Publicam-se em Lisboa (Academia Internacional da Cultura Portuguesa) o livro em dois volumes, *Contribuição para uma sociologia da biografia* (*o exemplo de Luís de Albuquerque, governador de Mato Grosso no fim do século XVII*); no Distrito Federal (Editora Universidade de Brasília), o livro *Como e porque sou e não sou sociólogo*, e no Rio de Janeiro (Record), as 2as edições dos livros *Região* e *tradição e Brasis, Brasil e Brasília*. Ainda no Rio de Janeiro, publicam-se (José Olympio) as 4as edições dos livros *Guia prático, histórico e sentimental da cidade do Recife* e *Olinda, 2º Guia prático, histórico e sentimental de cidade brasileira.*

1969 Recebe o Prêmio Internacional de Literatura La Madonnina por "incomparável agudeza na descrição de problemas sociais, conferindo-lhes calor humano e otimismo, bondade e sabedoria", através de uma obra de "fulgurações geniais". Lê conferência, no Conselho Federal de Cultura, em sessão dedicada à memória de Rodrigo M. F. de Andrade. A Universidade Federal de Pernambuco lança os dois primeiros volumes do seminário de Tropicologia, relativos ao ano de 1966: *Trópico & colonização, nutrição, homem, religião, desenvolvimento, educação e cultura, trabalho e lazer, culinária, população.* Lê no Instituto Joaquim Nabuco de Pesquisas Sociais quatro conferências sobre Tipos antropológicos no romance brasileiro. Publicam-se no Recife (Instituto Joaquim Nabuco de Pesquisas Sociais) o ensaio Sugestões em torno da ciência e da arte da pesquisa social, e no Rio de Janeiro (José Olympio), a 15ª edição brasileira de *Casa-grande & senzala.*

1970 Completa setenta anos de idade residindo na província e trabalhando como se fosse um intelectual ainda jovem: escrevendo livros, colaborando em jornais e revistas nacionais e estrangeiros, dirigindo cursos, proferindo conferências, presidindo o conselho diretor e incentivando as atividades do Instituto Joaquim Nabuco de Pesquisas Sociais, presidindo o Conselho Estadual de Cultura, dirigindo o Centro Regional de Pesquisas Educacionais e o Seminário de Tropicologia da Universidade Federal de Pernambuco, comparecendo às reuniões mensais do Conselho Federal de Cultura e atendendo a convites de universidades europeias e norte-americanas, onde é sempre recebido como o embaixador intelectual do Brasil. A Editora A. A. Knopf publica em Nova York *Order and progress*, com texto traduzido e refundido por Rod W. Horton.

1971 Recebe a 26 de novembro, em solenidade no Gabinete Português de Leitura, do Recife, e tendo como paraninfo o ministro Mário Gibson Barbosa, o título de Doutor *Honoris Causa* pela Universidade Federal de Pernambuco. Discursa como orador oficial da solenidade de inauguração, pelo presidente Emílio Garrastazu Médici, do Parque Nacional dos Guararapes, no Recife. A rainha Elizabeth lhe confere o título de *Sir* (Cavaleiro Comandante do Império Britânico) e a Universidade Federal do Rio de Janeiro, o grau de Doutor *Honoris Causa* em filosofia. Publicam-se a primeira edição da *Seleta para jovens* (José Olympio) e a obra *Nós e a Europa germânica* (Grifo Edições). Continua a receber visitas de estrangeiros ilustres na sua casa de Apipucos, devendo-se destacar as de embaixadores do Reino Unido, França, Estados Unidos, Bélgica e as de Aldous Huxley, George Gurvitch, Shelesky, John dos Passos, Jean Duvignaud, Lincoln Gordon e Roberto Kennedy, a quem oferece jantar a pedido desse visitante. A Companhia Editora Nacional publica em São Paulo, como volume 348 de sua coleção Brasiliana, a 1ª edição brasileira de *Novo mundo nos trópicos*.

1972 Preside o Primeiro Encontro Inter-regional de Cientistas Sociais do Brasil, realizado em Fazenda Nova, Pernambuco, de 17 a 20 de janeiro, sob os auspícios do Instituto Joaquim Nabuco de Pesquisas Sociais. Recebe o título de Cidadão de Olinda, conferido por Lei Municipal nº 3.774, de 8 de março de 1972, e em sessão solene da Assembleia Legislativa do Estado de Pernambuco, a Medalha Joaquim Nabuco, conferida pela Resolução nº 871, de 28 de abril de 1972. Em 14 de junho profere no Instituto Joaquim Nabuco de Pesquisas Sociais palestra sobre José Bonifácio e no Instituto Joaquim Nabuco de Pesquisas Sociais as duas primeiras conferências da série comemorativa do centenário de Estácio Coimbra. Em 15 de dezembro, inaugura-se na Praia de Boa Viagem, no Recife, o Hotel Casa-grande & senzala. A Editora Giulio Einaudi publica em Turim a edição italiana de *Casa-grande & senzala* (*Case e catatecchie*).

1973 Recebe em São Paulo o Troféu Novo Mundo, "por obras notáveis em sociologia e história", e o Troféu Diários Associados, pela "maior distinção anual em artes plásticas". Realizam-se exposições de telas de sua autoria, uma no Recife, outra no Rio, esta na residência do casal José Maria do Carmo Nabuco, com apresentação de Alfredo Arinos de Mello Franco. Por decreto do presidente Médici, é reconduzido ao Conselho Federal de Cultura. Viaja a Angola, em fevereiro. A 10 de maio, a convite da Assembleia Legislativa do Estado de Pernambuco, profere discurso no Cemitério de Santo Amaro, diante do túmulo de Joaquim Nabuco, em comemoração ao Sesquicentenário do Poder Legislativo no Brasil. Recebe em setembro, em João Pessoa, o título de Doutor *Honoris Causa* pela Universidade Federal da Paraíba. Profere na Câmara dos Deputados, em 29 de novembro, conferência sobre Atuação do Parlamento no Império e na República, na série comemorativa do Sesquicentenário do Poder Legislativo no Brasil e na Universidade de Brasília, palestra em inglês para o corpo diplomático, sob o título de Some remarks on how and why Brazil is different. Em 13 de dezembro é operado pelo professor Euríclides de Jesus Zerbini, no Hospital da Beneficência Portuguesa de São Paulo.

1974 Recebe em São Paulo o Troféu Novo Mundo, conferido pelo Centro de Artes Novo Mundo. Faz sua primeira exposição de pintura em São Paulo, com quarenta telas adquiridas imediatamente. A 15 de março, o Instituto Joaquim Nabuco de Pesquisas Sociais comemora com exposição e sessão solene, os quarenta anos da publicação de *Casa-grande & senzala*. Em 20 de julho profere no Instituto Joaquim Nabuco de Pesquisas Sociais conferência sobre a Importância dos retratos para os estudantes biográficos: o caso de Joaquim Nabuco. A 29 de agosto, a Universidade Federal de Pernambuco inaugura no saguão da Reitoria uma placa comemorativa dos quarenta anos de *Casa-grande & senzala*. A 12 de outubro recebe a Medalha de Ouro José Vasconcelos, outorgada pela Frente de Afirmación Hispanista do México, para distinguir, a cada ano, uma personalidade dos meios culturais hispano-americanos. O cineasta Geraldo Sarno realiza documentário de cinco minutos intitulado *Casa-grande & senzala*, de acordo com uma ideia de Aldous Huxley. O editor Alfred A. Knopf publica em Nova York a obra *The Gilberto Freyre Reader*.

1975 Diante da violência de uma enchente do rio Capibaribe, em 17 e 18 de julho, lidera com Fernando de Mello Freyre, diretor do Instituto Joaquim Nabuco, um movimento de estudo interdisciplinar sobre as enchentes em Pernambuco. Profere, em 10 de outubro, conferência no Clube Atlético Paulistano sobre O Brasil como nação hispano-tropical. Recebe em 15 de outubro, do Sindicato dos Professores do Ensino Primário e Secundário de Pernambuco e da Associação dos Professores do Ensino Oficial, o título de Educador do Ano, por relevantes serviços prestados à comunidade nordestina no campo da educação e da pesquisa social. Profere em 7 de novembro, no Teatro Santa Isabel, do Recife, conferência sobre o Sesquicentenário do *Diário de Pernambuco*. O Instituto do Açúcar e do Álcool lança, em 15 de novembro, o Prêmio de Criatividade Gilberto Freyre, para os melhores ensaios sobre aspectos socioeconômicos da zona canavieira do Nordeste. Publicam-se no Rio de Janeiro suas obras *Tempo morto e outros tempos,* e *O brasileiro entre os outros hispanos* (José Olympio) e *Presença do açúcar na formação brasileira* (IAA).

1976 Viaja à Europa em setembro, fazendo conferências em Madri (Instituto de Cultura Hispânica) e em Londres (Conselho Britânico). É homenageado com a esposa, em Londres, com banquete pelo embaixador Roberto Campos e esposa (presentes vários dos seus amigos ingleses, como Lord Asa Briggs). Em Paris, como hóspede do governo francês, é entrevistado pelo sociólogo Jean Duvignaud, na rádio e na televisão francesas, sobre Tendências atuais da cultura brasileira. É homenageado com banquete pelo diretor de *Le Figaro*, seu amigo, escritor e membro da Academia Francesa, Jean d'Ormesson, presentes Roger Caillois e outros intelectuais franceses. Em Viena, identifica mapas inéditos do Brasil no período holandês, existentes na Biblioteca Nacional da Áustria. Na Espanha, como hóspede do governo, realiza palestra no Instituto de Cultura Hispânica, presidido pelo Duque de Cadis. Em Lisboa é homenageado com banquete pelo secretário de Estado de Cultura, com a presença de intelectuais, ministros e diplomatas. Em 7 de outubro, lê em Brasília, a convite do ministro da Previdência Social, conferência de encerramento do Seminário sobre Problemas de Idosos. A Livraria José Olympio Editora publica as 16ª e 17ª edições de *Casa-grande & senzala,* e o IJNPS, a 6ª edição do *Manifesto regionalista*. É lançada 2ª edição portuguesa de Lisboa de *Casa-grande & senzala*.

1977 Estreia em janeiro no Nosso Teatro (Recife) a peça *Sobrados e mucambos*, adaptada por Hermilo Borba Filho e encenada pelo Grupo Teatral Vivencial. Recebe em fevereiro, do embaixador Michel Legendre, a faixa e as insígnias de Comendador das Artes e Letras da França. Profere em março, no Seminário de Tropicologia, conferência sobre O Recife eurotropical, e na Câmara dos Deputados, em Brasília, conferência de encerramento do ciclo comemorativo do Bicentenário da Independência dos Estados Unidos. Exibição, na Biblioteca Municipal Mário de Andrade, em São Paulo, de um documentário cinematográfico sobre sua vida e obra, *Da palavra ao desenho da palavra,* com debates dos quais participam Freitas Marcondes, Leo Gilson Ribeiro, Osmar Pimentel e Egon Schaden. Profere conferências na Câmara dos Deputados, em Brasília, em 19 de agosto, sobre A terra, o homem e a educação, no Seminário sobre Ensino Superior, promovido pela Comissão de Educação e Cultura, e no Teatro José de Alencar de Fortaleza, em 24 de setembro, sobre O Nordeste visto através do tempo. Lançamento em São Paulo, em 10 de novembro, do álbum *Casas-grandes & senzalas*, com guaches de Cícero Dias. Apresenta, no Arquivo Público Estadual de Pernambuco, conferência de encerramento do Curso sobre o Sesquicentenário da Elevação do Recife à condição de Capital, sobre O Recife e a sua autobiografia coletiva. É acolhido como sócio honorário do Pen Clube do Brasil. Inicia em outubro colaboração semanal na *Folha de S.Paulo*. A Livraria José Olympio Editora publica *O outro amor do dr. Paulo*, seminovela, continuação de *Dona Sinhá e o filho padre*. A Editora Nova Aguilar publica, em dezembro, a *Obra escolhida*, volume em papel-bíblia que inclui *Casa-grande & senzala*, *Nordeste* e *Novo mundo nos trópicos*, com introdução de Antônio Carlos Villaça, cronologia da vida e da obra e bibliografia ativa e passiva, por Edson Nery da Fonseca. A Editora Ayacucho lança em Caracas a 3ª edição em espanhol de *Casa-grande & senzala*, com introdução de Darcy Ribeiro. As Ediciones Cultura Hispánica publicam em Madri a edição espanhola da *Seleta para jovens*, com o título de *Antología*. A Editora Espasa-Calpe publica, em Madri, *Más allá de lo moderno*, com prefácio de Julián Marías. A Livraria José Olympio Editora lança a 5ª edição de *Sobrados e mucambos* e a 18ª edição brasileira de *Casa-grande & senzala*.

1978 Viaja a Caracas para proferir três conferências no Instituto de Assuntos Internacionais do Ministério das Relações Exteriores da Venezuela. Abre no Arquivo Público Estadual, em 30 de março, ciclo de conferências sobre escravidão e abolição em Pernambuco, fazendo Novas considerações sobre escravos em anúncios de jornal em Pernambuco. Profere conferência sobre O Recife e sua ligação com estudos antropológicos no Brasil, na instalação da XI Reunião Brasileira de Antropologia, no auditório da Universidade Federal de Pernambuco, em 7 de maio. Em 22 de maio, abre em Natal a I Semana de Cultura do Nordeste. Profere em Curitiba, em 9 de junho, conferência sobre O Brasil em nova perspectiva antropossocial, numa promoção da Associação dos Professores Universitários do Paraná; em Cuiabá, em 16 de setembro, conferência sobre A dimensão ecológica do caráter nacional; na Academia Paulista de Letras, em 4 de dezembro, conferência sobre Tropicologia e realidade social, abrindo o 1º Seminário Internacional de Estudos Tropicais da Fundação Escola de Sociologia e Política. Publica-se *Recife & Olinda*, com desenhos de Tom Maia e Thereza Regina. Publicam-se as seguintes obras: *Alhos e bugalhos* (Nova Fronteira); *Prefácios desgarrados* (Cátedra); *Arte e ferro* (Ranulpho Editora de Arte), com pranchas de Lula Cardoso Ayres. O Conselho Federal de Cultura lança *Cartas do próprio punho sobre pessoas e coisas do Brasil e do estrangeiro*. A Editora Gallimard publica a 14ª edição de *Maîtres et Esclaves*, na Coleção TEL. A Livraria Editora José Olympio publica a 19ª edição brasileira de *Casa-grande & senzala*, e a Fundação Cultural do Mato Grosso, a 2ª edição de *Introdução a uma sociologia da biografia*.

1979 O Arquivo Estadual de Pernambuco publica, em março, a edição fac-similar do *Livro do Nordeste*. Participa, no auditório da Biblioteca Municipal de São Paulo, em 30 de março, da Semana do Escritor Brasileiro. Recebe em Aracaju, em 17 de abril, o título de Cidadão Sergipano, outorgado pela Assembleia Legislativa de Sergipe. É homenageado pelo 44º Congresso Mundial de Escritores do Pen Clube Internacional, reunido no Rio de Janeiro, quando recebe a medalha Euclides da Cunha, sendo saudado pelo escritor Mário Vargas Llosa. Recebe o grau de Doutor *Honoris Causa* pela Faculdade de Ciências Médicas da Fundação do Ensino Superior de Pernambuco – Universidade de Pernambuco, em setembro. Viaja à Europa em outubro. Profere conferência na Fundação Calouste Gulbenkian, em 22 de outubro, sobre Onde o Brasil começou a ser o que é. Abre o ciclo de conferências comemorativo do 20º aniversário da Sudene, em dezembro, falando sobre Aspectos sociais do desenvolvimento regional. Recebe nesse mês o Prêmio Caixa Econômica Federal, da Fundação Cultural do Distrito Federal, pela obra *Oh de Casa!* Profere na Universidade de Brasília conferência sobre Joaquim Nabuco: um novo tipo de político. A Editora Artenova publica *Oh de Casa*! A Editora Cultrix publica *Heróis e vilões no romance brasileiro*. A MPM Propaganda publica *Pessoas, coisas & animais*, em edição não comercial. A Editora Ibrasa publica *Tempo de aprendiz*.

1980 Em 24 de janeiro, a Academia Pernambucana de Letras inicia as comemorações do octogésimo aniversário do autor, com uma conferência de Gilberto Osório de Andrade sobre Gilberto Freyre e o trópico. Em 25 de janeiro, a Codepe inicia seu Seminário Permanente de Desenvolvimento, dedicando-o ao estudo da obra de Gilberto Freyre. O Arquivo Público Estadual comemora a efeméride, em 26 e 27 de fevereiro, com duas conferências de Edson Nery da Fonseca. Recebe em São Paulo, em 7 de março, a medalha de Ordem do Ipiranga, maior condecoração do Estado. Em 26 de março, recebe a medalha José Mariano, da Câmara Municipal do Recife. Por decreto de 15 de abril, o governador do Estado de Sergipe lhe confere o galardão de Comendador da Ordem do Mérito Aperipê. Em homenagem ao autor, são realizados diversos eventos, como: Missa cantada na Catedral de São Pedro dos Clérigos, do Recife, mandada celebrar pelo governo do Estado de Pernambuco, sendo oficiante monsenhor Severino Nogueira e regente o padre Jayme Diniz. Inauguração, na redação do *Diário de Pernambuco*, de placa comemorativa da colaboração de Gilberto Freyre, iniciada em 1918. Almoço na residência de Fernando Freyre. *Open house* na vivenda Santo Antônio. Sorteio de bilhete da Loteria Federal da Praça de Apipucos. Desfile de clubes e blocos carnavalescos e concentração popular em Apipucos. Sessão solene do Congresso Nacional, em 15 de abril, às 15 horas, para homenagear o escritor Gilberto Freyre pelo transcurso do seu octogésimo aniversário. Discursos do presidente, senador Luís Viana Filho, dos senadores Aderbal Jurema e Marcos Freire e do deputado Thales Ramalho. Viaja a Portugal em junho, a convite da Câmara Municipal de Lisboa, para participar nas comemorações do Quarto Centenário da Morte de Camões. Profere conferência A tradição camoniana ante insurgências e ressurgências atuais. É homenageado, em 6 de julho, durante a 32ª Reunião Anual da Sociedade Brasileira para o Progresso da Ciência, realizada no Rio de Janeiro, e em 25 de julho, pelo XII Congresso Brasileiro de Língua e Literatura, promovido pelas universidades estaduais do Rio de Janeiro e Universidade Federal do Rio de Janeiro. Em 11 de agosto, recebe do embaixador Hansjorg Kastl a Grã-Cruz do Mérito da República Federativa da Alemanha. Ainda em agosto, é homenageado pelo IV Seminário Paraibano de Cultura Brasileira. Recebe o título de Cidadão Benemérito de João Pessoa, outorgado pela Câmara Municipal da capital paraibana. Recebe o título do sócio honorário do Instituto Histórico e Geográfico da Paraíba. Em 2 de setembro, é homenageado pelo Pen Clube do Brasil com um painel sobre suas ideias, no auditório do Palácio da Cultura, no Rio de Janeiro. Encenação, no Teatro São Pedro de São Paulo, da peça de José Carlos Cavalcanti Borges *Casa-grande & senzala*, sob a direção de Miroel Silveira, pelo grupo teatral da Escola de Comunicação e Artes da USP. Em 10 de outubro, apresenta conferência da Fundação Luisa e Oscar Americano, de São Paulo, sobre Imperialismo cultural do Conde Maurício. De 13 a 17 de outubro, profere simpósio internacional promovido pela Universidade de Brasília e pelo Ministério da Educação e Cultura, com a participação, como conferencistas, do historiador social inglês Lord Asa Briggs, do filósofo espanhol Julián Marías, do poeta e ensaísta português David Mourão-Ferreira, do antropólogo francês Jean Duvignaud e do historiador mexicano Silvio Zavala. Recebe o Prêmio Jabuti, de São Paulo, em 28 de outubro. Recebe, em 11 de dezembro, o grau de Doutor *Honoris Causa* pela Universidade Católica de Pernambuco. Em 12 de dezembro, recebe o Prêmio Moinho Recife. São publicadas diversas obras do autor, como: o álbum *Gilberto poeta*: algumas confissões, com serigrafias de Aldemir Martins, Jenner Augusto, Lula Cardoso Ayres, Reynaldo Fonseca e Wellington Virgolino e posfácio de José Paulo Moreira da Fonseca (Ranulpho Editora de Arte); *Poesia reunida* (Edições Pirata, Recife); 20ª edição brasileira de *Casa-Grande & Senzala*, com prefácio do ministro Eduardo Portella; 5ª edição de *Olinda*; 3ª edição da *Seleta para jovens*; 2ª edição brasileira de *Aventura e rotina* (todas pela Editora José Olympio); e a 2ª edição de *O escravo nos anúncios de jornais brasileiros do século XIX* (Companhia Editora Nacional). A Editora Greenwood Press, de Westport, Conn., publica, sem autorização do autor, a reimpressão de *New world in the tropics*.

1981 A Classe de Letras da Academia de Ciências de Lisboa reúne-se, em fevereiro, para a comunicação do escritor David Mourão-Ferreira sobre Gilberto Freyre, criador literário. Encenação, em março, no Teatro Santa Isabel, da peça-balé de Rubens Rocha Filho *Tempos perdidos,* *nossos tempos*. Em 25 de março, o autor recebe do embaixador Jean Beliard a *rosette* de Oficial da Légion d'Honneur. Inauguração de seu retrato, em 21 de abril, no Museu do Trem da Superintendência Regional da Rede Ferroviária Federal. Em 29 de abril, o Conselho Municipal de Cultura lança, no Palácio do Governo, um álbum de desenhos de sua autoria. Inauguração, em 7 de maio, no Museu Nacional da Quinta da Boa Vista, da edição quadrinizada de *Casa-grande & senzala*, numa promoção da Universidade Federal do Rio de Janeiro, Museu Nacional e Editora Brasil-América. Profere conferência, em 15 de maio, no auditório Benício Dias da Fundação Joaquim Nabuco, sobre Atualidade de Lima Barreto. Viaja à Espanha, em outubro, para tomar posse no Conselho Superior do Instituto de Cooperação Ibero-Americana, nomeado pelo rei João Carlos I.

1982 Recebe em janeiro a medalha comemorativa dos trinta anos do Conselho Nacional de Desenvolvimento Científico e Tecnológico (CNPq). Profere na Academia Pernambucana de Letras conferência sobre Luís Jardim autodidata?, comemorativa do octogésimo aniversário do pintor e escritor pernambucano. Na abertura do III Congresso Afro-Brasileiro, em 20 de setembro, apresenta conferência no teatro Santa Isabel. Em setembro, é entrevistado pela Rede Bandeirantes de Televisão, no programa *Canal Livre*. Recebe do embaixador Javier Vallaure, na Embaixada da Espanha em Brasília, a Grã-Cruz de Alfonso, El Sabio (outubro), e no auditório do Palácio da Cultura, em 9 de novembro, conferência sobre Villa-Lobos revisitado. Profere no Nacional Club de São Paulo, em 11 de novembro, conferência sobre Brasil: entre passados úteis e futuros renovados. A Editora Massangana publica *Rurbanização:* o que é? A Editora Klett-Cotta, de Stuttgart, publica a primeira edição alemã de *Das Land in der Stadt. Die Entwicklung der urbanem Gesellschaft Brasiliens* (*Sobrados e mucambos*) e a segunda de *Herrenhaus und Sklavenhütte* (*Casa-grande & senzala*).

1983 Iniciam-se em 21 de março – Dia Internacional das Nações Unidas Contra a Discriminação Racial – as comemorações do cinquentenário da publicação de *Casa-grande & senzala*, com sessão solene no auditório Benício Dias, presidida pelo governador Roberto Magalhães e com a presença da ministra da Educação, Esther de Figueiredo Ferraz, e do diretor-geral da Unesco, Amadou M'Bow, que lhe entrega a medalha Homenagem da Unesco. Recebe em 15 de abril, da Associação Brasileira de Relações Públicas, Seção de Pernambuco, o Troféu Integração por destaque cultural de 1982. Em abril, expõe seus últimos desenhos e pinturas na Galeria Aloísio Magalhães. Viaja a Lisboa, em 25 de outubro, para receber, do ministro dos Negócios Estrangeiros, a Grã-Cruz de Santiago da Espada. Em 27 de outubro, participa de sessão solene da Academia de Ciências de Lisboa e da Academia Portuguesa de História, comemorativa do cinquentenário da publicação de *Casa-grande & senzala*. A Fundação

Calouste Gulbenkian promove em Lisboa um ciclo de conferências sobre *Casa-grande & senzala* (2 de novembro a 4 de dezembro). É homenageado pela Feira Internacional do Livro do Rio de Janeiro, em 9 de novembro. O Seminário de Tropicologia reúne-se, em 29 de novembro, para a conferência de Edson Nery da Fonseca, intitulada Gilberto Freyre, cultura e trópico. Recebe em 7 de dezembro, no Liceu Literário Português do Rio de Janeiro, a Grã-Cruz da Ordem Camoniana. A Editora Massangana publica *Apipucos:* que há num nome?, Editora Globo lança *Insurgências e ressurgências atuais* e *Médicos, doentes e contextos sociais* (2ª edição de *Sociologia da medicina*). Realiza-se na Fundação Joaquim Nabuco, de 19 a 30 de setembro, um ciclo de conferências comemorativo dos 50 anos de *Casa-grande & senzala*, promovido com apoio do governo do Estado e de outras entidades pernambucanas (anais editados por Edson Nery da Fonseca e publicados em 1985 pela Editora Massangana: *Novas perspectivas em Casa-grande & senzala*). A José Olympio Editora publica no Rio de Janeiro o livro de Edilberto Coutinho *A imaginação do real:* uma leitura da ficção de Gilberto Freyre, tese de doutoramento defendida na Universidade Federal do Rio de Janeiro. A Editora Record lança no Rio de Janeiro *Homens, engenharias e rumos sociais*.

1984 Lançamento, em 20 de janeiro, de selo postal comemorativo do cinquentenário de *Casa-grande & senzala*. Viaja a Salvador, em 14 de março, para receber homenagem do governo do Estado pelo cinquentenário de *Casa-grande & senzala*. Inauguração, no Museu de Arte Moderna da Bahia, da exposição itinerante sobre a obra. Conferência de Edson Nery da Fonseca sobre Gilberto Freyre, *Casa-grande & senzala e a Bahia*. Convidado pelo governador Tancredo Neves, profere em Ouro Preto, em 21 de abril, o discurso oficial da Semana da Inconfidência. Profere em 8 de maio, na antiga Reitoria da UFRJ, conferência sobre Alfonso X, o sábio, ponte de culturas. Recebe da União Cultural Brasil-Estados Unidos, em 7 de junho, a medalha de merecimento por serviços relevantes prestados à aproximação entre o Brasil e os Estados Unidos. Em 8 de junho, profere conferência no Clube Atlético Paulistano sobre Camões: vocação de antropólogo moderno?, promovida pelo Conselho da Comunidade Portuguesa de São Paulo. Em setembro de 1984, o Balé Studio Um realiza no Recife o espetáculo de dança *Casa-grande & senzala*, sob a direção de Eduardo Gomes e com música de Egberto Gismonti. Recebe a Medalha Picasso da Unesco, desenhada por Juan Miró em comemoração do centenário do pintor espanhol. Em setembro, homenageado por Richard Civita no Hotel 4 Rodas de Olinda, com banquete presidido pelo governador Roberto Magalhães e entrega de passaportes para o casal se hospedar em qualquer hotel da rede. Participa, na Arquidiocese do Rio de Janeiro, em outubro, do Congresso Internacional de Antropologia e Práxis, debatedor do tema *Cultura e redenção*, desenvolvido por D. Paul Poupard. É homenageado no Teatro Santa Isabel do Recife, em 31 de novembro, pelo cinquentenário do 1º

Congresso Afro-Brasileiro, ali realizado em 1934. Lê no Museu de Arte Sacra de Pernambuco (Olinda) a conferência Cultura e museus, publicada no ano seguinte pela Fundarpe. Convidado pelo Conselho da Comunidade Portuguesa do Estado de São Paulo, lê no Clube Atlético Paulistano, em 8 de junho (Dia de Portugal) a conferência Camões: vocação de antropólogo moderno?, publicada no mesmo ano pelo conselho.

1985 Recebe da Fundação do Patrimônio Histórico e Artístico de Pernambuco (Fundarpe) a Homenagem à Cultura Viva de Pernambuco, em 18 de março. Viaja em maio aos Estados Unidos, para receber, na Baylor University, o prêmio consagrador de notáveis triunfos (Distinguished Achievement Award). Profere em 21 de maio, na Harvard University, conferência sobre My first contacts with american intellectual life, promovida pelo Departamento de Línguas e Literaturas Românicas e pela Comissão de Estudos Latino-Americanos e Ibéricos. Realiza exposição na Galeria Metropolitana Aloísio Magalhães do Recife: Desenhos a cor: figuras humanas e paisagens. Recebe, em agosto, o grau de Doutor *Honoris Causa* em Direito e em Letras pela Universidade Clássica de Lisboa. É nomeado em setembro, pelo presidente da República, para compor a Comissão de Estudos Constitucionais. Recebe o título de Cidadão de Manaus, em 6 de setembro. Profere, em 29 de outubro, conferência na inauguração do Instituto Brasileiro de Altos Estudos (Ibrae) de São Paulo, subordinada ao título À beira do século XX. Em 20 de novembro, é apresentado, no Cine Bajado, de Olinda, o filme de Kátia Mesel *Oh de Casa*! Em dezembro viaja a São Paulo, sendo hospitalizado no Incor para cirurgia de um divertículo de Zenkel (hérnia de esôfago). A José Olympio Editora publica a 7ª edição de *Sobrados e mucambos* e a 5ª edição de *Nordeste*. Por iniciativa do Centro de Estudos Latino-Americanos da Universidade da Califórnia em Los Angeles, a editora da universidade publica em Berkeley reedições em brochuras do mesmo formato *The masters and the slaves, The mansions and the shanties* e *Order and progress*, com introduções de David H. E. Mayburt-Lewis e Ludwig Lauerhass Jr, respectivamente.

1986 Em janeiro, submete-se a uma cirurgia do esôfago para retirada de um divertículo de Zenkel, no Incor. Regressa ao Recife em 16 de janeiro, dizendo: "agora estou em casa, meu Apipucos". Em 22 de fevereiro, retorna a São Paulo para uma cirurgia de próstata no Incor, realizada em 24 de fevereiro. Recebe em 24 de abril, em sua residência de Apipucos, do embaixador Bernard Dorin, a comenda de Grande Oficial da Legião de Honra, no grau de Cavaleiro. Em maio, é agraciado com o Prêmio Cavalo-Marinho, da Empitur. Em agosto, recebe o título de Cidadão de Aracaju. Em 24 de outubro, reencontra-se no Recife com a dançarina Katherine Dunhm. Em 28 de outubro é eleito para ocupar a cadeira 23 da Academia Pernambucana de Letras, vaga com a morte de Gilberto Osório de Andrade. Toma posse em 11 de dezembro na Academia

Pernambucana de Letras. Recebe, em 16 de dezembro, o título de Pesquisador Emérito do Instituto de Pesquisas Sociais da Fundação Joaquim Nabuco. Publica-se em Budapeste a edição húngara de *Casa-grande & senzala: Udvarház es szolgaszállás*. A professora Élide Rugai Bastos defende na Pontifícia Universidade Católica de São Paulo (PUC) a tese de doutoramento *Gilberto Freyre e a formação da sociedade brasileira*, orientada pelo professor Octavio Ianni. A Áries Editora publica em São Paulo o livro de Pietro Maria Bardi, *Ex-votos de Mário Cravo*, e a Editora Creficullo lança o livro do mesmo autor *40 anos de Masp*, ambos prefaciados por Gilberto Freyre.

1987 Instituição, em 11 de março, da Fundação Gilberto Freyre. Em 30 de março, recebe em Apipucos a visita do presidente Mário Soares. Em 7 de abril, submete-se a uma cirurgia para implantação de marcapasso no Incor do Hospital Português. Em 18 de abril, Sábado Santo, recebe de d. Basílio Penido, OSB, os sacramentos da Reconciliação, da Eucaristia e da Unção dos Enfermos. Morre no Hospital Português, às 4 horas de 18 de julho, aniversário de Magdalena. Sepultamento no Cemitério de Santo Amaro, às 18 horas, com discurso do ministro Marcos Freire. Em 20 de julho, o senador Afonso Arinos ocupa a tribuna da Assembleia Nacional Constituinte para homenagear sua memória. Em 19 de julho o jornal *ABC de Madri* publica um artigo de Julián Marías: Adiós a um brasileño universal. Em 24 de julho, missas concelebradas, no Recife, por d. José Cardoso Sobrinho e d. Heber Vieira da Costa, OSB, e em Brasília, por d. Hildebrando de Melo e pelos vigários da catedral e do Palácio da Alvorada com coral da Universidade de Brasília. Missa celebrada no seminário, com canto gregoriano a cargo das Beneditinas de Santa Gertrudes, de Olinda. A Editora Record publica *Modos de homem e modas de mulher* e a 2ª edição de *Vida, forma e cor*; *Assombrações do Recife Velho* e *Perfil de Euclydes e outros perfis*; a José Olympio Editora, a 25ª edição brasileira de *Casa-grande & senzala*. O Círculo do Livro lança nova edição de *Dona Sinhá e o filho padre*, e a Editora Massangana publica *Pernambucanidade consagrada* (discursos de Gilberto Freyre e Waldemar Lopes na Academia Pernambucana de Letras). Ciclo de conferências promovido pela Fundação Joaquim Nabuco em memória de Gilberto Freyre, tendo como conferencistas Julián Marías, Adriano Moreira, Maria do Carmo Tavares de Miranda e José Antônio Gonsalves de Mello (convidado, deixou de vir, por motivo de doença, o antropólogo Jean Duvignaud). Ciclo de conferências promovido em Maceió pelo governo do Estado de Alagoas, a cargo de Maria do Carmo Tavares de Miranda, Odilon Ribeiro Coutinho e José Antônio Gonsalves de Mello. Homenagem do Conselho Latino-Americano de Ciências Sociais, na abertura de sua XIV Assembleia Geral, realizada no Recife, de 16 a 21 de novembro. A Editora mexicana Fondo de Cultura Económica publica a 2ª edição, como livro de bolso, de *Interpretación del Brasil*. A revista *Ciência e Cultura* publica em seu número de setembro o necrológio de Gilberto Freyre, solicitado por Maria Isaura Pereira de Queiroz a Edson Nery da Fonseca.

1988 Em convênio com a Fundação Gilberto Freyre e sob os auspícios do Grupo Gerdau, a Editora Record publica no Rio de Janeiro a obra póstuma *Ferro e civilização no Brasil*.

1989 Em sua 26ª edição, *Casa-grande & senzala* passa a ser publicada pela Editora Record, até a 46ª edição, em 2002.

1990 A Fundação das Artes e a Empresa Gráfica da Bahia publicam em Salvador *Bahia e baianos*, obra póstuma organizada e prefaciada por Edson Nery da Fonseca. A Editora Klett-Cotta lança em Stuttgart a 2ª edição alemã de *Sobrados e mucambos* (*Das land in der Sdadt*). Realiza-se na Fundação Joaquim Nabuco o seminário O cotidiano em Gilberto Freyre, organizado por Fátima Quintas (anais publicados no mesmo ano pela Editora Massangana).

1994 A Câmara dos Deputados publica, como volume 39 de sua Coleção Perfis Parlamentares, *Discursos parlamentares*, de Gilberto Freyre, texto organizado, anotado e prefaciado por Vamireh Chacon. A Editora Agir publica no Rio de Janeiro a antologia *Gilberto Freyre*, organizada por Edilberto Coutinho como volume 117 da Coleção Nossos Clássicos, dirigida por Pedro Lyra. A Editora 34 publica no Rio de Janeiro a tese de doutoramento de Ricardo Benzaquen de Araújo *Guerra e paz:* Casa-grande & senzala e a obra de Gilberto Freyre nos anos 30.

1995 Realiza-se na Fundação Joaquim Nabuco a semana de estudos comemorativos dos 95 anos de Gilberto Freyre, com conferências reunidas e apresentadas por Fátima Quintas na obra coletiva *A obra em tempos vários*, publicada em 1999 pela Editora Massangana. A Fundação de Cultura da Cidade do Recife e a Imprensa Universitária da Universidade Federal de Pernambuco publicam no Recife *Novas conferências em busca de leitores*, obra póstuma organizada e prefaciada por Edson Nery da Fonseca. A Editora Massangana publica o livro de Sebastião Vila Nova, *Sociologias e pós-sociologia em Gilberto Freyre*.

1996 Realiza-se na Fundação Joaquim Nabuco o simpósio Que somos nós?, organizado por Maria do Carmo Tavares de Miranda em comemoração aos sessenta anos de *Sobrados e mucambos* (anais publicados pela Editora Massangana em 2000).

1997 Comemorando seu septuagésimo quinto aniversário, a revista norte-americana *Foreign Affairs* publica o resultado de um inquérito destinado à escolha de 62 obras "que fizeram a cabeça do mundo a partir de 1922". *Casa-grande & senzala* é apontada como uma delas pelo professor Kenneth Maxwell. A Companhia das Letras publica em São Paulo a 4ª edição de *Açúcar*, livro reimpresso em 2002 por iniciativa da Usina Petribu.

1999 Por iniciativa da Fundação Oriente, da Universidade da Beira Interior e da Sociedade de Geografia de Lisboa, iniciam-se em Portugal as comemorações do centenário de nascimento de Gilberto Freyre, com o colóquio realizado na Sociedade de Geografia de Lisboa, de 11 e 12 de fevereiro, Lusotropicalismo revisitado, sob a direção dos professores Adriano Moreira e José Carlos Venâncio. A Fundação Oriente institui um prêmio anual de um milhão de escudos para "galardoar trabalhos de investigação na área da perspectiva gilbertiana sobre o Oriente". As comemorações pernambucanas são iniciadas em 14 de março, com missa solene concelebrada na Basílica do Mosteiro de São Bento de Olinda, com canto gregoriano pelas Beneditinas Missionárias da Academia Santa Gertrudes. Pelo Decreto nº 21.403, de 7 de maio, o governador de Pernambuco declara, no âmbito estadual, Ano Gilberto Freyre 2000. Pelo Decreto de 13 de julho, o presidente da República institui o ano 2000 como Ano Gilberto Freyre. A UniverCidade do Rio de Janeiro institui, por sugestão da Editora Topbooks, o prêmio de 20 mil dólares para o melhor ensaio sobre Gilberto Freyre.

2000 Por iniciativa da TV Cultura de São Paulo, são elaborados os filmes *Gilbertianas I* e *II*, dirigidos pelo cineasta Ricardo Miranda com a colaboração do antropólogo Raul Lody. Em 13 de março, ocorre o lançamento nacional da produção, numa promoção do Shopping Center Recife/UCI Cinemas/Weston Táxi Aéreo. Em 21 de março é lançada, na sala Calouste Gulbenkian da Fundação Joaquim Nabuco, no Núcleo de Estudos Freyrianos, no governo do Estado de Pernambuco, na Sudene e no Ministério da Cultura. Por iniciativa do Canal GNT, VideoFilmes e Regina Filmes, o cineasta Nelson Pereira dos Santos dirige quatro documentários intitulados genéricos de *Casa-grande & senzala*, tendo Edson Nery da Fonseca como corroteirista e narrador. Filmados no Brasil, em Portugal e na Universidade de Columbia em Nova York, o primeiro, *O Cabral moderno*, exibido pelo canal GNT a partir de 21 de abril. Os demais: *A cunhã*, mãe da família brasileira, *O português:* colonizador dos trópicos e *O escravo na vida sexual e de família do brasileiro*, são exibidos pelo mesmo canal, a partir de 2001. As Editoras Letras e Expressões e Abregraph publicam a 2ª edição de *Casa-grande & senzala em quadrinhos*, com ilustrações de Ivan Wasth Rodrigues colorizadas por Noguchi. A Editora Topbooks lança a 2ª edição brasileira de *Novo mundo nos trópicos*, prefaciada por Wilson Martins. A revista *Novos Estudos Cebrap*, nº 56, publica o dossiê Leituras de Gilberto Freyre, com apresentação de Ricardo Benzaquen de Araújo, incluindo as introduções de Fernand Braudel à edição italiana de *Casa-grande & senzala*, de Lucien Febvre à edição francesa, de Antonio Sérgio a *O mundo que o português criou* e de Frank

Tannembaum à edição norte-americana de *Sobrados e mucambos*. Em 15 de março, realiza-se na Maison de Sciences de l'Homme et de la Science o colóquio Gilberto Freyre e a França, organizado pela professora Ria Lemaire, da Universidade de Poitiers. Em 15 de março o arcebispo de Olinda e Recife, José Cardoso, celebra missa solene na Igreja de São Pedro dos Clérigos, com cantos do coral da Academia Pernambucana de Música. Na tarde de 15 de março, é apresentada, na sala Calouste Gulbenkian, em projeção de VHF, a Biblioteca Virtual Gilberto, disponível imediatamente na Internet: <http://prossiga.bvgf.fgf.org.br>. De 21 a 24 de março realiza-se na Fundação Gilberto Freyre o Seminário Internacional Novo Mundo nos Trópicos (anais publicados com título homônimo). De 28 a 31 de março é apresentado no Centro Cultural Banco do Brasil do Rio de Janeiro o ciclo de palestras A propósito de Gilberto Freyre (não reunidas em livro). De 14 a 16 de agosto realiza-se o seminário Gilberto Freyre: patrimônio brasileiro, promovido conjuntamente pela Fundação Roberto Marinho, pela UniverCidade do Rio de Janeiro, pelo Colégio do Brasil, pela Academia Brasileira de Letras, pela *Folha de S.Paulo* e pelo Instituto de Estudos Avançados da USP. Iniciado no auditório da Academia Brasileira de Letras e num dos *campi* da Universidade, é concluído no auditório da *Folha de S.Paulo* e na cidade universitária da USP. Em 18 de outubro, realiza-se no anfiteatro da História da USP o seminário multidisciplinar Relendo Gilberto Freyre, organizado pelo Centro Angel Rama da Faculdade de Filosofia, Letras e Ciências Humanas na mesma universidade. Em 20 de outubro realiza-se na embaixada do Brasil em Paris o seminário Gilberto Freyre e as ciências sociais no Brasil, promovido pelo Ministério das Relações Exteriores e Fundação Gilberto Freyre. Em 30 de outubro realiza-se em Buenos Aires o seminário À la busqueda de la identidad: el ensayo de interpretación nacional en Brasil y Argentina. De 6 a 9 de novembro é realizada no Sun Valley Park Hotel, em Marília (SP), a Jornada de Estudos Gilberto Freyre, organizada pela Faculdade de Filosofia e Ciências da Unesp. Em 21 de novembro, na Universidade de Essex, ocorre o seminário *The english in Brazil:* a study in cultural encounters, dirigido pela professora Maria Lúcia Pallares-Burke. Em 27 de novembro, realiza-se na Universidade de Cambridge o seminário Gilberto Freyre & história social do Brasil, dirigido pelos professores Peter Burke e Maria Lúcia Pallares-Burke. De 27 a 30 de novembro, acontece no Centro de Ciências Humanas, Letras e Artes da Universidade Federal da Paraíba o simpósio Gilberto Freyre: interpenetração do Brasil, organizado pela professora Elisalva Madruga Dantas e pelo poeta e multiartista Jomard Muniz de Brito (anais com título homônimo publicados pela editora Universitária em 2002). De 28 a 30 de novembro, ocorre na sala Calouste Gulbenkian da Fundação Joaquim Nabuco o seminário internacional Além do apenas moderno. De 5 a 7 de dezembro é apresentado no auditório João Alfredo da Universidade Federal de Pernambuco o seminário Outros Gilbertos, organizado pelo Laboratório de Estudos Avançados de Cultura Contemporânea do Departamento de Antropologia da mesma universidade. Publica-se em São Paulo, pelo Grupo Editorial Cone Sul, o ensaio de Gustavo Henrique Tuna: Gilberto Freyre – entre tradição & ruptura, premiado na categoria "ensaio" do 3º Festival Universitário de Literatura, organizado pela Xerox do Brasil e pela revista *Livro Aberto*. Por iniciativa do deputado Aldo Rebelo a Câmara dos Deputados reúne no opúsculo *Gilberto Freyre e a formação do Brasil*, prefaciado por Luís Fernandes, ensaios do próprio deputado, de Otto Maria Carpeaux e de Regina Maria A. F. Gadelha. A Editora Comunigraf publica no Recife o livro de Mário Hélio *O Brasil de Gilberto Freyre:* uma introdução à leitura de sua obra, com ilustrações de José Cláudio e prefácio de Edson Nery da Fonseca. A Editora Casa Amarela publica em São Paulo a segunda edição do ensaio de Gilberto Felisberto Vasconcellos O xará de Apipucos. A Embaixada do Brasil em Bogotá publica o opúsculo *Imagenes*, com texto e ilustrações selecionadas por Nora Ronderos.

2001 A Companhia das Letras publica em São Paulo a 2ª edição de *Interpretação do Brasil*, organizada e prefaciada por Omar Ribeiro Thomaz (nº 19 da Coleção Retratos do Brasil). A Editora Topbooks publica no Rio de Janeiro a obra coletiva *O imperador das ideias*: Gilberto Freyre em questão, organizada pelos professores Joaquim Falcão e Rosa Maria Barboza de Araújo, reunindo conferências do seminário realizado no Rio de Janeiro e em São Paulo de 14 a 17 de agosto de 2000. A Editora Topbooks e UniverCidade publicam no Rio de Janeiro a 2ª edição de *Além do apenas moderno*, prefaciada por José Guilherme Merquior e as 3ªs edições de *Aventura e rotina*, prefaciada por Alberto da Costa e Silva, e de *Ingleses no Brasil*, prefaciada por Evaldo Cabral de Melo. A Editora da Universidade do Estado de Pernambuco publica, como nº 18 de sua Coleção Nordestina, o livro póstumo *Antecipações*, organizado e prefaciado por Edson Nery da Fonseca. A Editora Garamond publica no Rio de Janeiro o livro de Helena Bocayuva *Erotismo à brasileira:* o excesso sexual na obra de Gilberto Freyre, prefaciado pelo professor Luis Antonio de Castro Santos. O *Diário Oficial da União* de 28 de dezembro de 2001 publica, à página 6, a Lei nº 10.361, de 27 de dezembro de 2001, que confere o nome de Aeroporto Internacional Gilberto Freyre ao Aeroporto Internacional dos Guararapes do Recife. O Projeto de Lei é de autoria do deputado José Chaves (PMDB-PE).

2002 Publica-se no Rio de Janeiro, em coedição da Fundação Biblioteca Nacional e Zé Mário Editor, o livro de Edson Nery da Fonseca *Gilberto Freyre de A a Z*. É lançada em Paris, sob os auspícios da ONG da Unesco Allca XX e como volume nº 55 da Coleção Archives, a edição crítica de *Casa-grande & senzala*, organizada por Guillermo Giucci, Enrique Rodríguez Larreta e Edson Nery da Fonseca.

2003 O governo instalado no Brasil em 1º de janeiro extingue, sem nenhuma explicação, o Seminário de Tropicologia criado em 1966 pela Universidade Federal de Pernambuco, por sugestão de Gilberto Freyre e incorporado em 1980 à estrutura da Fundação Joaquim Nabuco. Gustavo Henrique Tuna defende, no Departamento de História do Instituto de Filosofia e Ciências Humanas da Unicamp, a dissertação de mestrado *Viagens e viajantes em Gilberto Freyre*. A Editora da Universidade de Brasília publica, em coedição com a Imprensa Oficial do Estado de São Paulo, as seguintes obras póstumas, organizadas por Edson Nery da Fonseca: *Palavras repatriadas* (prefácio e notas do organizador); *Americanidade e latinidade da América Latina e outros textos afins*, *Três histórias mais ou menos inventadas* (com prefácio e posfácio de César Leal) e *China tropical*. A Global Editora publica a 47ª edição de *Casa-grande & senzala* (com apresentação de Fernando Henrique Cardoso). No mesmo ano, lança a 48ª edição da obra-mestra de Freyre. A mesma editora publica a 14ª edição de *Sobrados e mucambos* (com apresentação de Roberto DaMatta). Publica-se pela Edusc, Editora da Unesp e Fapesp o livro *Gilberto Freyre em quatro tempos* (organização de Ethel Volfzon Kosminsky, Claude Lépine e Fernanda Arêas Peixoto), reunindo comunicações apresentadas na Jornada de Estudos Gilberto Freyre, realizada em Marília (SP), em 2000. É lançada pela Edusc, Editora Sumaré e Anpocs o livro de Élide Rugai Bastos *Gilberto Freyre e o pensamento hispânico:* entre Dom Quixote e Alonso El Bueno.

2004 A Global Editora publica a 6ª edição de *Ordem e progresso* (apresentação de Nicolau Sevcenko), a 7ª edição de *Nordeste* (com apresentação de Manoel Correia de Oliveira Andrade), a 15ª edição de *Sobrados e mucambos* e a 49ª edição de *Casa-grande & senzala*. Em conjunto com a Fundação Gilberto Freyre, a editora lança o Concurso Nacional de Ensaios – Prêmio Gilberto Freyre 2004/2005, destinado a premiar e a publicar ensaio que aborde "qualquer dos aspectos relevantes da obra do escritor Gilberto Freyre".

2005 Em 15 de março é premiado o trabalho de Élide Rugai Bastos intitulado *As criaturas de Prometeu:* Gilberto Freyre e a formação da sociedade brasileira, vencedor do Concurso Nacional de Ensaios – Prêmio Gilberto Freyre 2004/2005, promovido pela Fundação Gilberto Freyre e pela Global Editora. Esta publica a 50ª edição (edição comemorativa) de *Casa-grande & senzala*, em capadura. Em agosto, o grupo de teatro Os Fofos Encenam, sob a direção de Newton Moreno, estreia a peça *Assombrações do Recife velho*, adaptação da obra homônima de Gilberto Freyre, no Casarão do Belvedere, situado no Bairro Bela Vista, em São Paulo. Em 18 de outubro, na Livraria Cultura do Shopping Villa-Lobos, em São Paulo, é lançado *Gilberto Freyre:* um vitoriano dos trópicos, de Maria Lúcia Pallares--Burke, pela Editora da Unesp, em mesa-redonda com a participação dos professores

Antonio Dimas, José de Souza Martins, Élide Rugai Bastos e a autora do livro. A Global Editora publica a 3ª edição de *Casa-grande & senzala em quadrinhos*, com ilustrações de Ivan Wasth Rodrigues colorizadas por Noguchi.

2006 Realiza-se em 15 de março na 19ª Bienal Internacional do Livro de São Paulo, sediada no Pavilhão de Exposições do Anhembi, no salão A-Mezanino, a mesa de debate 70 anos de *Sobrados e mucambos*, de Gilberto Freyre, com a presença dos professores Roberto DaMatta, Élide Rugai Bastos, Enrique Rodríguez Larreta e mediação de Gustavo Henrique Tuna. No evento, é lançado o 2º Concurso Nacional de Ensaios – Prêmio Gilberto Freyre 2006/2007, organizado pela Global Editora e pela Fundação Gilberto Freyre que aborda qualquer aspecto referente à obra *Sobrados e mucambos*. A Global Editora publica a 2ª edição, revista, de *Tempo morto e outros tempos*, prefaciada por Maria Lúcia Garcia Pallares-Burke. Realiza-se no auditório do Instituto de Filosofia e Ciências Humanas da Unicamp, nos dias 25 e 26 de abril, o Simpósio Gilberto Freyre: produção, circulação e efeitos sociais de suas ideias, com a presença de inúmeros estudiosos do Brasil e do exterior da obra do sociólogo pernambucano.

2007 Publicam-se em São Paulo, pela Global Editora: a 5ª edição do livro *Açúcar*, apresentada por Maria Lecticia Monteiro Cavalcanti; a 5ª edição revista, atualizada e aumentada por Antonio Paulo Rezende do livro *Guia prático, histórico e sentimental da cidade do Recife*; a 6ª edição revista e atualizada por Edson Nery da Fonseca do livro *Olinda: 2º guia prático, histórico e sentimental de* atualizada por Edson Nery da Fonseca do livro Olinda: *2º guia prático, histórico e sentimental de cidade brasileira*. Publica-se no Rio de Janeiro, pela Civilização Brasileira, o primeiro volume da obra *Gilberto Freyre uma biografia cultural*, dos pesquisadores uruguaios Enrique Rodrigues Larreta e Guillermo Giucci, em tradução de Josely Vianna Baptista. Publica-se no Recife, pela Editora Massangana, o livro de Edson Nery da Fonseca *Em torno de Gilberto Freyre*.

2008 O Museu da Língua Portuguesa de São Paulo encerra em 4 de maio a exposição, iniciada em 27 de novembro de 2007, *Gilberto Freyre intérprete do Brasil*, sob a curadoria de Elide Rugai Bastos, Júlia Peregrino e Pedro Karp Vasquez. Publicam-se em São Paulo, pela Global Editora: a 4ª edição revista do livro *Vida social no Brasil nos meados do século XIX*, com apresentação e índices de Gustavo Henrique Tuna; e a 6ª edição do livro *Assombrações do Recife Velho*, com apresentação de Newton Moreno, autor da adaptação teatral representada com sucesso em São Paulo. O editor Peter Lang de Oxford publica o livro de Peter Burke e Maria Lúcia G. Pallares-Burke *Gilberto Freyre: social theory in the Tropics*, versão de

Gilberto Freyre, um vitoriano nos Trópicos, publicado em 2005 pela Editora UNESP, que em 2006 recebeu os prêmios Senador José Ermírio de Morais da ABL (Academia Brasileira de letras) e Jabuti, na categoria Ciências Humanas.

2009 A Global Editora publica a 2ª edição de *Modos de homem & modas de mulher* com texto de apresentação de Mary Del Priore. A É Realizações Editora publica em São Paulo a 6ª edição do livro *Sociologia: introdução ao estudo dos seus princípios*, com prefácio de Simone Meucci e posfácio de Vamireh Chacon. A Editora UNESP publica, em tradução de Fernanda Veríssimo, o livro de Peter Burke e Maria Lúcia G. Pallares-Burke *Repensando os trópicos: um retrato intelectual de Gilberto Freyre*, com prefácio à edição brasileira.

Índice remissivo

C

D

E

O

P

R

S

Índice onomástico*

* Como a identificação dos escravos é feita, na maioria das vezes, pelo primeiro nome, e muitos deles são homônimos, não foi possível referenciá-los neste Índice Onomástico. No Índice Remissivo as entradas "Escravos" e "Escravas" tencionam conduzir o leitor à presença desses sujeitos históricos no texto. (N.E.)

L

M

N

O

P

Q

R

S

T

V

W

Z

Coleção Gilberto Freyre

Casa-grande & Senzala
728 páginas
2 encartes coloridos (32 páginas)
ISBN 85-260-0869-2

Sobrados e Mucambos
976 páginas
2 encartes coloridos (32 páginas)
ISBN 85-260-0835-8

Ordem e Progresso
1120 páginas
1 encarte colorido (24 páginas)
ISBN 85-260-0836-6

Nordeste
256 páginas
1 encarte colorido (16 páginas)
ISBN 85-260-0837-4

Casa-grande & Senzala em Quadrinhos

Adaptação: Estêvão Pinto

64 páginas

ISBN 85-260-1059-X

Tempo Morto e Outros Tempos – Trechos de um Diário de Adolescência e Primeira Mocidade 1915-1930

384 páginas

1 encarte colorido (8 páginas)

ISBN 85-260-1074-3

Insurgências e Ressurgências Atuais – Cruzamentos de Sins e Nãos num Mundo em Transição

368 páginas

ISBN 85-260-1072-7

Açúcar –Uma Sociologia do Doce, com Receitas de Bolos e Doces do Nordeste do Brasil

272 páginas

ISBN 978-85-260-1069-7

Olinda – 2º Guia Prático, Histórico e Sentimental de Cidade Brasileira

224 páginas

1 mapa turístico colorido

ISBN 978-85-260-1073-4

Coleção Gilberto Freyre

Casa-grande & Senzala

728 páginas

2 encartes coloridos (32 páginas)

ISBN 85-260-0869-2

Sobrados e Mucambos

976 páginas

2 encartes coloridos (32 páginas)

ISBN 85-260-0835-8

Ordem e Progresso

1120 páginas

1 encarte colorido (24 páginas)

ISBN 85-260-0836-6

Nordeste

256 páginas

1 encarte colorido (16 páginas)

ISBN 85-260-0837-4

Casa-grande & Senzala em Quadrinhos
Adaptação: Estêvão Pinto
64 páginas
ISBN 85-260-1059-X

Tempo Morto e Outros Tempos – Trechos de um Diário de Adolescência e Primeira Mocidade 1915-1930
384 páginas
1 encarte colorido (8 páginas)
ISBN 85-260-1074-3

Insurgências e Ressurgências Atuais – Cruzamentos de Sins e Nãos num Mundo em Transição
368 páginas
ISBN 85-260-1072-7

Açúcar –Uma Sociologia do Doce, com Receitas de Bolos e Doces do Nordeste do Brasil
272 páginas
ISBN 978-85-260-1069-7

Olinda – 2º Guia Prático, Histórico e Sentimental de Cidade Brasileira
224 páginas
1 mapa turístico colorido
ISBN 978-85-260-1073-4

Guia Prático, Histórico e Sentimental da Cidade do Recife
256 páginas
1 mapa turístico colorido
ISBN 978-85-260-1067-3

Assombrações do Recife Velho
240 páginas
ISBN 978-85-260-1310-0

Vida Social no Brasil nos Meados do Século XIX
160 páginas
1 encarte (16 páginas)
ISBN 978-85-260-1314-8

O Escravo nos Anúncios de Jornais Brasileiros do Século XIX
244 páginas
1 encarte (8 páginas)
ISBN 978-85-260-0134-3

De Menino a Homem – De Mais de 30 e 40, de 60 e Mais Anos
PRELO

Impressão e Acabamento

Prol Editora Gráfica